KB200003

조니 에릭슨 타다의
희망 노트

A place of Healing

Originally published in English under the title:
A Place of Healing

조니 에릭슨 타다의

희망 노트

지은이 | 조니 에릭슨 타다
옮긴이 | 유정희
초판 발행 | 2011. 7. 18
2판 1쇄 발행 | 2023. 3. 22
등록번호 | 제1988-000080호
등록된 곳 | 서울특별시 용산구 서빙고로65길 38
발행처 | 사단법인 두란노서원
영업부 | 2078-3333 FAX | 080-749-3705
출판부 | 2078-3332

책값은 뒤표지에 있습니다.
ISBN 978-89-531-4430-9 03230

독자의 의견을 기다립니다.
tpress@duranno.com www.duranno.com

* 내지 사진은 저자로부터 허락받아 게재하였다.

두란노서원은 바울 사도가 3차 전도 여행 때 에베소에서 성령 받은 제자들을 따로 세워 하나님의 말씀으로 양육
하던 장소입니다. 사도행전 19장 8-20절의 정신에 따라 첫째 목회자를 돕는 사역과 평신도를 훈련시키는 사역,
둘째 세계선교(TIM)와 문서선교(단행본·잡지) 사역, 셋째 예수문화 및 경배와 찬양 사역, 그리고 가정·상담 사역 등을
감당하고 있습니다. 1980년 12월 22일에 창립된 두란노서원은 주님 오실 때까지 이 사역들을 계속할 것입니다.

조니 에릭슨 타다의
희망 노트

조니 에릭슨 타다 지음 ┃ 유정희 옮김

두란노

십대의 조니
그날의 사고가 아니었다면
꿈도 꿀 수 없었을 넓은 세상을
하나님은 나에게 안겨 주셨다.

contents

삶과 치유, 고난과 인내, 슬픔과 희망에 대한 몇 가지 근본적인 질문들

우리가 현실에서 맞닥뜨리는 고난은 기독교 신앙에 대한
가장 큰 도전으로 이것은 모든 세대에서 그래 왔다. _ 존 스토트

아름다운 주일 아침, 예배가 막 끝났을 때였다. 나는 휠체어를 타고 밴이 주차된 교회 주차장을 가로질러 가고 있었다. 그때 잘생긴 젊은 남자 하나가 나를 붙잡더니 자신을 데이비드라고 소개하며 말을 걸어 왔다.

"혹시, 조니 씨 아닌가요?"

나는 미소를 지으며 고개를 끄덕였다.

"오, 정말 놀랍네요!" 그는 큰소리로 외쳤다. "저는 여기 온 방문객인데, 오늘 우연히라도 당신을 만났으면 좋겠다고 생각했어요. 당신을 위해서 기도해 왔거든요."

나는 눈이 휘둥그레졌다. "정말요? 뭐에 대해서요?"

"당신의 치유를 위해서요. 당신이 휠체어에서 일어날 수 있기를 기도해 왔어요." 그 순간 나는 멈칫했다. 그는 나를 만나길 바라며 교회에 왔고, 내가 치유되는 걸 보기 원했다. 지난 몇 년 동안 그와

같은 사람들을 얼마나 많이 만났는지 모른다. 교회에서, 길모퉁이에서, 컨벤션 센터에서, 사람이 북적이는 쇼핑몰에서. 그런 만남들 중 몇 번은 약간 위압적이었고, 조금 무섭기까지 했다.

오늘 이 젊은 남자와의 만남은 그렇지 않았지만 그래도 섬뜩한 느낌을 물리쳐야 하는 건 사실이었다. 오래 전, 한 무리의 남자들이 메릴랜드에 있는 우리 농가에 나타나 성령의 인도를 받아 나를 치료하러, 또는 나와 결혼하러 왔다고 한 적이 몇 번 있었다! 그러니 내가 말을 아끼는 것이 이해가 될 것이다.

"물론 저의 치유를 위해 기도해 주시는 걸 마다하지는 않겠습니다." 나는 데이비드에게 정중하게 말했다.

이 남자는 시간을 끌지 않고 곧 바로 준비된 연설을 시작했다. "혹시 죄가 당신의 치유를 방해하고 있을지도 모른다는 생각을 해보셨습니까? 당신이 불순종했던 일들 말입니다." 내가 대답도 하기 전에 데이비드는 성경을 펼쳤다. 우리 둘 다 주차장 한가운데 있었다. 그는 누가복음을 읽었다. "한 중풍병자를 사람들이 침상에 메고 와서 예수 앞에 들여놓고자 하였으나 무리 때문에 메고 들어갈 길을 얻지 못한지라 지붕에 올라가 기와를 벗기고 병자를 침상째 무리 가운데로 예수 앞에 달아내리니"(눅 5:18-19).

그는 성경을 덮고는 나에게 이야기 속의 중풍병자가 고침을 받았다고 말했다. 그러니 나도 내 죄를 고백하고 믿기만 하면 나을 수 있다는 것이었다. 그리고 이렇게 덧붙여 말했다. "조니, 당신의 삶 속에 아직까지 처리하지 않은 죄들이 있는 것이 분명합니다."

나는 그에게 하나님 앞에서 나의 양심이 깨끗하다고 말했다(이에 대해 그는 약간 의심하는 표정이었다). 그리고 언제나 나의 치유를 위해 기도해 주는 것은 고맙게 받아들이겠다고 덧붙였다. 그리고 관심은 고맙지만, 나는 이것이 믿음의 문제라고 생각하지 않는다고 말했다.

데이비드는 나의 말이 이해가 되지 않는 표정이었다. 그가 가르침을 받은 대로라면, 내가 그리스도인이고 내 삶 속에 알려진 죄가 없고 하나님이 나를 치료해 주실 것이라는 믿음이 있다면… 그러면 치유를 받았을 것이다. 하나님은 모든 사람이 치유받기를 원하지 않는가? 예수님은 모든 사람이 잘되기를 원하지 않는가? 물론 그랬다! 그것은 분명한 사실이다!

"조니, 당신은 믿음이 부족한 것이 분명합니다. 그러니까, 당신 자신을 보세요. 여전히 휠체어에 앉아 있잖아요!"

나는 잠깐 동안 그 사람이 읽어 준 성경 이야기를 생각해 보았고, 그에게 다시 성경을 펴서 누가복음 5장의 그 구절을 보자고 했다. 그리고 이렇게 말했다. "그래요, 한 가지는 당신 말이 맞아요. 그 사람들이 지붕에서 중풍병자를 달아내려 예수님 앞에 이르게 했을 때 곧바로 병이 나았지요. 하지만 20절을 보세요. 예수님께서 그 친구들의 믿음을 보셨을 때 그 사람이 나음을 입었다고 했잖아요."

"그런가요?"

"모르셨어요? 예수님은 그 중풍병자에게서 아무것도 요구하지 않으셨습니다. 예수님이 보신 건, 그 사람을 지붕에서 달아 내린 친구들의 믿음이었어요. 하나님은 치유를 위해 나의 믿음을 요구하시지 않습니다. 하지만 당신의 믿음을 요구하실 수는 있지요. 만일 하나님께서 나를 이 휠체어에서 일으키실 계획이 있다면, 당신의 믿음을 사용하시겠지요! 그러니 계속 믿으세요. 책임은 당신에게 있네요!"

데이비드는 그런 관점을 좋아하지 않았다. 그것은 그의 각본에 없는 이야기였다. 그의 스승들과 그가 받은 가르침에 따르면, 어떤 사람이 치유 받지 못할 경우엔 그 사람이나 그의 믿음에 문제가 있는 것이었다.

하지만 주된 초점은 믿었느냐 그리고 치유를 받았느냐가 아니다. 초점은 언제나 예수 그리스도와 고난당하는 자들에 대한 그분의 뜻이다. 위대한 믿음을 갖는다는 것은 위대하신 구세주를 믿는 것이다. 그리고 성경은 '누구든지' 예수님이 치유해 주실 것을 믿는 사람의 믿음을 기꺼이 받아들인다. 앞으로 그 '누구든지'가 데이비드가 될 수도 있다.

하나님은 오늘날에도 우리의 병을 치료해 주신다. 거기에는 의심의 여지가 없다. 다른 판단을 내리는 것은 하나님 말씀의 분명한 증언과 전 세계 수많은 형제자매들의 진심어린 간증을 둘 다 무시하는 것이다. 그들이 해야 할 것은 오직 그들의 구세주이자 치유자인 주님의 이름에 영광을 돌리는 것뿐이다.

하지만 최근에 주차장에서 데이비드를 만났던 경험을 돌아볼 때, "하나님이 오늘날에도 우리의 병을 치료해 주신다"는 그 말을 더 자세히 살펴볼 필요가 있을 것 같다.

하나님이 '언제나' 병을 치료해 주시는가? 믿음으로 하나님께 나아오는 '모든 사람들'을 하나님이 다 치료해 주시는가? 편두통, 다발성 경화증, 전립선암, 심한 독감 또는 나 같은 만성 통증에서 벗어나기 위해 기도하는 '모든' 사람들의 삶에 하나님이 기적적으로 개입하시는가?

그렇지 않다면 이유가 무엇인가? 왜 하나님이 어떤 사람들은 치료해 주시고 어떤 사람들은 치료해 주시지 않는 것일까?

여기서 나는 척수 손상으로 인한 사지마비는 언급하지도 않았다. 휠체어에서 일어나 내 발로 걸어 다닐 수 있게 해 달라고 간구하던 때는 이미 오래전에 지나갔다. 나는 여전히 휠체어에 앉아 있다. 하지만 난 행복하다. 그런 기준에서 나는 치유를 받았다. 정말 대단한 일 아닌가.

지금 나에게 중요한 문제는 오로지 고통에 관한 것이다. 어떻게 완전히 마비된 사람이 고통을 느낄 수 있는지 의아할 것이다. 내 말을 믿으라. 적어도 내 나이에는 그럴 수 있다. 솔직히 말해서, 이 고통이 그렇게 만성적이지만 않아도 그냥 무시할 것이다. 하지만 내가 오래 전에 처음 다쳤을 때 하나님께 말씀드렸던 것처럼, 또다시 '주님, 제 남은 인생을 이렇게 살 수는 없습니다!'라고 기도하고 있는 나 자신을 발견한다. 적어도 내 생각엔 그렇게 살 수 없을 것만 같다. 앞으로 두고 볼 일이지만.

오해하지는 말라. 내가 1978년에 쓴 「한 걸음 더(*A Step Further*)」라는 책에서 기적적인 치유에 대해 쓴 내용을 '번복하고' 있는 것은 아니다. 하지만 절박한 상황이 계속되다 보니, 잘 알던 성경 구절들도 다시 돌아보게 되었고 다른 가능성을 열어 두고 새로운 각도, 새로운 관점에서 좀 더 자세히 그 말씀들을 살펴보게 되었다. 이것은 나에게 정말 새로운 영역이다.

여호수아가 한때 이스라엘 자녀들에게 "너희가 이전에 이 길을 지나보지 못하였음이니라"고 말했던 것처럼, 그것은 나에게 전혀 새로운 일이었다. 내 평생 그런 곳에 와본 적이 없었다. 하지만 이스라엘 백성들이 요단강 양쪽에서(또 강 한가운데서) 하나님을 발견했던 것처럼, 나도 고난이 점점 더 커져만 가는 이 낯설고 생소한 곳에서 하나님의 임재, 하나님의 위로, 하나님의 신실하심을 발견하고 있다.

이 책은 기적적인 치유를 암시하는 것처럼 보이는 모든 성경 구절들을 신학적으로 자세하고 철저하게 살펴보려는 의도에서 만들어진 것이 아니다. 하나님이 병을 낫게 해주시는 많은 이유들이 여전히 거룩한 신비 속에 감춰져 있고, 나는 이 몇 페이지 안에 그것들을 명백히 풀어 놓으려 하지 않을 것이다. 대신 나의 개인적인 여행을 소개하며 거기에 동참할 것을 권하고 싶다. 나는 삶과 치유, 고난과 인내, 슬픔과 희망에 대한 몇 가지 근본적인 질문들로 돌아가려 한다.

나는 또한 하루하루의 싸움에서 눈을 돌려 위를 바라보며 우리 모두를 기다리고 있는 궁극적인 치유의 시간에 초점을 두자고 말하고 싶다. 그때는 모든 눈이 열리고, 모든 귀머거리들의 귀가 들릴 것이며, 말 못하던 자들의 혀가 기쁨에 겨워 소리치며, 절름발이들이 사슴처럼 뛸 것이다(사 35장). 오, 얼마나 영광스러운 날일까!

지금 이 땅의 삶에서 육체적인 치유의 기적을 경험하지 못하는 사람들도 그날을 기다릴 수 있을까? 우리가 계속 희망을 가질 수 있을까? 그리고 단지 희망을 붙잡고 있을 뿐만 아니라, '포로로 잡혀 있는 기간'(고통 때문에 거의 미칠 것 같을 때의 심정을 나타낸 말이다) 동안 우리가 배워야 할 것을 배울 수 있을까?

나는 당연히 나의 만성 통증을 기적적으로 낮게 해 달라고 기도한다. 그것이 하나님의 뜻이라면 그렇다. 나는 항상 "무엇이든 주의 뜻대로 하소서"라고 기도한다. 그 일이 주님을 더욱 영화롭게 하고 주의 복음을 더 속히 전하는 일이라면, 그 일이 꼭 이루어질 거라고 믿는다. 언제나, 언제나 나는 아버지께 복종하고 예수님의 말씀에 순종하기 원한다. 내 인생에 다른 모든 것이 있어도 순종이 없으면 아무엇도 없는 것임을 너무나 잘 알기 때문이다.

내가 고통 없이 휠체어에서 벌떡 일어나 사람들에게 나의 치유가 하나님의 크신 능력을 나타내는 진정한 증거라고 말하든, 아니면 나의 고통에도 '불구하고'가 아니라 바로 그 고통 '때문에' 의자에 앉아서도 계속 미소를 짓든, 어느 경우나 예수님이 영광을 받으신다. 고통 때문에 웃을 수 있는 것은, 내가 배워야 할 교훈을 얻었고, 인격이 다듬어졌고, 다른 아픈 사람들의 마음을 알 수 있게 되었고, 상처받은 세상에 복음을 전할 수 있으며, 고통당하신 구세주와 더욱더 친밀감을 느낄 수 있기 때문이다.

지금 당신이 들고 있는 책은 지금 내가 겪고 있는 일들을 기록한 책이다. 지난 5년 동안 나는 레슬링 링 안에서 원수와 함께 있었다. 그 원수는 달이 갈수록 커지고, 더 험악해지고 공격적으로 변하는 것 같다. 나의 계속되는 고통과의 싸움을 말하는 것이다. 그 싸움은 때로는 아주 느리고 지루하며, 때로는 매우 치열하여 도저히 견딜 수가 없을 정도다. 사실 이 글을 쓰고 있는 지금도, 당장 폭발할 것 같은 고통을 없앨 수 있는 방법이 있을까 하여 또 다른 전문가를 만나고 있다. 할 수만 있다면 정말 기쁘고 감사한 마음으로 그 고통과 작별을 고하고 싶다.

나는 내 삶의 그런 모습들도 이 책 속에 담고 싶었다. 자극적인 흥미를 더하기 위해서가 아니라, 단지 그것이 지금 내 모습이기 때문이다. 책을 읽으면서 알게 되겠지만, 내가 극심한 고통의 자리에서 하나님의 치유에 대한 책을 쓰기 때문에 고통에 대해 초연해졌다거나 학문적인 성과를 거두었다고 생각하지 말기 바란다. 오히려 고통이 무엇인지 알기 때문에 더 절박한 마음으로 그 주제를 다루게 될 것이다.

치유, 또는 잠깐이라도 고통과의 싸움에서 벗어나는 것이 요즘 내 마음속 최우선순위를 차지하는 이슈다. 아니, 다시 말해야겠다. 주께서 지금 나의 고통을 덜어 주시든, 그냥 아버지의 집 가까이에 있게 하시든, 나의 구주이시며 왕 되신 주님의 이름을 영화롭게 하는 것이 최우선순위다.

어느 쪽이든, 주님께서 나를 도와주시고 구원해 주시며 내게 기쁨의 관을 씌워 주실 것이다. 언제나 그러하셨던 것처럼.

하나님은 고난에 관한 책을 쓰시고
그 책을 예수라 부르셨습니다

제 책이 한국에 처음 소개된 지도 꽤 오랜 시간이 흘렀습니다. 그런데 이번에 제 최근작 「조니 에릭슨 타다의 희망 노트」가 한국에서 출간된다고 하니 참으로 감회가 새롭습니다. 예수 그리스도를 위한 열심, 기도의 열기, 선교의 열정. 한국 기독교의 모습을 보면 존경과 사랑이 무한히 우러나옵니다. 제 이야기가 신세대 한국 독자들에게 다시 소개되어 너무도 큰 영광입니다.

아울러 꽤 고민을 했습니다. 한국의 형제자매들을 어떻게 격려해야 할까? 어떻게 해야 휠체어에 앉아 있는 제게 힘을 주신 주님의 본을 따라 한국 크리스천들에게 힘을 줄 수 있을까?

1976년 제 처녀작이 나온 뒤로 많은 일이 있었습니다. 가장 큰 일은 메릴랜드 주의 가족 농장을 떠나 캘리포니아 주 로스앤젤레스 근처에 사역 기관을 세운 일입니다. 그로부터 30년도 더 지난 지금, 저희 '조니와 친구들 국제 장애인 센터(Joni and Friends International Disability Center)'는 미국 전역을 넘어 전 세계의 장애인들을 섬기고 있습니다. 지금 저희는 장애인 가족을 위해 일주일 기간의 특별 수련회를 운영하고 있습니다. 앞으로 12개 개발도상국에서 이 수련회를 열어 수많은 장애인들을 도우려 합니다. 휠체어와 성경책을 전 세계 장애인들에게 나눠주는 일도 하고 있습니다. 그들에게 이동할 수단만이 아니라 구원의 복음도 전해주기 위한 일이지요.

남편 켄 타다를 만나 결혼한 지도 어언 30년 가까이 되었습니다. 남편은 누구보다도 가까운 친구로서 오랫동안 저의 든든한 버팀목이었습니다. 2010년 여름 제가 유방암 진단을 받았을 때도 남편은 한시도 제 곁을 떠나지 않았습니다. 수술과 화학요법을 받는 동안 저와 남편은 수많은 의사와 간호사, 병원 직원들에게 하나님의 은혜를 전할 수 있었지요. 이제 화학요법을 끊은 지 꽤 되었습니다. 조만간에 완치되었다는 소식이 날아올 줄 굳게 믿습니다.

암과의 사투가 거의 끝나가긴 하지만 만성 통증은 여전합니다. 어찌 보면 이 통증이 사지마비나 암보다도 훨씬 더 고통스럽습니다. 하지만 고통 덕분에 매일 눈을 뜨자마자 주님께 부르짖으니 고통이 꼭 나쁘지만도 않은 것 같습니다.

사지마비로 45년간 휠체어에서 살았다고 해서 여러분과의 문화적 차이를 완전히 극복할 수 있다고 생각하지는 않습니다. 하지만 제가 이 책에서 고백한 시련들이 남의 이야기 같지만은 않을 것입니다. 이 책에서 여러분은 고난의 길에서 기꺼이 여러분과 동행하기 원하는 '휠체어' 나그네를 만나게 될 겁니다. 이 책을 선택해주셔서 감사합니다. 어떤 시련 속에 있든 하나님이 이 책을 통해 여러분에게 크신 복을 내려주시길 기도합니다.

더는 슬픔도 한숨도 고통도 실망도 없는 천국에서 여러분을 만날 날을 고대합니다. 그때까지 마음을 굳게 먹으세요. 하나님은 고난에 관한 책을 쓰시고 그 책을 예수라 부르셨습니다. 이 책을 통해 여러분이 우리보다 앞서 고난의 길을 가신 놀라운 구주에 관해 많은 것을 배우셨으면 좋겠습니다. 갈보리에서 끝나는 그 길에서 풍성한 소망과 도우심을 찾을 수 있을 것입니다!

_ 조니 에릭슨 타다, 2011년 여름

희망의 메신저가 되어
다른 사람에게 고난에 대해 나누는 것은
그들의 영적 혈관에
삶을 바꾸는 강력한 진리를 주입시키는 것이다.

Part 1

인생의 광야에서
만난 하나님

A p l a c e o f H e a l i n g

chapter 01

기막힌 고통과 마주하다

하나님이 우리를 험한 길로
보내실 때는 질긴 신발을 주신다. _ 코리 텐 붐

joni eareckson tada

지금 나는 책을 쓰기가 쉽지 않다. 몸을 마음대로 움직이지 못하는 나로서는 더욱 그렇다. 그럼에도 불구하고 아직 할 수 있을 때, 믿는 자의 삶 속에 존재하는 고난의 문제들과 하나님의 부인할 수 없는 치유의 능력을 이야기하고 싶다. 고통을 겪어 본 사람들은 알겠지만, 고통이 끊임없이 계속되다 보면 생각하고, 일하고, 대화하고, 계획을 세우고, 글을 쓰는 것이 매우 힘들다. 사람들 앞에서 연설하기도 힘들다.

얼마 전 로스앤젤레스에 있는 바욜라(Biola) 대학으로부터 강연을 해 달라는 요청을 받았다. 캐시 맥레이놀즈 교수는 자신의 수업에 와서 "고난과 장애의 신학"에 대해 강연해 달라고 부탁했다. 그 강의는 바욜라 대학과 장애인들을 위해 기독교 사역 단체인 '조니와 친구들 국제 장애인 센터'가 계획한 것이다. 맥레이놀즈 박사는 나에게 65명의 학생들에게 하나님이 어떻게 고난으로부터 구해 주시는지에 대해 강의해 달라고 했다. 그리고 그 학생들 가운데 일부는 그보다 더 깊은 질문들을 품고 있을 것이라고 덧붙였다.

강의는 오래된 건물의 한 강의실에서 이루어졌다. 그곳은 창문은 물론이고 작은 통풍 장치조차 없는 곳이었다. 문 근처에 선풍기를 하나 놓아 주셨지만, 남부 캘리포니아의 더운 날씨 탓에 강의실은 금방 무더워졌고 답답한 느낌이 들었다.

나는 내 소개를 하기도 전에, 벽이 나에게 가까이 다가오는 것 같은 익숙한 감각을 느꼈다. 폐쇄공포증, 그것은 나의 오래된 적이다. 새벽 2시쯤 진통제의 약효가 떨어져 잠에서 깼을 때 밀려오는 느낌과 똑같은 기분이었다. 나는 그 무덥고 캄캄한 한밤중에 담요조차 차버릴 수 없다. 게다가 오랜 시간 한 자세로 누워 있어서 뻣뻣해진 근육의 고통이 밀어닥친다. 남편 켄은 옆에서 단잠을 자고 있고 나는 그 고통이 무서워서 다시 잠을 청해 보려고 노력하곤 한다.

맥레이놀즈 교수님이 학생들에게 나를 소개했다. 나는 강의실을 쭉 둘러보며 이야기를 시작했다. 몇몇 학생들이 책상에 팔꿈치를 대고 몸을 앞으로 숙인 채 뭔가 멋지고 감동적인 이야기를 기대하고 있는 것 같았다.

나는 늘 하던 대로, 나 자신의 이야기로 강의를 시작했다. 체사피크 만에서의 더운 여름날 아침. 뗏목, 다이빙, 충돌, 상해, 볼티모어 병원에 있는 척추 손상자를 위한 특수 침대…. 오랜 치료 기간, 상상도 못했던 사역의 시작. 거기서부터 하나님의 뜻에 대한 질문으로 들어갔다. '어떻게 하나님이 내 인생에 이 모든 일을 허락하실 수 있는가?' 그 질문을 새롭게 해보려고 하지만, 솔직히 때로는 그 모든 것이 내 귀에 너무 기계적으로 들릴 때가 있다. 하지만 그 순간에는 전혀 그렇지 않았다.

새로운 긴박감을 느끼다

내 인생의 지금 시점에서, 그 질문은 새로운 긴박감으로 나를 내리누른다. 그때 그 강의실에서 그랬던 것처럼.

나는 수업을 시작하기 전에 척추 보조기를 바로 착용했고, 조심스럽게 자세를 잡았다. 하지만 그날은 몇 번이나 자세를 바꾸었는데도 통증이 심하게 왔다. 정말이지 너무나 아팠다.

이야기를 시작한 지 15분쯤 되었을 때, 나는 휠체어 안에서 몸을 꿈틀거리며 입술을 꽉 깨물고 있는 나 자신을 발견했다. 평범한 사상과 관념들도 표현하기가 힘들었다. 게다가 강의실이 너무 더웠다. 그냥 숨을 쉬는 것만도 벅찰 정도였다.

어쨌든 나에게 할당된 45분의 시간을 얼렁뚱땅 해치웠다. 하지만 너무 헤맨 것 같았다. 학생들이 강의에서 얻은 것이 있었을까? 그들의 얼굴을 보니, 적어도 몇 명은 감동을 받은 듯했다. 어쩌면 아주 깊이 감동을 받은 이도 있을 것이다. 다행히 강의가 끝날 즈음에는 구부정하게 앉아 있거나 낙서를 하고 있는 학생은 아무도 없었다.

어쩌면 하나님께서 나의 힘들었던 강의를 통해 신비로운 일을 행하셨을 수도 있을 것이다. 내가 기대했던 것 이상으로(하나님은 전에도 여러 번 그런 일을 행하셨다!).

잠깐 휴식 시간을 가진 후 질의응답 시간을 가졌다. 대부분의 질문들은 충분히 예상할 수 있는 것들이었다. 그런데 무슨 이유에서인지, 그 평범하고 빤한 질문들 가운데 하나가 갑자기 가슴 깊이 사무쳤고 내 신경을 건드렸다.

"선생님은 고통의 시기를 겪고 있다고 하셨습니다. 제 생각엔 그 고통이 선생님의 주된 사역에 집중하는 데 매우 방해가 될 것 같은데요, 왜 하나님이 이런 일을 허락하셨다고 생각하십니까?"

정말, 왜일까? 왜 하나님이 이런 일을 허락하셨을까? 이제 난 60을 바라보는 나이다! 오랜 시간 참고 인내하면서 하나님을 섬기려고 노력해 왔는데, 내 인생의 이 시점에 왜 그런 고통과 혼란을 주시는 것일까?

이 단순한 질문은 거센 파도 속에 숨어 있는 나무 조각처럼, 새로운 고통의 파도 속에서 나에게 다가왔다. 그런 문제는 수도 없이 다뤘었다. 사지마비 상태로 사는 동안 다양한 상황에서 다양한 언어로 "왜 하나님이 이런 일을 허락하시는가?"라는 질문을 받아 왔다. 그런데… 웬일인지 그 순간에는 대답을 하기가 몹시 힘들었다. 내가 피곤했기 때문이었을까? 잠을 못 자면 그럴 수도 있을 것이다. 강의실 공기가 탁하고 환기팬이 제대로 작동하지 않았기 때문이었을까? 내가 조용히 하나님의 자비를 구하지 않아서였을까?

목이 메고 눈물이 쏟아졌다. 나는 대답을 시작했다. 하고 싶은 말이 있었다. 하지만 그만두어야 했다. 잠시 숨을 내쉬며 마음을 가다듬어 보았지만, 콧물이 흐르고 아래쪽 눈꺼풀에서 눈물이 흘러내렸다.

그렇다. 난 할 말을 잊었고 학생들도 모두 그것을 알았다.

이제 어떻게 할까?

난 구경거리가 되고 싶지 않았다. 모든 일을 일부러 꾸민 것처럼 보이고 싶지도 않았다. 하지만 계속할 수밖에 없는 상황이었다. 결국은 거의 울면서 대답을 해야 했다.

"저는 그 문제에 대해 여러 번 생각해 보았습니다. …그리고 …사람들 앞에서 이런 말을 해본 적이 없는데… 최근에 와서 의문이 생겼습니다. …그러니까 이런 것이죠. 몇 십 년 동안 저는 아프지 않았습니다. 정말 그랬어요. 물론 저는 사지마비 환자이고 그래서 참 힘들게 살고 있지만, 대개는 힘든 걸 잊고 지냈습니다. 그냥 익숙해진 거죠. 손을 움직인다는 것이 어떤 느낌인지도 거의 잊어버렸습니다. 하지만 이런 고통이 찾아오니, 마치 하나님께서 다시 새로운 고난을 저에게 주시는 것 같았어요. …정말 생소하고, 예전에 한 번도 겪어 보지 못한 고난 같은 느낌이랍니다. 왜 그럴까요? 저도 모르겠어요. 아마도, 아마도 하나님이 이런 일을 허락하신 것은 여러분이 45분 동안 들은 이야기들이 진부하고 상투적인 이야기로 들리지 않도록 하기 위함인 것 같습니다. 성경에 보면 '선생이 많이 되지 말라'고 말하는데, 아마도 이런 이유 때문인 것 같습니다."

> 교과서만 가지고서는 고난에 대해 가르칠 수 없다. 말만으로는 그 일을 할 수가 없다.

강의실은 이내 쥐 죽은 듯이 조용해졌다. 맨 앞줄에 앉아 있던 훌륭한 남편 켄이 조용히 일어나 휴지를 가져다주었다. 나는 학생들이 콧물이 흐르는 내 얼굴을 보고 있어도 전혀 신경이 쓰이지 않았다. 어차피 학생들도 신경을 안 쓰는 것 같았다.

교과서만 가지고서는 고난에 대해 가르칠 수 없다. 앞에 나와서 강의를 하고 파워 포인트로 그럴 듯하게 설명할 수는 있어도, 그 말이 마음에 분명히 새겨지려면 말하는 사람과 듣는 사람 간의 공감이 있어야 한다. 다른 방법으로 어떻게 고난이라는 주제를 다루겠는가? 고난에 대해 나누는 것은 수혈을 하는 것과 같다. 다른 사람의 영적인 혈관 속에 강력하고 삶을 변화시키는 진리들을 주입시키는 것이다. 말만으로는 그 일을 할 수가 없다. 아니 그래서는 안 된다. 자신이 직접 고통을 느껴 보지 않고서 어떻게 고난에 대해 가르치고 배울 수 있겠는가? 하지만 다행히도 그날 모인 65명의 학생들은 아무도 자기 목을 부러뜨리거나 정신 착란을 일으키는 고통을 참고 견딜 필요가 없었다. 그들은 그저 그 눈물이 진심이라는 것을 믿기만 하면 되었다. 이것은 '간고를 많이 겪은 자' 예수님이 실제로 우리의 고난을 짊어질 수 있다는 것을 입증하는 것이기도 하다. 나를 위해, 또 그들을 위해.

싸움은 아직 끝나지 않았다

이런 이유로 나는 생각들을 모아 기록하고 책을 쓰기 시작한 것이다. 어떤 사람들은 이렇게 말한다. "잠깐만 기다려요, 조니. 회복에만 집중하세요."

유명한 군사 지도자들은 대개 은퇴한 후에 회고록을 쓰지만, 나는 여전히 전쟁중에 있다. 그랜트, 로버트 리, 퍼싱, 아이젠하워, 몽고메리, 처칠 같은 유명한 장군들은 몇 년 동안 숙고한 후에 글을 썼다. 그들이 옛날식 현관 앞에 놓인 안락의자에 앉아서 산뜻한 봄바람에 묻어오는 라일락 향기를 맡으며 과거를 회상하는 풍경을 마음속에 그려 본다. 하지만 나는 그들과 달리 지금 전쟁중에, 아직도 먼지와 연기가 자욱한 이때에 이 글을 쓰고 있다.

실은 내 인생의 싸움 속에서 나 자신을 발견하고 있다고 말하는 게 낫겠다. 사람들의 말처럼 나는 가장 치열한 싸움중에 있고, 솔직히 이 싸움이 언제까지 계속될지, 또는 언제 어떻게 끝날지 모른다.

지금 나의 가장 큰 적은 사지마비에 흔히 따라오는 일반적인 통증과 아픔이 아니다. 새롭고 심술궂은 적이 나의 삶 속에 침입해 들어왔다. 그것은 처음에는 내 목을 아프게 찌르는 창으로 나타났다가 내가 그 전쟁터에 적응하기 시작했을 때 새로운 전선, 곧 등 아랫부분을 한층 더 세게 공격해 왔다. 지난 2년 동안 겪어 온 육체적인 고통의 끈질긴 공격은 나의 상상을 초월했다. 어떤 말도 나에게 도움이 되지 않았다.

며칠 동안 병원에 입원하고 인간에게 알려진 모든 시련을 다 겪은 듯했을 때, 마침내 의사들이 범인, 또는 범인들 중 하나를 발견했다. 그것은 엉치뼈, 곧 척추의 말단에 있는 큰 삼각형 모양의 뼈에 생긴 골절이었다. 내가 그런 상태가 된 것은 놀라운 일이 아니었다! 그 극심한 고통이 내 복부까지 퍼진 것도 놀라운 일이 아니었다. 실제로 나는 앉아 있을 때마다 손상된 뼈를 깔고 앉아 있었던 것이다.

잠시도 휠체어에 똑바로 앉아 있을 수가 없었기 때문에 나는 사무실에 있는 작은 침대에서 일을 했다. 어떤 날은 최대한 오래 앉아 있으려고 하며, 고통 때문에 침대로 다시 돌아갈 수밖에 없을 때까지 최대한 많은 일을 해내려고 했다.

당신이 상상하는 대로, 고통은 내가 하는 모든 일들을 10배는 더 힘들게 만들었다. 한 가지 예를 들면, 얼마 전 스튜디오에 앉아서 일주일에 한 번 방송되는 라디오 프로그램 '조니와 친구들'을 녹화하려고 할 때였다. 그 일은 오랫동안 즐겁게 해왔던 일이다. 하지만 이번에는 아주 힘든 선택을 해야 했다. 첫째는 척추 보조기를 더 꽉 조이는 것이다. 그러면 호흡이 원활해져서 말을 할 수 있지만 대신 고통은 더욱 커졌다. 아니면 보조기를 느슨하게 풀 수도 있었다. 그러면 고통은 줄어들지만 녹화가 힘들어진다. 그래서 나는 둘 다 했다. 한두 페이지를 읽고 나서 멈추고 보조기를 꽉 조인 후, 다시 읽고 나서 보조기를 푸는 것이다. 결국 그럭저럭 녹화를 끝내긴 했지만, 아주 오랜 시간이 걸렸다.

사실 작년에 나는 인생에서 가장 힘든 시간들을 보냈다. 사고 후 처음 볼티모어 병원에서 지냈던 시간들과 맞먹는 고난의 시기였다.

극심한 고통이 밀려올 때

이제 내 인생이 흐트러지기 시작하는 건가? 내가 견딜 수 있는 한계에 도달한 것일까? 내 친구들과 동역자들과 남편이 나를 위해 인내할 수 있는 한계에 도달한 것일까? 나와 그들이 얼마나 더 이런 생활을 계속할 수 있을까? 이런 질문들이 나를 괴롭혔다.

이렇게 몇 년이 지나고 나니, 솔직히 나는 사람들을 지치게 만들고 있다. 고맙게도 아침에 나를 일으켜 주고 도와주겠다는 사람들이 8명 정도 있고, 주디와 내 남편 켄은 밤사이에 나를 도와준다. 전에는 저녁에 침대에서 돌아눕도록 도와주는 사람이 남편밖에 없었지만, 밤새 남편의 도움이 필요하지 않을 때도 자주 있었다. 남편이 나를 옆으로 눕혀 주고 베개를 대 주면 그냥 아침까지 편안하게 잤기 때문이다.

그런데 이제는 그렇지가 않다. 근육이완제도 효과가 없다. 진통제 애드빌 피엠(Advil PM)이나 비코딘(Vicodin), 또는 그보다 더 독한 약들도 마찬가지다.

나는 약 먹는 걸 정말 싫어한다. 건강한 어머니와 아버지에게서 태어난 나는 약간은 독일인이고 아주 약간은 스코틀랜드 계 아일랜드인이며, 덤으로 스웨덴의 혈통도 약간 섞여 있다. 우리는 아주 강한 체질을 타고난 가족이다. 나는 평생 아스피린 한두 알이면 고통을 이겨낼 수 있다는 사실을 자랑스럽게 여겨 왔다(이것도 부모님으로부터 배웠다). 그것이 본래 내 모습이었다. 나는 그런 식으로 고통을 이겨냈었다. 하지만 지금은 아니다.

어쨌든 약의 효과는 그리 오래가지 않는다. 그리고 때로는 부작용이 본래의 고통보다 더 크게 나타날 수도 있다. 그것은 TV 광고에서 어떤 약을 먹으면 피부가 비단결같이 부드러워질 것이라고 약속하지만, 실제로는 신장 질환, 간 부전, 구강 건조, 오심, 자살 충동 같은 위험을 감수하고 먹어야 하는 것과 비슷하다. 누가 그런 위험을 감수하면서까지 좋은 피부를 원하겠는가?

엄밀히 말해서 내겐 아무것도 소용이 없는 것 같다. 새벽 2시면 예외없이 잠이 깬다. 등 아래쪽의 타는 듯한 고통 때문인데, 특히 허리 네모근과 장요근이 심하게 아프다(나는 나의 근육들을 잘 알고 있다). 그것은 엉덩이 위의 왼쪽 아래 등과 왼쪽 복부, 그리고 허벅지 안쪽에 있는 것들이다. 아마 당신에게는 이것이 큰 의미가 없겠지만, 아무 느낌이 없는 사지의 나머지 부분들처럼 마비되었던 것들이 새벽에 고동치는 고통과 함께 살아나면 그 근육들을 생각하지 않을 수 없다.

때로는 다시 잠들지 못할 때도 있다. 대개는 나의 울먹거리는 소리를 켄이 들을 수 있을 때까지 입술을 깨문다. 불행히도 켄은 이제 우리가 수년 동안 함께 써온 방과 가까운 침실에서 자야 한다. 켄이 발을 질질 끌며 들어올 때는 게슴츠레한 눈으로 잠이 완전히 깨지 않으려고 노력한다. 그래야 다시 잠들 수 있기 때문이다. 그는 자동적으로 나를 돌려 눕힌다. 예전에는 반대쪽으로 눕혔지만 내가 그 자세를 더 이상 견디지 못해서 지금은 2시간 동안 반듯이 누워 잔다. 그리고 다시 새벽 4시에 잠이 깬다. 그때는 오전 7시 30분에 내 친구들이 올 때까지 그냥 그 상태로 있으려고 한다.

솔직히 말해서 전에는 이렇지 않았다. 나는 그런 식의 수면 스케줄을 갖고 있지 않았다. 그렇게 우는 소리를 하지도 않았다. 잠에서 깼을 때 내가 침대에서 일어날 수 있을까 하는 의문이 들지도 않았었다. 무엇보다도 이렇게 불안하거나 두려웠던 기억이 없다. 어느 정도는 이해할 수 있지만, 아마 대부분은 약물의 부작용 때문이 아닐까 생각한다.

내가 친구들을 지치게 하고 있다는 생각이 드는 것도 이 때문이다. 남편도 마찬가지다. 지금은 친구들이 아침에 와서 나의 운동을 도와줄 때 최소한 한 시간씩 더 스트레칭을 시키고 나의 근육들을 잡아당겨 준다. "아, 내 등 근육 좀 잡아당겨 줄래? 손을 침대머리 쪽으로 돌려서… 그래, 그렇게… 손가락으로 내 등을 긁어 올리듯이… 어휴, 조금도 느낌이 없어. 좀 더 세게 해줄 수 있겠어?"

그들은 걱정스러운 표정으로 나를 쳐다본다. 예전에는 나를 일으키는 일이 재미있었다. 우리는 노래를 불렀고 서로 이렇게 말했다. "오늘도 예수님을 위해 일하러 가야지!" 하지만 요즘에는 그저 우리가 할 수 있는 최선을 다할 뿐이다.

그래도 한 가지는 더 좋아지고 있다. 우리 모두 하나님의 도우심을 더 의지하게 되었다는 것이다. 그리고 온전한 정신을 유지하기 위해 하나님께 의존하고 있다. 내가 사탄과 그 무리들의 목표물이라는 것을 그 어느 때보다 더 분명히 느끼고 있기 때문이다.

사탄의 목표물이 되다

1976년 첫 번째 책 「조니(Joni)」를 출판했을 때부터 지금까지 그 오랜 시간 동안 하나님을 믿고 신뢰하는 내 모습이 그리스도인들에게 어떤 영향을 미쳤는지 대적은 매우 잘 알고 있다. 사탄이 내 책들을 읽었을까? 아마 아닐 것이다. 그 책들 속에는 예수님 이야기가 너무 많기 때문이다. 그럼에도 불구하고 원수는 내가 주님을 사랑하는 것을 알고 그 이유로 나를 미워한다.

나의 원수가 지옥의 낮은 계급 중에서 대장을 정해 나를 괴롭히라고 시킨 것 같다. 나의 악한 대적은 최소한 내가 사지마비에 익숙해졌다는 것을 알고 있다. 영구적인 마비가 더 이상 예전만큼 나에게 큰 싸움이 아니라는 것도 잘 알고 있다. 나의 뿌리 깊은 장애가 오히려 하나님을 더 절실히 필요로 하는 믿음을 발전시켰다는 것도 알고 있다. 그리고 솔직히 말하면 사탄은 그것을 경멸한다.

사탄은 내가 하나님을 의지하는 것이 널리 알려져 아버지를 영화롭게 하는 것을 싫어한다. 그리고 내가 40년 넘게 휠체어에서 지내면서 인내한 것에 대한 상급으로 영원히 천국에서 주님을 예배하며 점점 더 큰 기쁨을 누리게 될 것도 혐오한다. 또한 내가 고난당하신 그리스도와 함께 교제함으로써 구세주의 영광을 더욱 더 나타내는 것도 싫어한다. 내가 지난 세월 동안 히브리서 12장 같은 주님의 훈련에 복종해 온 것을 그는 가증스럽게 여기며, 내가 예수님과 고난을 함께 나누기 위해 더 깊이 들어가는 것을 보며 비웃는다.

사탄은 나의 믿음을 메스꺼워하며 동일한 이유로 내 몸과 마음과 영을, 또 나를 사랑하고 도와주는 내 친구들을 최대한 공격한다. 그것은 전쟁이다. 모든 전쟁이 그렇듯이, 그것은 결코 멋지지 않다.

사탄은 내가 하나님께 보인 반응을 보며 더욱 신물이 났을 것이다. 사탄이 생각하는 장애는 하나님의 선한 인격을 비방하기 위한 마지막 요새일 것이다. 고난은 그가 하나님의 신뢰성을 깎아 내리기 위해 이용하는 마지막 영역이다. 사탄은 다음과 같이 불평하고 의심하도록 부추기는 것을 좋아한다.

"하나님이 선하시다면 어떻게 내 자녀가 이렇게 끔찍한 장애를 가지고 태어나게 하셨을까?"

"남편이 암에 걸려 6개월밖에 못 살게 되었는데 내가 어떻게 하나님을 믿고 의지할 수 있겠어?"

"사람들을 위한 계획 속에 알츠하이머병과 자폐증을 포함시켜 놓으신 하나님을 내가 왜 믿어야 하지?"

나의 대적은 하나님이 여러 번, 여러 가지 방법으로, 여러 나라에서 나의 개인적인 간증을 통해 그와 같은 어두운 생각들을 물리치셨다는 것을 알고 있다. 또한 '조니와 친구들'의 사역이 하나님께 쓰임 받아 왔고, 세상의 가장 어두운 구석에서 고난 받는 사람들에게 하나님의 은혜와 선하심을 전하고 있다는 것을 인식하고 있다. 우리의 싸움은 혈과 육, 즉 질병과 장애에 대한 것이 아니라 통치자들과 권세들에 대한 것임을 내가 잘 알고 있다는 것도 알고 있다. 그들은 장애인들의 희망을 짓밟으며 고통 받는 이들을 더 깊은 절망과 낙담 속으로 밀어 넣으면서 만족스러운 미소를 짓는다(엡 6:12).

나의 허리네모근이 그들의 주된 표적이 되었다는 것은 놀라운 일이 아니다.

> 나에게 필요한 것은, 위험하고 때로는 번잡한 일상생활의 참호 안에서 내 곁에 계시는 전쟁터의 예수님이다.

전쟁터에선 함께 싸울 전우가 필요하다

이 장을 읽으면서 조금 놀랐을지 모르겠다. 당신이 생각했던 저자가 맞는지 확인하려고 앞으로 책장을 넘겨보았을지도 모르겠다. 내가 나의 삶을 묘사하기 위해 사용한 전쟁터의 이미지가 마음에 드는가? 당신은 예수님과 함께하는 자신의 삶을 이런 식으로 묘사해 본 적이 없는가?

우리가 이끄는 사역에서는 '온화하신 예수님, 푸근하고 부드러우신 예수님'의 모습만을 제시하지는 않는다. 그러한 묘사는 사람들의 감정적인 면을 자극한다. 하지만 우리는 주로 고난당하는 사람들을 상대하고 있다. 심한 아픔을 겪고 있을 때는 예수님에 관한 감상적이고 달콤한 묘사가 아무런 도움이 되지 않을 뿐더러 특별한 감동을 주지도 않는다. 내 말은 긴 머리에 가운데 가르마를 하고, 천사 같은 아이들과 새들에게 둘러싸여 있는 예수님의 모습을 그린 그림 같은 것을 말하는 것이다.

솔직히 말해 보자. 당신의 마음이 찢어지는 것처럼 아플 때, 당신의 상처 입은 영혼에 소금을 뿌리는 것 같은 느낌이 들 때 당신이 정말 필요로 하는 주님은 어떤 분인가? 분명 어린 양들과 새들과 어린 아기들 하고만 이야기를 나누시는 가냘프고 감상적인 모습은 아닐 것이다.

당신은 아마도 전쟁에 능한 전략가이자 용사이신 예수님을 원할 것이다. 예수님의 확고한 복음이 당신의 감각에 "차렷"이라고 구령을 내려 주기를 바랄 것이다.

사실 우리가 물려받은 많은 감상적인 찬송가들과 복음 성가들은 예수님의 부드러운 면만 보여 주는 경향이 있다. 그것은 용사이신 주님을 그려내는 데 별 도움이 되지 않는다. 과거에는 찬송가 작사 자들이 가장 좋아했던 단어 중 하나가 '달콤한'이었다. 그 용어는 예나 지금이나 크게 달라지지 않았다.

하지만 당신이 컴컴한 곳에 있을 때, 사자들에게 둘러싸여 있을 때, 불가능한 상황에서 당신을 구해 줄 강력한 도움이 필요할 때, 그때 당신에게 필요한 것은 달콤한 것이 아니다. 연한 파스텔컬러와 달콤하고 부드러운 것으로 표현되는 그런 모습은 곤경에 처한 이들에게 별 도움이 되지 못한다.

대신 당신은 아주 강력한 것을 바랄 것이다. 무슨 일이 있어도 당신을 버리지 않으실 하나님의 강한 팔과 변치 않는 힘 말이다.

나는 "저 장미꽃 위에 이슬"이라는 아름다운 옛 찬송가를 정말 좋아한다(우리 부모님이 가장 좋아하시는 곡이기도 하다). "그 청아한 주의 음성 울던 새도 잠잠케 한다"라는 가사를 생각해 보라. 그것은 굉장히 감상적이며, 그와 같은 생각이 마음에 위안을 줄 수 있다는 것도 알고 있다. 하지만 사실 그것은 19세기의 낭만적인 묘사를 강화한 것에 불과하다. 우리는 실제 예수님을 너무나 자주 "장미꽃 위의 이슬"로 치장했고, 그래서 많은 사람들이 예수님과 접촉을 끊거나 그냥 떠나 버렸다.

왜 어떤 사람들은 감상적인 묘사에 마음이 끌리는 것일까? 생각해 보면 설탕을 입힌 그리스도는 우리에게서 아무것도 요구하지 않는다. 죄의 자각이나 헌신 같은 것을 요구하지 않는다. 그것은 진리와 능력이 없는 일종의 형상에 불과하기 때문이다. 우리는 그 형상을 바꾸려고 노력해야 한다. 그러기 위해선 부활에 대해 생각해야 한다.

물론 낭만주의자들은 백합꽃과 우는 새들로 부활을 채색하려 하지만, 잠시 감정은 제쳐두고 사실만 생각해 보자. 돌처럼 차갑게 죽어 있던 한 남자가, 그 창백하고 차가운 시체가 정말로 무덤에서 일어나 걸어 나온 장면을 생각해 보자.

이것은 정말 무서울 정도로 놀라운 광경이었다. 거기에 설탕을 입힌 달콤한 것은 아무것도 없다. 그리고 중요한 것은, 그것이 예수님이 하신 일을 정확히 묘사하고 있다는 것이다.

진실에는 힘이 있다. 따라서 진리는 우리의 마음을 사로잡는다. 어떤 사람들은 예수님이 나쁜 사람들을 착하게 만드는 것처럼 달콤하고 기분 좋은 일들을 행하러 오셨다고 믿는다. 그렇지 않다. 한때 어떤 사람이 말했던 것처럼, 우리 주님은 죽은 자들을 살리기 위해 오셨다. 거기에는 우리가 생각하는 감상적인 요소가 없다.

내 인생에서 그런 그림들을 좋아했던 때가 여러 번 있었다. 예를 들면 예수님이 귀여운 양들을 보살펴 주시거나 드라이어로 손질한 머리에 이제 막 드라이클리닝을 마친 것 같은 흰 옷을 입고 거니시는 옛날 그림들 말이다. 하지만 요즘 같은 전쟁의 시대에는 그런 오래된 이미지들이 나에게 별로 와 닿지 않는다. 나에게 필요한 것은, 위험하고 때로는 번잡한 일상생활의 참호 안에서 내 곁에 계시는 전쟁터의 예수님이다. 고통과 죽음과 지옥을 헤치고 나아가 나를 발견하여 내 손을 잡아 주시고 나를 안전하게 인도해 주실 구원자 예수님이 필요할 뿐이다.

어쩌면 예수님과 함께 동산을 거닐며 장미꽃 위에 맺힌 이슬방울에 감탄할 때가 다시 올 것이다. 나 역시 그때를 기대한다. 하지만 지금은 디모데후서 2장 3절의 명령처럼 "그리스도 예수의 좋은 병사로… 고난을 받아야" 할 때라는 생각이 든다. 그리고 나는 이 싸움을 이끌어 줄 강한 사령관이자 나와 함께 싸워 줄 전우가 필요하다. 예수님이 바로 그분이며, 바로 그 일을 행하셨다.

고통 가운데 하나님의 구원을 바라보다

야고보서에는 "너희 중에 병든 자가 있느냐 그는 교회의 장로들을 청할 것이요 그들은 주의 이름으로 기름을 바르며 그를 위하여 기도할지니라"(약 5:14)라고 기록되어 있다.

물론 나는 그 구절을 여러 차례 읽었다. 그리고 비록 내가 병든 자가 아니라도 이 치열한 싸움에서 내가 해야 할 일을 하며 성경 말씀에 순종하고 싶었다. 얼마 전 주일 예배를 마친 화창한 오후의 일이다. 아파서 침대에 누워 있는데 밥 목사님과 우리 소그룹 사람들이 나를 찾아왔다. 그들은 아주 커 보였고 왠지 그 자리에 어울리지 않아 보였다! 그들은 자신들이 교전 지대에 들어왔다는 것을 거의 모르고 있었다(우리가 성경 말씀에 순종하려고 할 때마다 그런 일이 생긴다).

그들이 성경을 펴자 어둠의 영들이 물러가는 것이 느껴졌다. 지난 며칠 동안 나를 따라다니며 괴롭혀 온 낙심과 의심의 영들이었다. 하지만 남편을 포함한 이 그리스도인들과 함께 있으니 처음으로 안전하다는 느낌이 들었다. 그들은 성경을 읽고 기도하고는 조그만 기름병을 꺼냈다.

밥 목사님이 침대에 가까이 왔을 때, 나의 치유를 위한 기도를 마친 후에 내 이마에 성호를 그으며 나를 축복해 줘도 되겠냐고 물었다. 개혁성공회 교회에서 자란 나는 이것이 외적인 상징이며 아멘과 같은 뜻이라는 것을 알고 있었다.

밥 목사님은 이렇게 기도했다. "주 하나님, 하나님은 생각만으로도 조니를 이 고통에서 벗어나게 해주실 수 있습니다. 우리가 성부와 성자와 성령의 이름으로 기도하오니, 조니의 이 길고 지루한 병을 치료해 주옵소서." 그리고 내 이마에 기름을 바르며 기도를 마쳤다.

'그렇습니다. 한번만 저를 생각해 주세요, 주님. 단 한 번만요.'

하나님이 아주 쉽고 간단하게 나를 고통에서 해방시켜 주실 수 있다고 생각하니 마음에 큰 위로가 되었다. 침실에 새로운 평화가 깃들었다. 며칠 동안 느껴 보지 못한 평화였다. 나는 다시금 새롭게 하나님을 신뢰하게 되었다.

그때 데이브 장로님이 내 침대 옆에 무릎을 꿇더니 찬양을 부르기 시작했다. 내가 지난날 계속해서 싸워 왔던 두려움과 관련된 찬양이었다.

> 너희 안에서 착한 일을 시작하신 이가
> 너희 안에서 착한 일을 시작하신 이가
> 신실하게 그 일을 이루시리라
> 그가 신실하게 그 일을 이루시리라
> 일을 시작하신 이가
> 너희 안에서 그 일을 이루시리라.[1]

나는 화음을 넣어 같이 찬양을 불렀다.

목적 없이 살 수 있는 사람이 누가 있을까? 삶의 이유 없이 살아남을 수 있는 사람이 누가 있을까? 당신이 하나님의 종이라면, 당신에게 주어진 명령이 있다. 또 하나님이 당신에게 어떤 일을 하라고 하신다면(이미 그렇게 명령하셨다), 매일 아침 잠에서 깼을 때 살아갈 이유가 주어진 것이다. 내 안에서 착한 일을 시작하신 하나님이 그 일을 이루실 것이다! 밥 목사님은 성경을 넘겨 시편 57편 2-3절을 마치 축도하듯이 읽으셨다. "내가 지존하신 하나님께 부르짖음이여 곧 나를 위하여 모든 것을 이루시는 하나님께로다 그가 하늘에서 보내사 나를 삼키려는 자의 비방에서 나를 구원하실지라."

나는 충분히 오랫동안 어둠의 영들로부터 맹렬한 추격을 받았다. 켄과 나는 고통 속에서 하나님의 구속을 바라보기로 결심했다. 고통은 축복의 상처이기 때문이다. 하지만 그럼에도 불구하고 그것은 축복이다. 그것은 낯설고 어두운 친구지만, 그래도 친구다. 어쨌든 하나님의 검열의 손을 통과했으니 말이다. 그것은 환영받지 못하는 손님이지만, 그래도 손님이다. 그것이 나를 예수님과의 더 가깝고 친밀한 교제의 장소로 이끈다는 것을 알고 있다. 그래서 마치 하나님의 왼손을 붙잡는 것처럼 고통을 붙잡는다(붙잡을 손이 없는 것보다는 왼손이 훨씬 낫다). 어쩌면 구속의 사실을 깨닫는 것만으로도 충분한 치유가 이루어졌다고 말할 수도 있겠다.

> 고통은 축복의 상처다. 그것이 나를 예수님과의 더 가깝고 친밀한 교제의 장소로 이끌기 때문이다.

나는 이 고통의 시기가 언제 끝날지 모른다. 어쩌면 은혜와 지혜의 하나님이 "이제 족하다!"라고 말씀하시며 한 시간 안에 고통이 사라지게 하실 지도 모른다. 아니면 "이제 족하다!"라고 말씀하시며, 오랜 장애로 점점 더 쇠약해져 가는 이 일시적인 집에서 걸어 나와 "하나님께서 지으신 집 곧 손으로 지은 것이 아니요 하늘에 있는 영원한 집"(고후 5:1)으로 들어가게 해 주실지도 모른다.

그 동안 하나님은 이런 고난의 때에, 점점 더 커지는 고통의 시기에 하나님을 찬양하는 모습을 나타내도록 명령하셨다. 그것 또한 로마서 12장 말씀에 따라 "하나님의 선하시고 기뻐하시고 온전하신 뜻"으로 받아들여야 한다. 하나님은 나에게 그것을 인정하려고 노력할 뿐만 아니라 기쁘게 받아들이라고 하신다. 그러려면 아주 깊은 곳 어딘가에, 내가 아직 보지 못한 은밀한 곳에, 나의 최고선이 있다는 것을 알아야 한다.

물론 나는 고통을 없애 달라고, 그 고통이 끝나게 해 달라고 기도한다. 하지만 그보다 더, 고통을 견딜 수 있는 힘을 달라고, 그것으로부터 유익을 얻을 수 있는 은혜를 달라고, 고통을 찬양의 제물로 하나님께 바칠 수 있는 믿음을 달라고 기도한다. 요즘 내 기도에는 힘이 부족하다. 솔직한 나의 고백이다. 오로지 기도에만 집중하려면 육체적인 축복을 구함으로써 집중력을 흐트러뜨리지 말아야 한다. 하지만 그보다는 영적 성장을 구하고 이 어두운 세상에 그리스도의 나라가 확장되기를 기도하는 데 많은 시간을 보내야 한다. 그러한 기도들을 통해 내가 하나님을 더 알아가기 때문이다. 그렇게 되면 휠체어에 앉아 편안하게 여생을 보낼 때보다 더 깊이, 더 높이, 더 풍성하게, 더 넓게, 훨씬 더 온전히 하나님을 알게 된다.

이 글을 쓰고 있는 지금, 하나님은 나를 치유하시는 것이 아니라 잡아 주시는 쪽을 택하셨다. 고통이 심할수록 하나님은 더 꼭 안아 주신다. 그것이 앞으로 내가 말하고 싶은 진리 가운데 하나다. 하나님이 나를 도와주고 계신다는 것이다.

세상의 전부를 가진 듯한 꿈많은 소녀
조니는 승마를 좋아하는 쾌활한 소녀였다.
그녀는 한순간에 많은 것을 잃은 슬픔이 누구보다 컸다.

chapter 02

응답에 대한 확신보다 중요한 건
주님에 대한 확신이다

전쟁은 계속되고 있다. 이런 분위기에서 그리스도인들이 '왕의 자녀로서' 호화롭게
살 권리가 있다는 이야기들은 모두 무의미하게 들린다.
특히나 왕 자신도 옷 벗고 싸움에 뛰어든 마당에 말이다. _ 존 파이퍼

　몸이 마비되고 처음 10년, 20년 동안에는 완전한 치유와 예전의 삶으로 돌아가고 싶은 열망이 내 마음을 온통 사로잡을 때가 있었다. 휠체어에 몸을 맡긴 지 40년이 지난 지금도 그런 열망이 완전히 사라진 것은 아니다. 하지만 시간이 지나면서 나의 관점도 조금씩 바뀌었다.

　우선 정상으로 돌아간다는 소망은 이제 오래 전 일이 되어 희미해진 꿈처럼 느껴진다. 물론 기분 좋은 꿈이다. 하지만 오래된 앨범 속에 있는 소중한 사진처럼 세월이 지나면서 서서히 빛이 바래며 희미해진 꿈이다. 사지마비가 온 지 40여 년이 지난 지금, 나에게 정상적인 삶이란 어떤 것인지 말하기가 참 어렵다.

　대신 지금 나는 전쟁이라는 완전히 새로운 개념 속에서 나 자신을 발견하고 있다. 내가 지금 다루고 있는 것은 아쉬운 실망감이나 이따금씩 찾아오는 좌절감이 아니다. 그것은 끊임없이 몰려오는 공격, 곧 파도처럼 밀려오고 또 밀려오는 나의 아래 쪽 등과 골반부의 통증이다. 이제는 치유를 생각할 때, 꽃을 꺾거나 말을 타거나 풀밭을 뛰어다닐 수 있는 능력보다는 이 극심한 고통에서 해방되게 해 달라고 아버지께 간구한다. 비록 내가 계속 마비된 상태로 있더라도 이 만성 통증에서 벗어날 수만 있다면 더 없이 행복하고 즐거운 일상을 보낼 수 있을 것이다. 내가 구하는 것은 그것뿐이다. 메리제인 아이언이 말한 다음의 글은(어디서 봤는지 잘 기억나진 않지만), 내가 생각하는 평범한 삶에 꽤 가깝다.

> 평범한 날이 가장 귀중한 보물이라는 것을 깨닫게 하소서. …매우 드물고 완벽한 내일을 추구하느라 오늘을 그냥 지나치지 않게 하소서. 어느 날 나는 손으로 땅을 파거나, 베개 속에 얼굴을 파묻거나, 크게 기지개를 켜거나, 두 손을 하늘로 높이 뻗을 것이지만, 무엇보다도 '오늘'이 다시 돌아오기를 바랄 것입니다.

이것이 내가 생각하는 평범한 삶이다.

나는 평범한 사지마비 환자가 아니다. 지금 나는 보통 나 정도의 상해와 마비를 가진 사람의 평균 기대 수명을 넘어섰다. 있는 그대로의 사실을 말하자면 그렇다. 나 같은 상태의 많은 사람들은 보통 내가 살아온 만큼 오래 살지 못한다. 그래서 나는 1967년에 잃어버린 두 발로 다시 걷는 삶을 되찾기보다 나를 기다리고 있는 새로운 삶과 몸 안으로 들어가는 것에 대해 더 많이 생각한다.

내 마음은 예전처럼 갈망으로 가득하다. 20대 때 정상적인 몸의 단순한 쾌락을 갈망했던 것처럼 말이다. 하지만 지금 나는 다이빙 사고로 부상당한 과거의 젊고 건강한 몸보다 미래 조니의 새로운 몸에 훨씬 더 가까이 와 있다. 그리고 미래의 몸은 과거의 몸보다 훨씬, 훨씬 더 좋을 것이다.

이제 나는 하늘나라를 갈망하며, 곧 다시 오실 나의 주 예수 그리스도를 갈망한다. 성경은 내가 이미 하늘나라의 시민이라고 말한다. 그곳에 가기 위해 여권을 갱신하거나 어떤 서식을 작성하거나 주소를 변경할 필요가 없다. 성경은 내가 이미 그리스도와 함께 일으킴을 받았고 천국에서 그리스도와 함께 앉아 있다고 말한다. 나는 그곳에 갔을 때 내 자리를 찾을 필요가 없을 것이다. 이미 내 자리가 마련되어 있기 때문이다. 그것은 "썩지 않고 더럽지 않고 쇠하지 아니하는 유업, 곧 나를 위하여 하늘에 간직된" 것이다. 베드로전서 1장 4절 만세!

성경은 예수님이 이미 아버지 집에 나를 위한 방을 마련해 두셨고, 거기서 내가 매일 그분을 볼 수 있다고 말한다. 따라서 나는 먼 행성의 뒷골목에 있는 외진 천국의 저택을 찾기 위해 지도 검색 사이트를 찾아 볼 필요가 없다.

세상에서 많은 귀중한 것들을 잃고 박해를 당하면서도 꿋꿋하게 신앙을 지켜 냈던 히브리서의 인물들처럼, 나는 "더 나은 본향(히 11:16)" 곧 천국을 사모하고 있다. 또한 하나님이 나를 위해 한 성을 예비해 놓으셨다는 것을 굳게 확신한다(당신은 나의 확신이 얼마나 굳은지 모를 것이다).

계시록에 나오는 새 예루살렘의 묘사를 상징적으로 보지 않고 문자 그대로 이해한다면(나는 그렇지만, 당신은 당신 마음대로 하라), 그곳은 거대하고 찬란하게 빛나며 투명하고 더할 나위 없이 아름다운 입방

체가 새 땅 위에 떠 있는 것 같고, 사방으로 천오백 마일 정도 되며, 빛의 바다 속에 있는 커다란 다이아몬드처럼 반짝거릴 것이다. 또한 그곳에는 휠체어가 다니는 경사로나 점자 안내문, 또는 장애인 주차 구역 같은 것들이 하나도 없을 것이라고 확신 있게 말할 수 있다! 사실 맨 아래층에서 꼭대기까지 1500마일의 나선형 계단이 있다면, 나는 매일 아침 식사 전에 그 계단을 뛰어서 오를 것이다! 상상할 수 있겠는가? 돌고 또 돌아도 결코 지루하지 않고, 천사들과 함께 경주하며, 스펙트럼을 초월한 빛깔들에 둘러싸여, 영광에서 영광으로 올라가는 것이다!

그러므로 나 자신을 위한 육체적 치유를 생각할 때, 그것은 예전에 생각하고 갈망했던 것과 많이 달라졌다. 그럼에도 불구하고 나는 모든 삶에서 그 문제들을 다루어야 했다. '조니와 친구들'에서 우리는 수많은 전화와 편지와 이메일을 받고 있고, 육신의 치유를 가장 중요하게 생각하는 사람들과 상담하는 데 많은 시간을 보내고 있다.

이 짧은 장에서 나는 기적적인 치유에 관한 가장 중요한 질문을 다루고자 한다. 그것은 '하나님이 과연 내 병(혹은 장애)을 치유하실 수 있는가?' 하는 것이 아니다.

당연히 하나님은 하실 수 있다. 하나님을 믿는 사람이라면 누구나 그것을 인정할 것이다. 그분은 위대한 하나님이며, 전능하신 창조주요, 우주를 지탱하시는 분으로, "손이 짧아 구원하지 못하심도 아니요 귀가 둔하여 듣지 못하심도 아니다"(사 59:1). 또한 우리를 결코 떠나거나 버리지 않겠다고 엄숙하게 약속하셨고 이 땅을 떠나 아버지께로 올라가실 때 당신의 사랑이나 동정심, 또는 치유의 능력을 잃어버리지도 않으셨다. 그렇다. 우리의 크고 위대하신 하나님은 누구나, 어디서나, 어느 때나, 어떤 병이든지 치료해 주실 수 있다.

마침표. 문장 끝.

그렇다면 '21세기인 지금도 하나님이 병을 치료하시는가?'라는 질문은 어떨까? 그것도 아니다. 당연히 하나님은 치료해 주신다. 우리가 감기에 걸렸다가 회복되거나 수술 후에 병이 나을 때마다, 하나님은 시편 103편 3절 말씀을 수행하시는 것이다. 우리가 어떤 종류의 병을 이겨내는 데는 분명 하나님의 능력이 전제되어 있다. 게다가 하나님이 사도행전 마지막 장 이후로는 더 이상 기적을 행하시지 않는다고 말하는 것도 터무니없는 소리다. 세계 곳곳에서 들려오는 기적적인 치유의 소식들을 누가 부인할 수 있단 말인가? 더욱이 누가 그것을 부인하고 싶겠는가?

> 모든 일에는 믿음이 필요하며 믿음의 초점은 항상 예수 그리스도께 있어야 한다.

나의 하나님은 오늘날 세상의 온갖 불가능한 상황들 속에 분명히 개입하시며, 그의 목적을 성취하시기 위해 오직 그만이 할 수 있는 일들을 행하신다. 우리 중에는 그런 기적적인 치유를 경험한 사람들이 너무나 많아서 독단적으로 무시해 버릴 수가 없다.

사도 시대 이후로 기적이 갑자기 사라지지는 않았다. 하지만 기적은 초대 교회 진실한 사도들의 참된 사역을 입증하는 하나님의 방식이었다는 것도 명심해야 한다. 실제로 그 당시에는 많은 수의 가짜 사도들이 활개를 쳤다고 한다. 사도 바울은 자신의 라이프스타일과 표적과 기사와 능력을 보면 자신이 가짜가 아니라는 것을 교회가 알 수 있다고 주장했다. "사도의 표가 된 것은 내가 너희 가운데서 모든 참음과 표적과 기사와 능력을 행한 것이라"(고후 12:12). 따라서 우리는 오늘날 광범위하게 일어나고 있는 기적들을 균형 잡힌 시각으로 바라볼 수 있어야 한다. 치유의 기적들은 하나님이 교회를 세우고 이끌어가기 위해 사용하셨던 사람들을 돋보이게 하는 하나의 방법이었다.

하나님의 최선은 무엇일까?

하지만 그것은 그때의 일이다. 오늘날 진짜 문제는 '하나님이 아픈 사람들을 치유하실 능력이 있는가?' 또는 '지금도 치유하시는가?' 하는 것이 아니다. 오히려 '진정 믿음으로 하나님께 나오는 모든 이들을 하나님이 치료해 주고자 하시는가' 하는 것이다. 다시 말해, 치유해 달라는 우리의 요구를 하나님이 항상 들어 주시는 것이 당연한가, 기적적인 치유가 언제나 하나님의 최선이며 최고의 선택인가 하는 것이다.

어떤 이들은 아픈 사람들이 이러한 치유를 경험하지 못한다면 그것은 순전히 믿음이 부족하거나 아니면 그들의 삶 속에 숨겨진 죄가 있기 때문이라고 주장한다. 또 어떤 이들은 기적적인 치유는 다른 시대의 일이며, 우리는 그러한 신적인 개입을 기대하거나 구해서는 안 된다고 말한다.

그렇다면 진짜 질문에 대한 나의 대답을 이야기해 보겠다. 이것은 결코 가볍게 내린 결론이 아니다. 40년 동안 사지마비 상태에서 세상 곳곳의 고통 받는 사람들과 수십 년을 함께 일하면서 도달한 결론이다.

나는 이렇게 믿는다. 하나님은 당신 자신의 생각대로… 치유하거나 하지 않으실 권리를 갖고 계신다. 나는 어떤 상황에서 무엇이 최선인지 거의 확실히 안다고 생각할 때가 있다. '주님, 이 여자의 몸을 만져 주시고 일으켜 주옵소서!' '주님, 이 아이를 치료해 주세요!' '주님, 이 남자의 고통을 덜어 주십시오!' '주님, 이 끔찍한 질병의 결과를 뒤집어 주세요!'

하지만 사실 나는 많이 알고, 많이 이해하고, 많이 보고, 내가 보는 것을 많이 받아들일 뿐이다. 바울처럼 나도 때로는 이렇게 외칠 수밖에 없다. "깊도다 하나님의 지혜와 지식의 풍성함이여, 그의 판단은 헤아리지 못할 것이며 그의 길은 찾지 못할 것이로다"(롬 11:33).

얼마 전에 이 오래된 찬송가 가사가 마음에 깊이 와 닿았다.

> 하나님의 뜻이 무엇인지, 하나님의 계획이 무엇인지
> 나는 알 수가 없습니다.
> 그저 하나님의 우편에
> 나의 구세주가 서 계신다는 것만 알 뿐입니다![1]

하나님이 계시해 주신 것들이 많이 있고, 내가 알고 깨달은 것들도 많이 있다. 하지만 하나님이 아직 계시하지 않으신 것, 아마 이 땅에서는 계시하지 않으실 것들이 더 많이 있을 것이다. 그중 하나가, 왜 하나님이 어떤 때는 직접 개입하셔서 초자연적으로 병을 낫게 해 주시는데 어떤 때는 그러지 않으시는가 하는 것이다.

그러나 당신도 알고 있듯이, 일부 기독교 분파에서는 개개인들이 질병과 고통에 관하여 하나님의 뜻과 계획이 무엇인지 알 수 있다고 주장한다. 그들은 하나님이 언제나 병을 고쳐 주기 원하신다고 말할 것이다. 그리고 만일 그러한 치유를 경험하지 못하고 있다면 그것은 당신과 당신의 믿음에 뭔가 문제가 있다는 것이다.

몇 년 전에 했던 텔레비전 인터뷰를 다시 생각해 본다. 나는 불안한 마음으로 생방송 인터뷰를 하는 경우가 별로 없다. 하지만 그때의 경험은 결코 잊지 못할 것이다.

유명한 기독교 TV 사회자의 이름을 굳이 밝힐 필요는 없을 것이다. 다만 텔레비전으로 방송된 우리의 대화가 매우 순조롭지 못했다는 것만 말해 두겠다. 무대 감독이 마지막 카운트다운을 하고 카메라에 빨간 불이 들어오는 순간부터 내 마음은 영 불안했다. 사회자의 질문은 날카롭고 퉁명스러웠으며 때로는 무례하기까지 했다.

지금 와서 생각해 보면, 모든 광경이 내게는 기상천외하게 보였고 전혀 인터뷰 같지가 않았다. 그것은 마치 능란한 검사에게 심문을 당하는 죄인의 모습이었다. 나는 그가 나에게서 어떤 말을 끄집어내기 원하는지 분명히 알 수 있었다. 그는 수십 년 동안 사지마비 상태로 지내온 것이 사실상 내 믿음이 부족한 결과였다는 말을 나에게서 듣고 싶어 했다. 다시 말해서, 하나님은 언제나 나를 치료해 주기 원하셨고, 내가 믿기만 했으면 실제로 치유를 받았을 것이라는 논리였다.

하지만 나는 그런 말을 하고 싶지 않았다. 그것은 분명히 사실이 아니었으니까. 그래서 나는 하나님이 모든 일을 그분의 계획대로 행하신다고 확증하는 에베소서 1장과 다른 성경 구절들을 확고하게 내세웠다. 그리고 그 계획에는 종종 우리가 이해할 수 없거나 이 세상에서는 깨달을 수 없는 합당하고 사려 깊은 이유들이 있다고 말했다.

텔레비전 사회자는 이런 식의 논리에 전혀 감동을 받지 않는 듯했다. 그는 이미 자기가 더 잘 알고 있고, 언제나 하나님의 뜻은 병을 치료해 주는 것이며, 문제는 모두 나에게 있다는 생각을 굳히고 있었다. 그래서 내가 무슨 말을 해도 무뚝뚝한 표정으로 듣기만 했고, 내 말이 끝날 때까지 거의 아무 말도 하지 않았다. 그러다 나는 작은 스튜디오의 방청객들과 카메라를 바라보며 이야기를 했다.

그는 시청자들에게 설명하기를, 분명히 조니는 병 고침을 받지 못했지만 시청자들은 고침을 받을 수 있다고 했다. 죄를 고백하고 믿음을 충분히 가지면, 안타깝게도 조니가 경험하지 못한 것을 경험할 수 있다고 했다. 올바른 공식을 따라 행동한 사람들은 치유를 받을 수 있고 또 받아야만 한다는 것이다.

그는 내가 중간에 끼어들어 한마디 항변할 틈도 주지 않았고, 무대 감독은 스튜디오의 다른 구획으로 카메라를 돌려 버렸다. 카메라의 빨간 불빛이 깜박거렸다. 인터뷰가 끝난 것이다.

나는 나에게 일어난 일을 믿을 수가 없었다! 이 사회자는 하나님이 그를 따르는 자들, 심지어 큰 믿음을 가지고 따르는 자들에게 명확하게 고난을 기대하라고 말씀하시는 성경의 사례들을 읽어 보지 않은 것일까? 그리스도의 고난이 우리의 삶 속으로 흘러 들어와야 한다는 것을 모르는 것일까? 하나님 나라에 들어가려면 많은 고난을 겪어야 한다는 사도행전 14장 말씀을 읽어 보지 않은 것일까? 그의 논리는 신약 성경의 가르침을 겉핥기식으로만 받아들인 것 같았다.

그는 나름 큰 사역을 하고 있고 수많은 시청자들이 그의 영향을 받고 있지만, 분명 그 생각은 틀렸다. 하나님은 하나님이시다. 누가 치유 받고 치유 받지 못할지 결정하는 것은 하나님, 오직 하나님뿐이시다. 물론 모든 일에는 믿음이 필요하며 "믿음이 없이는 하나님을 기쁘시게 하지 못한다." 하지만 믿음의 초점은 항상 예수 그리스도께 있어야 한다. 그리고 먼저 그리스도의 고난에 동참하지 않으면 그 누구도 그리스도께 가까이 갈 수 없다.

잠시 멈추고 사도 베드로의 이 두려운 말들을 잘 생각해 보자. "이를 위하여 너희가 부르심을 받았으니 그리스도도 너희를 위하여 고난을 받으사 너희에게 본을 끼쳐 그 자취를 따라오게 하려 하셨느니라"(벧전 2:21).

그리스도와 그분의 고난이 우리의 초점이 되어야 한다. 특히 우리의 십자가가 너무 무겁고 버겁게 느껴질 땐 더더욱 그래야 한다. 고난당하시는 구세주의 본을 따르려면 참된 믿음이 필요하다!

결국 가장 중요한 것은, 누가 가장 큰 믿음을 가졌느냐는 것이 아니라 지혜와 사랑과 주권을 가지신 하나님께서 무엇을 하기로 선택하시느냐 하는 것이다.

응답에 대한 확신인가 주님에 대한 확신인가

정말로 나는 이것이 단순히 일부 신학교의 식당에서나 들을 수 있는 학문적인 논의, 또는 쓸데없는 논란거리가 아니라는 것을 알고 있다. 매일같이 수많은 사람들이 자신들의 고통과 슬픔에 잠긴 채 이런 문제들에 관한 그들의 요청과 소망과 갈망들을 천국 보좌 앞에 펼쳐 놓는다.

앞에서도 말했듯이, 여기 '조니와 친구들' 사무실에서 나는 실명과 질병, 사고로 인한 장애와 싸우는 많은 사람들로부터 편지를 받는다. 또는 자녀가 심한 장애를 안고 태어난 경우도 종종 있다. 그런 편지나 이메일을 받을 때마다 내 마음도 몹시 아프다.

린다라는 여성은 최근에 쉽게 골절되는 파골증을 앓고 있는 어린 아들을 'Healing Crusade'라는 치유 집회에 데려갔던 이야기를 적어 보냈다. 그 집회에서 그녀와 남편은 아들의 치유를 위해 열심히 기도했다. 하지만 끝내 아무 일도 일어나지 않았다. 그리고 아이는 여전히 이 고통스러운 장애와 싸우고 있다. 나에게 보내는 편지에서 린다는 치유 사역자와 함께했던 모든 사건이 그녀의 믿음을 거의 포기하게 했다고 고백했다.

조금 전에도 말했듯이, 하나님은 그분이 원하실 때 분명히 개입하셔서 치유해 주신다. 하지만 헌신적이고 선한 마음을 가진 수많은 그리스도인들이 큰 믿음을 가지고 기도해도 여전히 시각장애인들은 우리 곁에 있을 것이다. 또한 많은 아기들이 태어날 때 죽을 것이다. 그리스도의 임재 안에서 새 몸과 새 생명을 갖게 될 그날까지 여러 암들도 뿌리 뽑히지 않고 그대로 있을 것이다. 그리고 나 같은 사지마비나 하반신 마비를 가진 사람들은 잃어버린 다리나 팔, 손의 기능을 결코 되찾지 못할 것이다.

성경은 하나님이 믿음으로 나아오는 자들을 항상 치료해 주실 것이라고 말하지 않는다. 하나님은 자신의 뜻대로 치료하거나 치료하지 않을 권리를 갖고 계신다. 예수님이 이 세상에 계실 때도 소수의 사람들만이 병 고침을 받았다. 그들은 마침 예수님과 가까이 있었기에 치유를 받을 수 있었다.

때로는 오병이어의 기적처럼 4-5천 명이나 되는 사람들이 풍족하게 양식을 공급 받는 일도 있었다. 하지만 이스라엘의 많은 사람들은 여전히 굶주리고 있었다. 예수님은 가는 곳마다 귀신들을 쫓아내셨지만 여전히 많은 귀신들이 자신들의 세력을 굳히고 있었다. 죽은 사람들을 살려내시기도 했지만 그런 사람들은 정말 극소수였고 그들도 나중엔 다 죽었다.

린다와 이야기를 나누면서, 나는 마가복음 첫 장을 읽어 보라고 권면했다. 예수님이 병든 시몬의 장모를 고쳐 주셨다는 소문이 순식간에 가버나움에 퍼지자, 온 마을의 병자와 절름발이들이 시몬의 집 밖에 모여 들었다. 해가 지고 나서도 오랫동안 예수님은 사람들의 병을 고쳐 주시며 복음을 전하셨다. 그리고 다음날 이른 새벽에 그들은 치유가 필요한 친구들과 친척들을 더 많이 데리고 다시 찾아왔다고 한다.

하지만 예수님은 그곳에 계시지 않았다. 시몬과 그의 친구들은 예수님을 찾아 나섰다. 잠시 후 가버나움 언덕 어딘가에서 기도하고 계신 예수님을 발견한 그들은 이렇게 말했다. "예수님, 모든 사람이 당신을 찾고 있습니다." 달리 말하면 이렇다. "치료가 필요한 사람들이 더 많이 있습니다. 정말 가슴 아픈 사연들도 있고요. 예수님이 병을 고쳐 주신 사람들은 극히 일부분이었어요!"

지금 당신은 예수님이 이 말을 듣고 펄쩍 뛰면서 옷자락을 걷어 올리고 급히 언덕을 내려가셨을 것이라고 상상할지 모르겠다. 믿음으로 예수님을 기다리고 있는 자들에게로 말이다! 하지만 주님은 그렇게 하지 않으셨다. 마가복음 1장 38절을 읽어 보면, 예수님이 옷에 먼지를 털면서 천천히 일어나 잠깐 생각하신 후에 이렇게 답하시는 모습이 기록되어 있다. "다른 가까운 마을들로 가자 거기서도 전도하리니 내가 이를 위하여 왔노라."

> 우리를 위한 하나님의 최선이 항상 고통에서 벗어나게 해주고 치료해 주는 것은 아니다.

치유 집회에서 실망하고 돌아온 린다는 시간이 지나면서 하나님이 자기가 생각했던 것보다 훨씬 더 높고, 크고, 거룩한 분이라는 것을 깨닫기 시작했다. 그녀는 그 하나님이 여전히 파골증을 앓고 있는 어린 아들을 위해서뿐만 아니라 그녀 자신을 위해서 일하며 다스리고 계신다는 것을 배우고 있다.

그렇다면 그녀가 포기했을까? 아들의 치유를 위한 기도를 그만두었을까? 당연히 아니다. 누가복음은 항상 기도하고 포기하지 말라고 말한다(눅 18:1). 예수님 자신도 우리에게 계속 구하고, 찾고, 두드리라고 강조하신다. 은혜와 긍휼의 하나님이 그 아이를 치료해 주실 수도 있다. 하나님의 때에, 하나님의 위대한 뜻에 따라 그렇게 될 것이다. 비록 마음은 아프지만 린다는 그것으로 만족한다.

80여 년 전에 쓰인 어느 통찰력 있는 책에서(다음 장에서 좀 더 자세히 이야기할 것이다) 헨리 프로스트라는 선교사가 자기 친구들에 대한 이야기를 썼다. 그 친구들은 병 낫기를 위해 기도해 왔지만 결과를 하나님의 손에 맡기는 것으로 만족했다. 사실 그들 중 일부는 병 고침을 받았지만 일부는 그렇지 못했다. 이 사람들이 모두 확신을 가지고 기도했을까? 프로스트는 그렇다고 했다. 하지만 그것은 그들의 기도가 응답될 것이라는 확신이라기보다는 하나님의 능력과 사랑과 지혜에 대한 확신이었다.

그는 이렇게 말했다. "기도하는 사람들, 그리고 믿음으로 행하는 사람들의 전반적인 태도는 이러했다. 그들은 하나님이 치유하실 수 있다고 믿었다. 하나님의 영광과 아픈 사람들의 유익을 위한 일이라면 치료해 주실 거라고, 하나님은 분명 최선의 일을 행하실 거라고 믿었다."

프로스트는 계속해서 이렇게 덧붙였다. "기도하는 사람들은 어린 아이 같은 믿음으로 자신들이 기도하는 문제를 하늘에 계신 아버지께 맡겼다. 그리고 하나님의 뜻을 알게 될 때까지 치유를 위한 기도를 반복했고, 응답이 오면 어떤 응답이든지 믿고 순종하며 받아들였다."[2]

하나님의 소원이 나의 소원이 되다

얼마 전 '조니와 친구들' 행사에서 로이드라는 남자를 만났다. 그는

7년 전 교통사고를 당하고 하반신이 마비된 그는 더 이상 두 다리를 쓰지 못하고 휠체어에서 생활하고 있다. 저녁쯤 됐을 때 로이드의 얼굴 표정을 보니 무언가에 깊이 감동되었다는 것을 알 수 있었다. 자기보다 더 장애가 심한 사람들을 보고 서로 대화를 나누는 것만으로도 그의 마음이 편안해지는 것 같았다.

행사가 끝났을 때 그와 잠깐 이야기할 기회가 있었다. 그는 나에게 이렇게 말했다. "저는 치유 집회에 세 번이나 갔었어요. …그런데 이 행사가 훨씬 더 의미 있네요. 이런 모임에 좀 더 자주 참여해야겠어요."

로이드와 나는 치유 집회에서 일어나는 일들에 대해 이야기를 나누게 되었다. 몇 년 전에 나도 치유받기를 간절히 원했다는 얘기를 해주었다. 내 여동생 제이(Jay)와 나는 유명한 치유 사역자 캐서린 쿨만(Kathryn Kuhlman)이 워싱턴 D. C.의 힐튼 호텔 무도회장에 온다는 소식을 듣게 되었다. 그녀의 치유 집회가 열렸던 펜실베이니아 주 필라델피아에서 암에 걸린 사람들이 치유되었다는 얘기를 들은 터라 워싱턴 D. C.에서 열리는 치유 예배에 참석해야 하나 하는 생각이 들었다.

어느 날 아침, 제이가 내 다리를 들어 관절 회복 운동을 시켜주고 있는데, 어니스트 앵글리(Ernest Angley)가 텔레비전에 나왔다. 그는 보기 흉한 가발을 쓰고 몸에 안 맞는 옷을 입고 다니는 좀 특이한 사람이다. 제이와 나는 그의 익살스러운 행동들을 좋아한다. 여동생과 나는 사람들이 목발을 내려놓거나 휠체어에서 일어나는 것, 또 많은 사람들이 손을 번쩍 들어 올려 고통에서 해방되었다고 선언하는 모습을 지켜보았다.

"하나님이 언니를 치료해 주실 수 있다고 생각해?" 제이가 화면을 응시하며 물었다.

"어쩌면 때가 됐는지도 모르지"라고 나는 대답했다. 그래서 우리는 혹시 이것이 수많은 기도들에 대한 응답일지도 모른다는 생각에 힐튼 호텔의 커다란 무도회장에서 열리는 치유 집회에 참석하기로 했다.

나는 그날 밤을 잘 기억하고 있다. 쿨만 여사는 흰색 가운을 입고 스포트라이트를 받으며 무대로 씩씩하게 걸어 나왔다. 주님께 기도하는 동안 내 심장은 마구 뛰었다. '주님, 성경에 당신이 우리의 모든 질병을 치료해 주신다고 했습니다. 저는 당신의 역사하심으로 이 휠체어에서 일어날 준비가 되어 있습니다. 제발 그렇게 해주시겠어요?'

하지만 스포트라이트는 언제나 무도회장의 다른 쪽만 비추는 듯했다. 거기선 명백한 치유의 역사들이 일어나고 있는 듯했지만 '난치병 환자들'이 모여 있는 휠체어 구간에는 조명이 비춰지지 않았다. 이쪽은 나 같은 사지마비 환자, 뇌졸중 환자, 근육 위축병을 앓고 있는 아이들, 다발성 경화증으로 뻣뻣하게 앉아 있는 사람들이 앉아 있는 곳이었다. 하나님은 응답해 주셨다. 그리고 이번에도 하나님의 응답은 거절이었다.

집회가 끝나고 나가려는데, 엘리베이터로 나가려고 줄지어 기다리고 있는 30여 명의 휠체어 사용자들 중에 내가 15번째였다. 우리 모두 목발을 짚고 걷는 사람들보다 먼저 나가려고 했다. 실망하여 아무 말 없이 당황스러워하는 사람들을 둘러보면서 이런 생각을 했던 기억이 난다. '이건 뭔가 잘못되었어. 고난을 다루는 방법이 이것밖에 없을까? 어떻게든 고난을 벗어 버리려고 하는 것밖에? 고난을 제거해 버리는 것, 그것을 치유하는 것밖에?'

로이드는 내게 물었다. "그래서 그 문제를 어떻게 해결했나요, 조니?"

나는 깊은 숨을 내쉬며 잠깐 말없이 앉아 있었다.

그리고 천천히 입을 열었다. "로이드, 난 그 문제를 해결했어요. 성경 구절에 답이 있었지요. 바로 시편 37편 4절이에요. '또 여호와를 기뻐하라 그가 네 마음의 소원을 네게 이루어 주시리로다.'"

로이드는 재빨리 나를 쳐다보았다. 나는 그가 무슨 생각을 하고 있는지 알았다. 그런 성경 구절은 치유를 보장하는 말씀처럼 보였을 것이다.

"당신이 무슨 생각을 하는지 알겠어요, 로이드." 나는 미소를 지으며 말했다. "제가 설명해 드리죠."

그래서 남은 시간 동안 대화를 나누면서, 캐서린 쿨만의 치유 집회 이후로 내가 하나님을 기뻐하기 위해 노력해 왔던 이야기를 해주었다.

"저는 성경을 더 많이 읽고 기도하며 하나님 자신을 계시해 달라고 구하기 시작했어요. 하나님의 마음을 보여 달라고, 잃어버린 자들을 향한 하나님의 열정을 저에게 달라고, 제가 유혹에 넘어가지 않게 해 달라고, 더 훌륭한 증인이 되도록 도와 달라고 간구했지요. 그렇게 노력하는 과정에서, 저는 오로지 하나님께만 집중했어요. 단순히 하나님을 기뻐하는 것을 저의 목표로 삼았지요. 일단 하나님을 기뻐한 후에 하나님이 빨리 이루어 주셨으면 하는 몇 가지 소원들을 다시 아뢰려는 게 아니었어요. 내 마음은 하나님이 나를 위해 해주실 수 있는 일에 집중하지 않았어요. '하나님이 나를 어떻게 기쁘게 해주실까'가 아니라 '내가 어떻게 하나님을 기쁘시게 해드릴까'라는 생각을 하게 됐죠. 나의 필요와 소원들은 제쳐 두고, 대신 단순히 하나님을 기뻐하는 것만 목표로 삼았어요. 오직 하나님만! 그러자 무슨 일이 일어났는지 아세요?"

로이드는 고개를 저었고 내 질문에 대답을 하려고 하지도 않았다.

"하나님이 제 마음의 소원을 이루어 주셨어요!"라고 내가 말했다.

로이드는 내 휠체어를 쳐다보고는 다시 내 얼굴을 쳐다보았다. 그는 내 이야기를 아주 열중해서 듣고 있었다.

"정말이에요. 하나님이 정말 그렇게 해주셨어요. 제가 하나님을 기뻐했기 때문에, 하나님께서 기적적으로 저의 사소하고 개인적인 필요와 소원들을 하나님의 소원들로 바꾸어 주신 거예요. 이제 하나님의 소원들이 바로 나의 소원이 됐어요.

하나님의 소원이 무엇일까요? 복음이 전파되는 것, 하나님 나라가 확장되는 것, 세상이 하나님께로 올바르게 돌아오는 것, 잃어버린 자들이 구원받는 것, 하나님의 영광이 드러나는 것이지요.

바로 그때 그것을 깨달았어요, 로이드. 내 휠체어는 이 모든 일들을 보기 위한 열쇠였어요. 특히 하나님의 능력은 언제나 약한 데서 가장 잘 드러나니까요. 그래서 지금 전 여기 앉아 있어도… 제가 외적으로는 치유 받지 못했지만 내적으로 치유 받은 것을 기쁘게 생각한답니다. 자기중심적인 욕구와 소원들로부터 치유 받았잖아요."

그러자 이번에는 로이드가 깊은 숨을 내쉬더니 한동안 말이 없다가 자신의 휠체어를 쳐다보았다. 그리고… 미소를 지었다.

하나님이 자녀를 돌보시는 방식

서문에서처럼, 나의 육체적 치유를 위해 기도해 주고 싶어 하는 사람들을 나는 지금도 가끔씩 만난다. 이미 말했듯이 나는 그들을 굳이 만류하지 않는다. 하지만 최근 카렌이라는 성도를 만났을 때는 달랐다. 처음으로 나는 그녀에게 특별히 내 삶에서 정말 치유가 필요한 부분들에 대해 나누며 기도해 달라고 부탁을 했다. 곧 나의 이기적인 성향, 중요한 영적 훈련들을 게을리 하는 태도 같은 것들에 대해서 말이다.

물론 카렌이 생각하는 것은 그런 것이 아니었다. 그녀는 내가 일어나 걷는 모습을 보고 싶어 했다. 바로 그 자리에서. 함께 기도한 후 그녀는 나처럼 휠체어에 앉아 있는 사람들에 대한 하나님의 긍휼과 보살피심에 대해 자신의 주장을 계속 내세웠다.

그녀는 하나님이 우리를 보살펴 주시니 우리의 모든 염려를 하나님께 맡기라는 베드로전서 5장 말씀을 이야기했다.

"조니, 하나님은 당신에게 고통을 주기 원치 않으세요. 하나님은 당신을 도와주기 원하시죠. 그것이 하나님의 본래 성품이니까요. 하나님은 당신을 심한 고통과 힘든 장애로부터 벗어나게 해주려고 무슨 일이든 하실 겁니다."

카렌이 나에게 그 말을 했을 때 제일 먼저 떠오른 생각은 성경에서 하나님이 디모데를 보살펴 주신 방식이었다. 성경에는 이 젊은이가 자주 질병과 싸워야 했다고 말하며, 그가 치유를 받았다는 기록은 아무데도 없다. 대신 사도 바울이 그에게 위장을 위해 포도주를 조금씩 약으로 쓰라고 조언해 준 구절이 있을 뿐이다(딤전 5:23). 하나님은 또한 야고보를 보살펴 주셨으나, 야고보는 자신의 증언 때문에 헤롯의 칼에 맞아야 했다(행 12:2). 하나님은 요한을 보살펴 주셨으나, 그는 추방당하여 외딴 섬에 고립되어 있었다(계 1:9). 스데반도 보살펴 주셨다. 사람들이 젊은이의 진지한 얼굴에 돌을 던져 죽였다(행 7:59-60). 하나님은 바울의 동역자 드로비모도 보살펴 주셨다. 그는 사역에 정말 필요한 사람이었지만, 병이 들어서 밀레도에 두고 떠나야만 했다(딤후 4:20).

하나님이 우리가 허우적거리는 모습을 보고 기뻐하신다는 말은 아니지만, 온갖 상처가 우리를 찌르고 아프게 하도록 허락하신다는 것도 말씀에 분명히 나타나 있다. 하지만 그렇다고 해서 하나님이 돌보시지 않는다는 뜻은 아니다. 하나님은 다양한 방법으로 그분의 돌보심을 나타내신다.

많은 사람들이 설득력 있게 이야기했듯이, 때로는 하나님은 우리를 폭풍우에서 구하시고 때로는 그 폭풍우를 헤쳐 나가도록 인도해 주신다. 설령 폭풍우가 우리의 육적인 생명을 앗아가더라도, 하나님은 우리를 가장 좋고 즐거운 곳으로 안전하게 인도해 주신다. 그곳은 우리가 아름다운 꿈속에서 고통스러울 만큼 갈망하던 바로 그런 곳이다.

바울이 삶을 마감하기 직전에 어떤 일들이 일어났는지 보라. 축축한 감옥 안에 앉아 확신을 가지고 친구 디모데에게 편지를 쓴다(그가 쓴 마지막 편지였다). "주께서 나를 모든 악한 일에서 건져내시고 또 그의 천국에 들어가도록 구원하시리니"(딤후 4:18). 그리고 잠시 후 로마 병사가 칼을 들어 순식간에 사도를 죽였다. 그 흉악한 공격으로부터 하나님은 분명히 바울을 구해 주지 않으셨다. 대신 그 로마인의 칼이 바울에게는 천국으로 들어가는 진주문의 빗장을 열어 주는 축복의 열쇠가 되었다! 우리를 위한 하나님의 최선이 항상 고통에서 벗어나게 해주고 치료해 주는 것은 아니라는 것을 보여 주는 또 하나의 예라 하겠다.

> 우리는 믿음을 통해서 전능하신 하나님께서 매일 우리의 삶 속에 기적적으로 역사하고 계신다는 것을 깨달을 수 있다.

또 다른 경우를 보자면, 바울은 감옥에 갇혀 있을 때 하나님이 자신의 처지를 보살펴 주실 것이라는 확신을 가지고 모든 염려를 하나님께 맡겼다. 실제로 하나님은 직접 바울에게 나타나 "담대하라 네가 예루살렘에서 나의 일을 증언한 것같이 로마에서도 증언하여야 하리라"(행 23:11)라고 말씀하셨다.

하나님이 바울에게 오셨고 말씀하셨고 바울을 격려해 주셨다. 그것이 하나님이 보살펴 주셨다는 증거가 아닌가? 그렇지만 하나님이 오셔서 그를 격려해 주신 후에도 바울은 적어도 2년은 더 수감되어 있었다. 감옥에 갇혀 있던 그 24개월 동안 하나님이 바울을 보살펴 주지 않으신 것인가? 물론 그렇지 않다. 또 하나님은 바울에게 감옥 안에서도 "모든 일 곧 배부름과 배고픔과 풍부와 궁핍에도 처할 줄 아는 일체의 비결을 배웠노라"(빌 4:12)라고 쓸 수 있는 평안을 주심으로 그것을 입증해 보이셨다.

하나님이 바울을 묶고 있던 쇠사슬을 끊어 주시고 감옥 문을 활짝 열어 주셔서 자유롭게 걸어 나올 수 있게 해주실 수 있었을까? 누가 그것을 의심하겠는가? 실제로 하나님은 빌립보에서 바울과 실라를 위해 그렇게 해주셨다. 거대한 지진을 일으키셔서! 하지만 그 지하 감옥에서 바울을 만나 주시고 그런 곳에서도 초자연적인 만족감을 느끼게 해주셨다는 것 또한 기적이 아닌가? 그것이 뭐가 부족한가?

당신은 감옥에 있지는 않겠지만(혹은 그럴 수도 있지만) 병원 침대나 집안 침대에 누워서 몇 주 동안 아파서 시름하고 있을지도 모른다. 아니면 무릎 수술이나 허리 수술을 하고 몸져누워 있을지도 모른다. 또한 결혼 생활에서 몇 년 동안 계속되어 온 불행하고 건강하지 못한 상황과 씨름하고 있을지도 모른다.

그렇다면 오늘 베드로전서 5장 말씀의 진리를 꼭 붙잡고 당신의 모든 염려를 주님께 맡겨라. 하나님이 기적적으로 당신의 무릎이나 허리를 만져 주시거나, 감옥 문을 열어 주시거나, 바로 그 자리에서 당신의 편두통을 없애 주시거나, 오늘 밤에 당신을 병상에서 일어나게 해주시거나, 휠체어에서 벌떡 일어나게 하시거나, 또는 배우자의 마음을 지금 바로 바꿔 주시지는 않을지도 모른다. 하지만 그 어떤 상황에서도 만족하는 마음, 정말 깊고 심오한 만족감을 당신에게 주실 것이다.

어떤 사람은 이렇게 물을 것이다. "당신은 늘 그런 만족을 느끼며

삽니까, 조니?" 물론 나는 그렇지 않다고 대답해야 할 것이다. 내가 병원에서 나와 첫 번째로 맞이한 크리스마스, 그러니까 사고 이후에 처음 집에 갔던 날이 생각난다. 우울하고 겁에 질려 있던 나는 크리스마스이브에 가족과 함께 교회에 갔다. 그런데 한 캐럴송 가사가 마음에 크게 와 닿았다. 그 찬송을 부르면서 눈물을 흘렸던 기억이 난다.

찬양하세 하늘에서 나신 평화의 왕!
의의 아들을 찬양하세!
그는 빛과 생명 되시네
그의 날개 안에서 치유 받아 일어나리라.

이 노래를 부르면서 나는 생각했다. '분명 이번 크리스마스 시즌에 휠체어에서 일어나겠구나. 주님의 날개 안에서 치유 받아 일어난다잖아.'

그때는 정해진 때가 되면 하나님이 나를 치유해 주신다는 것, 다만 내가 꿈에도 생각지 못한 차원에서 치유해 주신다는 것을 몰랐다(설령 당신이 나에게 그것을 설명해 주었어도 내가 이해했을지 모르겠다). 그런데 불과 2년 후 크리스마스 날, 내가 이해할 수 없었던 그 평안과 만족감을 가지게 되었다. 또한 기쁨도 발견했다. 바로 내 인생에 대한 하나님의 뜻을 받아들였기 때문이다.

그렇다면 하나님의 뜻은 무엇인가? 그것은 하나님이 가장 크게 영광 받으실 수 있는 가장 적절한 상황에, 가장 좋은 장소, 가장 좋은 위치에 당신과 내가 있는 것이다. 나에게 그 자리는 바로 휠체어다. 그리고 그곳이 나의 치유의 자리가 되고 있다.

일상의 기적들을 놓치지 말라

많은 그리스도인들이 시련 가운데 일하시는 하나님을 보지 못한다. 극적인 기적이 일어나지 않으면, 곧 홍수가 멈추거나 암이 낫지 않으면 하나님이 역사하지 않는다고 생각한다. 그것은 그들이 기적이라는 것을 영화 〈십계〉에 나오는 할리우드 특수 효과 같은 것쯤으로 생각하기 때문이다. "애굽의 열 가지 재앙들처럼… 지금 하나님이 뭔가를 꾀하고 계시겠지!"

천둥과 우박, 피의 강, 메뚜기 떼, 바로 왕 침대 안까지 가득 찼던 개구리들은 1950년대 가장 훌륭한 영화 소재가 되었다. 아, 이렇게 영화에서처럼 하나님이 무대 뒤에서 세상을 어떻게 지휘하시는지 직접 볼 수 있다면 얼마나 좋을까!

하지만 실제로는 이 모든 것이 생각처럼 간단하지 않다. 그렇다면 하나님이 실제로 기적을 행하시는 방법에 대해 이야기해 보도록 하자. 하나님이 얼마나 기적적으로 악에서 선을 이끌어 내시는지 생각해 보라. 하나님은 무대 뒤에서 그렇게 행하신다. 언제나 사탄의 최악의 장난을 이용하시는 것이다.

구소련의 죽음의 수용소 철조망 뒤에서도 은혜와 구원을 침투시키시는 하나님의 역사를 생각해 보라. 하나님이 백혈구들을 다 모아서 우리 몸의 질병을 물리치기 위해 각각 행동할 것을 명령하시는 기적을 바라보라. 분명히 말하지만, 하나님이 무대 뒤에서 역사하시는 것을 우리가 볼 수만 있다면 기적을 바라보는 시야가 굉장히 넓어질 것이다. 굉장히 계획적이고, 세밀하게 균형이 맞춰져 있으며, 우리 눈에 보이지 않는 위대한 하나님의 활동들, 이것이 진짜 드라마다.

한편 하나님은 단지 우리가 그분을 신뢰하기를 원하신다. 예수님이 부활하신 직후에 요한복음 20장 29절에서 의심하는 도마에게 말씀하셨듯이 "너는 나를 본 고로 믿느냐 보지 못하고 믿는 자들은 복되도다"라고 하신다.

그런데 왜 아직도 의심하는가? 우리는 하나님이 항상 무대 뒤에서 변화를 위해 밀고 당기며 어떤 일들을 성취하신다는 것을 알고 있다. 그런데 왜 번민하는가? 왜 하나님을 믿지 못하는가? 왜 우리의 삶을 향한 하나님의 "선하시고 기뻐하시고 온전하신 뜻"을 의지하지 못하는가?

우리는 저마다 매일의 삶 속에서 수많은 기적들을 경험해야 한다! 어쩌면 우리 머릿속에 그런 진리들을 깔끔하게 포장해 담을 만큼 넓은 포장지가 없기 때문일지도 모르겠다. 우리는 오직 믿음을 통해서만 전능하신 하나님께서 매일 우리의 삶 속에 기적적으로 역사하고 계신다는 것을 깨달을 수 있다.

우리가 어떤 것을 이해하지 못한다고 해서 그것이 거짓이거나 기적이 아닌 것은 아니다. 오늘 하나님의 기적들을 헤아려 보라. 얼마나 많은 것들을 놓쳤는지 헤아려 보라. 오늘 당신에게 보내진 격려의 미소와 말들, 감사의 표현들을 헤아려 보라. 당신의 자녀들과 가족들이 무사하고 건강한 것을 생각해 보라. 이러한 나라에서 자유롭게 예배할 수 있다는 기적을 생각해 보라. 베드로전서 1장 12절에서 "천사들도 살펴보기를 원하는 것이니라"라고 말하는 은혜의 기적들을 생각해 보라. 그리고 하나님께 감사하라. 정말로 그것들이 당신의 뼈에 양약이 될 것이다.

요한복음 14장 12절에서 예수님은 "나를 믿는 자는 내가 하는 일을 그도 할 것이요 또한 그보다 큰일도 하리니 이는 내가 아버지께로 감이라"고 말씀하셨다.

나는 예수님을 충성스럽게 믿을 때 일어나는 흥미로운 일들을 발견했다. 그것은 곧 우리 자신이 바른 믿음 안에 있으면 개인적인 필요에만 열중하지 않고, 하나님이 이루기 원하시는 일들을 위해 기도하고 구하게 된다는 것이다. 우리는 복음이 성공적으로 전파되기를, 심지어 산이 옮겨져서 주의 말씀이 앞으로 나아가기를 기도한다. 전 세계 수많은 어두운 곳에서 절망과 낙담이 사라지기를 기도한다. 영혼들이 안정되고, 하나님의 사람들이 깊은 평안을 경험하게 되기를 기도한다. 모든 사람들의 삶에 열정과 깊이가 있게 되기를 기도한다. 교회에 화려하고 떠들썩한 행사가 많이 없더라도 진정한 내면의 기쁨과 평화가 있기를 기도한다. 나는 매일 그와 같은 더 큰 기적들을 경험하고 있고, 그것을 사지마비가 치유되는 더 작은 기적과 바꿀 마음이 없다.

헨리 프로스트는 이러한 견해에 동의했다. 그는 치유를 위해 기도해 왔지만 치유 받지 못한 사람들을 연구한 결과를 바탕으로 이렇게 고백하고 있다. "아픔이 허락된 사람들에게는 특별한 영적 축복들이 주어졌다. 그들 전부는 아니지만 대부분은 결국 아픈 것이 건강한 것보다 훨씬 더 유익하다고 고백할 수밖에 없었다."[3]

노련한 선교사이자 허드슨 테일러의 친구인 그는 다음과 같은 말을 덧붙였다.

> 이와 관련해서 나 자신의 경험을 얘기하자면, 하나님이 나에게 기쁘게 가르쳐 주신 가장 심오하고 가장 귀하고 영원한 영적 교훈들은 대부분 나의 여러 가지 아픔들을 견딤으로써 배웠다는 것이다. 특히 기도하는 삶, 찬양하는 삶, 하나님을 의지하는 삶, 눈에 보이는 것이 아니라 보이지 않는 것을 위해 살고 일시적인 것이 아닌 영원한 것을 위해 사는 인생에서는 정말 이것이 사실이다.
>
> …내가 겪어 온 육체적 고난을 그냥 잊어버리는 것은 매우 불행한 일이라고 생각한다. …나는 하나님과 가장 많이 교제하고 있을 때 하나님이 치유해 주기를 거부하신 적이 더러 있었다고 확신한다.[4]

이것은 내 삶 속에서도 있었던 일이다. 거절의 응답은 나의 삶에서 죄를 제거해 주었고, 하나님에 대한 나의 헌신을 강하게 해주었으며, 은혜에 전적으로 의존하게 해주었다. 또한 다른 성도들과 하나가 되게 해주었고, 분별력을 주었으며, 감정이 자라게 하고, 지성을 훈련시키며, 나의 시간을 지혜롭게 사용하도록 가르쳐 주었다. 또한 1967년에 당한 그 사고가 아니었다면 전혀 꿈도 꿀 수 없었을 만큼 넓은 세상을 나에게 안겨 주었다.

고통은 오히려 더 큰 희망을 주었고, 그리스도를 더 잘 알게 해주었으며, 진리를 갈망하고 죄를 회개하도록 이끌어 주었다. 또한 슬플 때 감사하도록 격려해 주었고, 내 믿음을 키워 주었으며, 인격을 더 강화해 주었다. 이 휠체어에 있는 동안 하나님을 더 잘 알게 되었고, 매일매일 하나님의 기쁨을 느껴 왔다.

당신의 책에서는 그것을 무엇이라고 정의하겠는가? 그것을 기적이라고 부르지 않는다면, 미안한 말이지만 나는 당신의 책이 아닌 내 책을 택할 것이다.

아빠와 함께
십대의 조니는 인생을 사랑했다.
승마와 하이킹. 테니스와 수영을 좋아했다.
그러나 1967년 7월의 어느 여름날.
조니가 사랑했던 인생은 사라졌다.

chapter 03

우리 삶은 하나님이 지으신
한 편의 시다

그리스도는 질병을 물리치셨고 앞으로도 그러실 것이다.
하지만 정확하게 지금 그렇게 하시겠다고 말씀하지는 않으신다. _ 헨리 프로스트

다른 사람의 도움으로 운동을 하고, 옷을 입고, 휠체어에 앉아서 텔레비전으로 치유 예배를 본 적이 더러 있었다. 그것은 약간 독특한 체험이었다. 나는 침대에 누워서 아무것도 할 수 없고 나 자신을 돌볼 수도 없는 상태에서, 설교자의 열띤 메시지를 들으며 무대에서 목발을 짚고 절뚝거리며 걷던 사람들이 어느 순간 목발 없이 걷는 것을 지켜본다.

"예수님은 당신이 아프고 불구로 지내는 것을 원치 않으십니다." 설교자들은 종종 이렇게 말하며 호통을 친다. "예수님은 오늘 당신이 본 사람들에게 행하신 일을 당신에게도 행하기 원하십니다. 당신도 그분의 치유의 능력을 경험할 수 있습니다. 그분의 약속을 믿으십시오!"

나는 그것을 보면서 종종 똑같은 방송을 보고 있는 전 세계의 환자들과 장애인들을 생각해 본다. 그들은 무슨 생각을 하고 있을까? 내가 몇 년 전에 했던 질문들을 똑같이 하고 있지는 않을까? 이를테면 이런 생각들이다. "하나님은 오늘날도 여전히 사람들을 기적적으로 치유해 주시는가? 그렇다면 모든 사람을 치유해 주기 원하시는가 아니면 일부만 치유해 주시는가? TV에 나오는 사람들과 달리 치유를 구하는 내 기도가 응답받지 못한다면 나는 어떻게 생각해야 하는 것인가?"

앞 장에서 말했듯이, 내가 그러한 질문들에 대한 답을 얻게 된 중요한 계기 중 하나가 바로 우연히 헨리 프로스트의 책을 읽게 되면서부터였다. 그는 이전 세대의 캐나다 선교사이다. 그의 책 「기적적인 치유(Miraculous Healing)」는 1931년에 처음 출판되었다. 위대한 선교 개척자인 허드슨 테일러와 동시대 사람인 프로스트는 중국내륙선교회(지금의 OMF 선교회)에서 최초의 가정교회 책임자로 섬겼다.

「기적적인 치유」는 전혀 새로운 책이 아니다. 그리고 그 내용은 오늘 아침 신문처럼 잘 읽혀지지도 않는다. 현대인들이 읽기에는 문체가 좀 딱딱하고 내용도 지금 시대와 맞지 않는 것이 사실이다. 하지만 신적인 치유라는 주제를 그보다 더 분별 있고 균형 있게 다룬 책이 또 있을까 싶다. 내가 처음 그 책에 끌린 이유는 헨리 프로스트가 신학적인 속셈을 갖고 있는 것같이 보이지 않아서였다. 특정한 견해를 위해 싸우고 정선된 증거물들로 무장하여 그 주제에 접근하기보다는, 그는 온화한 정신과 진리를 탐구하는 열린 마음을 지니고 있었다.

그는 목격자 입장에서 글을 쓰면서, 하나님이 치유해 주시는 상황들을 조사하며 이렇게 물었다. "이 모든 사람들이 공통적으로 갖고 있었거나 행한 일들은 무엇일까? 우리도 그처럼 치유받기 원한다면 어떤 열쇠들을 발견할 수 있을까?" 그가 내린 결론들은 유익하고 흥미로울 뿐만 아니라, 성경 본문에 확고하게 뿌리를 두고 있다. 이 양

날을 가진 말씀의 검과 개인적인 체험은 오류와 오해의 덤불을 베어내고, 기적적인 치유에 관한 가장 명백한 논의를 제시한다.

당신도 그 책을 처음부터 끝까지 읽어 볼 기회가 있기를 바란다. 하지만 시대에 뒤떨어지고 때로는 전문적인 용어들을 읽기 힘들어하는 사람들을 위해 먼저 읽은 내가 맛보기만 조금 보여 주겠다. 그리고 그의 몇 가지 요점들에 대한 나의 생각과 경험들도 함께 나누고 싶다.[1]

1. 예수님은 이 땅에 계셨을 때처럼 오늘날도 우리의 건강과 치유에 관심을 갖고 계신다.

주님께 육체적인 치유를 구하는 것, 또는 주님이 우리의 삶에 허락하신 고난을 견디는 것에 관하여 말하자면, 주님의 사역에서 가장 중요한 시점에 베드로가 고백했던 말을 떠올리지 않을 수 없다. "주여 영생의 말씀이 주께 있사오니 우리가 누구에게로 가오리이까 우리가 주는 하나님의 거룩하신 자이신 줄 믿고 알았사옵나이다"(요 6:68-69).

우리는 힘들고 아프고 고통스럽고 당혹스러울 때 예수님께 나아간다. 달리 어디로 가겠는가? 우리가 하나님의 아들이신 주님께 속한 자라면, 우리의 삶은 모두 예수님과 관련되어 있다. 물론 우리는 이 세상의 의사들과 병원, 약, 물리치료사, 카운슬러의 도움을 구한다. 그것은 당연한 일이다. 하지만 궁극적으로는 예수님을 바라본다. 그분만이 우리의 위대한 의사이시며, 모든 치유와 도움의 근원이시기 때문이다.

히브리서 4장 16절의 어느 번역을 보면 "그러므로 우리는 긍휼하심을 받고 때를 따라 돕는 은혜를 얻기 위하여 은혜의 보좌 앞에 담대히 나아가 거기 머물 것이니라"(The Living Bible)고 했다.

우리가 구하는 긍휼과 은혜를 받기 위해 하나님의 보좌로 나아가 '거기 머문다'는 표현이 마음에 든다. 온 우주에 그보다 더 좋은 곳은 없다.

헨리 프로스트는 이렇게 말한다.

> 하늘에 계신 그리스도는 땅을 지배하시며, 이 세상에 사람들과 함께 계실 때처럼 그 몸의 지체들에게 면밀한 관심을 가지시며 그들을 긍휼히 여기신다. … 만일 예수님이 세상에 계실 때 나에게 그분의 치유가 필요했다면, 나도 다른 사람들처럼 그분께 갔을 것이다. 그런데 예수님이 지금 세상에 계시지 않기 때문에 나는 직접 그분을 찾아갈 수가 없다. 하지만 믿음으로 하늘에 계신 주님께 나아갈 수 있다. 또 주님의 인격은 변하지 않기 때문에, 과거에 치유하셨던 것처럼 어디서든 치유를 구하는 자들을 치유해 주실 것이라고 기대한다.[2]

"지금 내가 깊이 확신하는 것은, 그리스도가 우리를 강하게 하시고 치유해 주시며, 대부분의 그리스도인들이 생각하는 것보다 더 자주 그를 믿는 자들을 위해 이런저런 일들을 행할 준비가 되어 있으시다는 것이다."[3]

이 세상에서 예수님이 몸이 마비된 사람들을 고쳐 주실 때 어떤 마음을 품으셨을 것 같은가? 눈먼 자들의 눈을 뜨게 해주셨을 때는? 또 간질병에 걸린 어린 아들의 아버지와 이야기할 때는 어떤 마음이 드셨겠는가?

예수님은 하나님의 아들로서 자신의 권위를 입증하기 위해 그 사람들을 치유해 주셨다. 그와 같은 능력을 나타내심으로 그가 메시아이심을 증명해 보이신 것이라고 말하며 그러한 기적들이 그리스도의 주권을 나타내는 표시라고 말하는 사람들이 있다.

그들의 말도 옳다. 하지만 예수님 이 오로지 자신에 대해 어떤 것을 입 증하기 위해 눈먼 자들에게 다가가 그들을 치료해 주신 것은 아니다. 아니, 주님은 자신의 목적을 위해 힘없는 사람들을 이용하지 않으셨다. 자신에 대한 중요한 교훈을 가르치기

> 고난이 하나님의 더 크고 신비로운 계획의 한 부분일 수는 있지만, 하나님의 의도는 언제나 긍휼과 다함 없는 사랑을 통해 사람들이 위안을 얻는 것이다.

위해 아픈 사람들을 소품이나 시청각 도구로 사용하신 것이 아니었다. 또한 아무런 감정도 없이 눈멀고, 귀먹고, 몸이 마비된 사람들에게 다가가지도 않으셨다.

성경이 그렇게 말해 주고 있다. 주님은 아픈 사람들을 보시고 긍휼히 여기는 마음으로 다가가셨다. 오, 그래서 얼마나 기쁜지 모른다! 나는 예수님이 인간 세상을 초월하여 멀찌감치 서서 아무런 감정도 없이 우주와 접촉하는 신비주의자처럼 어떤 사람을 치유하시는 모습을 도저히 상상할 수가 없다. 아니, 절대 그렇지 않다. 나는 예수님이 감히 범접할 수 없는 분처럼 행동하며 "그래, 내가 널 고쳐 줄

수 있다. 여기 내 발 앞에서 빌면 메시아가 어떤 존재인지 너에게 보여 주겠다"라고 말씀하시는 모습을 상상할 수 없다.

나는 그런 예수님의 모습을 상상해 본 적이 없다. 예수님이 아픈 사람들을 고쳐 주시고 눈 먼 자들의 눈을 뜨게 해주시는 여러 기사들을 읽을 때 머릿속에 그려지는 예수님은 동정심으로 가득한 모습이다. 예수님이 단지 자신이 메시아임을 증언하기 위해 사람들을 고쳐 주신 것이 아니라고 믿는 이유가 바로 그것이다. 그분은 병자들을 실험용 생쥐로 보지 않으셨다. 오히려 하나님의 사람들로 여기고 그들을 보살펴 주셨다. 그들을 진심으로 소중히 여기셨다. 예수님이 그들의 삶 속에서 그분의 뜻을 행하고자 하신 것은, 예수님과 다른 사람들의 유익을 위해서만이 아니라 바로 치유 받는 그 사람들을 위해서였다. 예수님이 사랑으로 그들을 만져 주셨을 때는 정말 진심으로 그렇게 하신 것이었다.

그렇다면 그들을 얼마나 불쌍히 여기셨을까? 요한계시록에서 주님은 "내가 네 환난을 안다"고 하셨다. 또 다른 곳에서는 "내가 네 환난을 보았다"고 말씀하신다. 그리고 단지 보거나 아는 것으로 그치는 것이 아니라 당신의 눈물에 주님의 마음이 움직이신다. 주님이 당신의 눈물을 그의 병에 담아 두신다는 것을 기억하라(시 56:8).

말씀이 그런 식으로 묘사하는 이유가 있다. 병 안에 두면 우리의 눈물이 증발하지 않는다. 하나님이 당신의 고통을 영원히 기억해 둘 만큼 당신을 긍휼히 여기신다는 뜻이다.

게다가 병 안에 담아 두면 당신이 흘린 눈물의 무게를 다실 수 있다. 그 눈물은 당신이 얼마나 오랫동안 고난 받아 왔는지를 잘 나타내 준다.

　마음의 고통이 영원히 계속될 것만 같았던 시간들을 생각해 보라. 당신은 그 고통이 언제 끝날지 알 수 없었다. 언제쯤이면 마음이 편안해질까? 욥은 생전 처음으로 상실을 경험했을 때 "주신 이도 여호와시요 거두신 이도 여호와시오니 여호와의 이름이 찬송을 받으실지니이다"라고 말했다.

　하지만 오랜 시간이 지나 고난이 그치기는커녕 더 심해지자 이렇게 말했다. "나의 정당함을 물리치신 하나님, 나의 영혼을 괴롭게 하신 전능자의 사심을 두고 맹세하노니"(욥 27:2). 만성적인 고통과 마음의 괴로움이 계속될 때 당신이 어떻게 달라질 수 있는지 보여 주는 대목이다! 하지만 하나님은 그것을 이해해 주신다. 그리고 단지 그것을 알 뿐 아니라 보살펴 주신다. 그리고 긍휼히 여기신다!

　예수님의 치유의 손길이 필요할 때, 예수님의 긍휼과 마음을 느끼고 싶을 때 이러한 생각들은 나에게 많은 도움이 되고 위안이 된다. 예레미야애가 3장 32-33절을 보면 예수님의 진심을 잘 엿볼 수 있다. "그가 비록 근심하게 하시나 그의 풍부한 인자하심에 따라 긍휼히 여기실 것임이라 주께서 인생으로 고생하게 하시며 근심하게 하심은 본심이 아니시로다."

　예수님은 기쁜 마음으로 고통이나 슬픔을 주시는 것이 아니다. 다시 말해 그것은 예수님의 본심이 아니다. 고난이 하나님의 더 크고 신비로운 계획의 한 부분일 수는 있지만, 하나님의 의도는 언제나 긍휼과 다함없는 사랑을 통해 가장 궁핍한 사람들이 위안을 얻고 어루만져지는 것이다. 이것이 치유자의 마음이다. 주의 이름을 찬양하라!

헨리 프로스트는 다음과 같이 말했다.

> 그리스도는 영원한 하나님의 아들이시며, "어제나 오늘이나 영원
> 토록 동일하신" 분이다(히 13:8). 따라서 예수님이 육신으로 계실 때
> 사랑하셨다면 지금도 사랑하시는 것이다. 그때 보살펴 주셨다면 지
> 금도 보살펴 주시는 것이다. 그때 치유해 주셨다면 지금도 치유해
> 주시는 것이다. 그렇다고 반드시 예수님이 그때 행하신 모든 일을
> 지금도 행하시거나 그때 행하셨던 방법으로 똑같이 지금도 행하실
> 것이라는 뜻은 아니다. 왜냐하면 어떤 일들을 행하시는 예수님의 목
> 적이 과거와 다르기 때문이다. 그렇지만 그리스도의 인격은 변함이
> 없으시다. 그래서 우리는 주님이 우리에게 무한한 관심을 갖고 계시
> 며 우리를 생각하고 계신다고 확신할 수 있다.[4]

어두운 상황들이 펼쳐져 두려움이 생길 때 이 사실을 아는 것만으
로도 큰 힘이 되지 않는가? 내 친구 스테파니는 장애아를 키우며 우
리 교파 내에서 장애인 사역을 주도하고 있다. 스테파니는 내가 한
참 동안 고통과 씨름하고 있다는 걸 알고 있었다. 얼마 전에는 사사
기에서 기드온에 대한 말씀을 읽다가 내 생각이 났다며 자기가 특별
히 감동받은 부분을 나에게 알려 주려고 다음 구절을 적어 보냈다.

> … 미디안 진영은 그 아래 골짜기 가운데에 있었더라 그 밤에 여
> 호와께서 기드온에게 이르시되 일어나 진영으로 내려가라 내가 그

것을 네 손에 넘겨주었느니라 만일 네가 내려가기를 두려워하거든 네 부하 부라와 함께 그 진영으로 내려가서 그들이 하는 말을 들으라 그 후에 네 손이 강하여져서 그 진영으로 내려가리라(삿 7:8-11).

그리고 그녀는 정말 놀라운 통찰이 담긴, 짧고 달콤하지만 매우 강력한(적어도 나에게는) 나눔을 써 주었다. "조니, 내 마음을 사로잡은 구절은 바로 '만일 네가 두려워하거든', 이 부분이었어요." 하나님은 두려워하는 기드온을 꾸짖지 않으셨다. 그에게 호통을 치거나 고개를 내젓지도 않으셨다. 오히려 그런 두려움을 미리 예상하고 계셨던 것처럼 기드온의 반응을 인정하시는 듯했다. 그리고 기드온의 두려움을 없애 주시는 대신, 탈출구를 마련해 주신다. 그에게 용기를 줄 수 있는 수단을 주신 것이다.

아, 그것은 바로 나에게 하신 말씀이었다! 나는 장애를 가진 내 몸의 체질을 하나님이 알고 계시다는 것이 너무나도 감사하다. 하나님은 내가 먼지뿐임을 기억하고 계신다(시 103:13-14). 그래서 내가 두려워하리라는 것도 미리 예상하고 계신다. 진통제 약효가 떨어져 가는 것이 두려워서 대여섯 시간 동안 아무것도 하지 못하고 있을 때가 있다는 것을 이해해 주신다.

내가 스테파니에게 그 얘기를 하자 그녀는 짧고 재밌는 이야기를 들려주었다.

"내가 십대였을 때 메릴랜드 주 볼티모어에 있는 '헬핑 업 미션' (Helping Up mission)에서 취학 전 아이들을 가르치는 봉사를 한 적이 있어요. 그 아이들은 매일 짧은 성경 구절을 암송하고 선교회 상점에서 사용할 수 있는 티켓을 받았지요. 어느 날은 암송 구절이 베드로전서 5장에 있는 '그가 너희를 돌보심이라'(He cares for you)라는 말씀이었는데 가정 형편이 꽤 어려웠던 어느 여자애가 나에게 오더니 아주 자신 있게 성경 구절을 이렇게 외우는 거지 뭐예요? '그가 너희를 위해 두려워하심이라'(He's scared for you). 그 아이의 환경을 볼 때, 나에겐 그 말이 정확한 해석으로 들렸어요. 예수님이 그 아이의 두려움을 떠안으셨으니 이제 그 아이는 두려워할 필요가 없어진 거지요. 그래서 난 주저하지 않고 그 아이에게 티켓을 주었어요."

크리스마스 시즌이 되면 우리는 우리와 함께하시는 하나님의 영광스러운 선물을 찬양한다. "임마누엘⋯" 하나님이 우리와 함께하신다. 또한 그분은 우리의 환경과 우리 자신을 매우 깊이 이해해 주시는 놀라운 상담자다. 우리가 두려워할 것을 예상하신 하나님은 우리에게 그 모든 것을 예수님께 맡기라고 말씀하심으로 탈출구를 제시해 주신다. 예수님만큼 우리의 두려움을 잘 아시고 보살펴 주시는 이가 없기 때문이다.

때때로 나는 점점 더 뚜렷하게 나타나는 고통 때문에 두려움 속에서 살고 있다. 어쩌면 당신도 그러한 두려움과 싸우고 있을지 모르겠다. 두려울 때는 용기를 내라. 은혜의 하나님께서 당신이 두려워할 것을 미리 아시고 그 두려움에서 벗어날 길을 항상 마련해 주실 것이다. 나에게 그것을 상기시켜 준 스테파니와 기드온 이야기, 그리고 볼티모어 빈민가의 그 어린 소녀에게 감사한다.

2. 그가 채찍에 맞으므로 우리가 나음을 받는다 – 그러나 꼭 지금 당장은 아니다.

모든 생명과 치유와 대속은 우리 주 예수 그리스도로부터 나온다. 다른 어디서 그것을 얻겠는가?

이사야 53장 5절은 "그가 찔림은 우리의 허물 때문이요 그가 상함은 우리의 죄악 때문이라 그가 징계를 받으므로 우리는 평화를 누리고 그가 채찍에 맞으므로 우리는 나음을 받았도다"라고 말씀한다.

그렇다. 분명 우리 주님의 고난과 죽음이 우리를 죄에서 구원하고 하나님과 평화를 누리게 해주었다. 하지만 아무런 조건 없이 우리에게 즉각적인 육체적 치유가 보장된 것도 확실하지 않은가?

질병은 아담이 반역한 이후 하나님이 우리에게 선언하신 저주에서 비롯되었다. 그리고 예수님은 이 저주를 뒤집기 위해 이 땅에 오셨다. 그렇다면 자연히 그리스도인들은 암, 다운증후군, 라임병, 또는 알츠하이머병에서 자유로워야 되는 것이 아닌가? 우리는 예수님이 우리의 질병을 낫게 해주러 오셨기 때문에 편두통에서부터 갱년기 증상들까지 모든 병이 나아야 한다고 생각하고 싶어 한다.

하지만 그것은 이렇게 말하는 것이나 마찬가지다. "모든 도토리 안에는 오크 나무가 한 그루씩 들어 있습니다. 그러니 이 도토리를 가져다가 톱으로 잘라 피크닉 테이블을 만듭시다." 또는 "수질오염 방지법이 국회에서 통과되었으니 내일 아침부터 맨해튼 주민들은 이스트 강에서 물을 퍼다 마실 수 있습니다." 재목을 베어낼 만한 나무가 되기까지는 100년이 걸릴 수도 있고, 강에서 산업폐기물을 제거하는 데도 몇 십 년이 걸릴 것이다.

예수님께서 죄의 저주(그리고 그에 따르는 고난)를 파기하시는 것도 마찬가지다. 예수님이 죄와 죄의 결과들에 대해 행하기 시작하신 일은 그분이 재림하실 때에야 완성될 것이다. 구원은 완전히 이루어졌고 그 결과는 확정되었다(또한 이사야 53장 5절과 베드로전서 2장 24절은 문맥상 질병이 아니라 죄로부터의 구원을 말하고 있다는 것을 주목하라). 그러나 하나님의 백성들에게 구원이 적용되는 것은 아직 끝나지 않았다.

하나님은 우리를 "구원하셨지만" 우리는 여전히 "구원을 받고 있다"(고전 1:18). 우리는 아직까지 세상에 있다. 이것은 우리가 여전히 옛 저주의 영향을 느끼며 살게 될 것이라는 뜻이기도 하다. 적어도 우리가 천국에 가서 온전히 "구원을 얻게 될"(마 24:13) 때까지는 그럴 것이다!

고린도전서 15장 45절은 예수님을 "마지막 아담"이라고 지칭하고 있다. 그분이 에덴동산에서 비롯된 저주를 폐하러 오셨다는 뜻이다. 하지만 올 여름에 당신은 여전히 뒷마당에 자라난 잡초들과 씨름할 것이며, 그것들을 제거하느라 요통에 시달릴 수도 있다. 하지만 분명한 것은 영원한 천국에서는 "다시 저주가 없"(계 22:3)을 것이다.[5]

신학자인 리처드 메이유(Richard Mayhue)는 이렇게 해석하고 있다. "이사야서 53장은 주로 인간의 영적인 부분을 다루고 있다. 주된 강조점은 질병이 아니라 죄에 있다. 죄의 결과 중 하나인 질병을 즉시 제거하는 것에 초점을 둔 것이 아니라, 질병의 주된 요인인 죄에 초점을 두고 있는 것이다."[6]

나는 실로 그가 채찍에 맞음으로 나음을 받았다. 그분은 나의 만성 통증을 제거해 주실 수 있는 분이며 그렇게 된다면 정말 감사할 것이다. 하지만 주님이 그것을 주시든 주시지 않든, 나는 내 아버지 집에서 완전한 치유가 "곧 이루어지리라"는 것을 알고 있다. 내가 어찌 나의 영원한 구원을 위해 십자가에서 흘리신 예수님의 보혈 없이 내 아버지 집에 들어가기를 바랄 수 있겠는가?

3. 우리 주 예수님은 자신을 위해 여러 가지 목적을 갖고 계신다.

틀림없이 나에게 이것은 우리의 고난을 예수님께 맡겨야 한다는 가장 강력한 주장으로 들린다.

우리 중 어떤 이들은 오래 살 것이고, 평생 동안 대체로 건강하고 기운차게 살아갈 것이다. 반면 어떤 이들은 기대 수명을 다 채우지 못하고 비교적 일찍 죽을 것이다. 또한 장애와 잦은 질병, 허약한 몸, 또는 (지금 나처럼) 만성적인 통증을 견디며 살아야 할지도 모른다. 다윗은 다음 구절에서 그것을 잘 표현했다. "여호와여 그러하여도 나는 주께 의지하고 말하기를 주는 내 하나님이시라 하였나이다 나의 앞날이 주의 손에 있사오니"(시 31:14-15).

> 하나님은 우리를 "구원하셨지만" 우리는 여전히 "구원을 받고 있다"

"나의 앞날이 주의 손에 있사오니…." 나도 나의 앞날이 다른 곳이 아닌 주의 손에 있기를 원한다. 다른 곳에 있는 것은 상상할 수도 없다!

하나님은 내 인생을 위한 목적을 갖고 계시며, 시간이 시작되기도 전에 한 가지 계획을 갖고 계셨다. 당연히 내가 태어나기도 전에 말이다.

로마서 8장 29절은 "하나님이 미리 아신 자들을 또한 그 아들의 형상을 본받게 하기 위하여 미리 정하셨으니 이는 그로 많은 형제 중에서 맏아들이 되게 하려 하심이니라"고 말한다. 다른 어떤 이유들보다, 하나님의 가장 큰 목적은 우리가 우리 안에 계신 하나님의 아들의 형상을 점점 닮아 가는 것이다. 그래서 매일매일 하나님이 내 안에서, 또 나를 통해 역사하시는 것이다. "우리는 그가 만드신 바라 그리스도 예수 안에서 선한 일을 위하여 지으심을 받은 자니 이 일은 하나님이 전에 예비하사 우리로 그 가운데서 행하게 하려 하심이니라"(엡 2:10)라는 말씀처럼 나와 우리 모두는 하나님이 만드신 걸작품이다.

대부분 알고 있겠지만, 여기서 "만드신 바"라는 단어는 '포이에마(poiema)'라는 헬라어로 '시(poem)'가 이 단어에서 유래되었다.

하나님은 이 땅에서 우리의 삶에 대한 계획과 목적을 갖고 계신다. 그는 훌륭한 예술가 또는 조각가이며, 작품을 완성하기 위해 사용할 도구를 직접 고르시는 분이다. 그러면 고난은 무엇인가? 질병은 무엇인가? 장애는 무엇인가? 나를 아름다운 예수님의 형상으로 완성해 가고 다듬어 가는 평생의 작업에 하나님이 어떤 도구를 사용하실지 내가 감히 이야기할 수 있는가? 내가 하나님보다 더 잘 알아서, 똑 부러지게 나의 모든 육체적 고통을 낫게 해주는 것이 언제나 하나님의 뜻이라고 말할 수 있을까? 내가 하나님이 지으신 시라면, "아니오, 주님. 두 번째 줄을 더 다듬고 세 번째와 다섯 번째 줄은 더 밝게 표현해야 해요. 그것은 좀 어둡잖아요"라고 말할 권리가 있을까? 내가 시인보다 더 잘 알 수 있을까?

솔직히 그런 관점에서 보고 싶으면 구글에서 "하나님은 당신이 치유되길 원하신다"라는 문장만 검색해 보면 된다. 두 번만 클릭하면, 하나님이 믿음으로 당신을 찾는 모든 이들을 온전케 해주시고 질병과 상해를 치료해 주기 원하신다고 선포하는 목회자들의 글과 웹 사이트들을 얼마든지 찾아볼 수 있을 것이다.

다음은 내가 첫 번째로 열어 본 웹 사이트에서 인용한 글이다.

> 그런데 왜 우리는 하나님의 치유가 더 크게 나타나는 것을 보지 못하는 것일까요? 사람들은 여전히 질병으로 고통 받고 있습니다. 그리고 예수님은 이 땅에 계실 때처럼 오늘날도 사람들을 사랑하시고 계십니다. 믿는 자들은 여전히 그분의 능력이 나타나는 것을 볼 필요가 있습니다. 그렇습니다! 지금 우리에겐 하나님의 치유의 능력이 필요합니다. 그리고 하나님도 그 능력을 나타내기 원하십니다. 할렐루야! 하지만 치유는 전적으로 하나님께만 달려 있는 것이 아닙니다. 누가 치유 받고 치유 받지 못할지 결정하는 것은 하나님이 아닙니다. 급진적인 발언이지만, 이것은 사실입니다. 그리고 하나님의 치유를 방해하는 가장 큰 장애물 중 몇 가지가 바로 여기에 있습니다.[7]

누가 치유 받고 치유 받지 못할지 결정하는 것이 하나님이 아니라고?

이것은 틀림없이 하나님도 처음 듣는 얘기일 것이다. 이 목회자의 말대로 하나님이 우리를 만드시고 다듬어 가시는 분이 아니라는 것인가? 나를 예수님 닮게 만들어 최고의 영광을 돌리게 하려고 각종 도구들을 사용하고 계신 분이 하나님이 아니라는 말인가? 내가 스스로 그 일을 해야 한다는 것인가? 그것이 나에게 달렸다고?

듣기만 해도 끔찍한 생각이다! 나는 그런 책임을 떠맡고 싶지 않다. 단 2분도 견디지 못할 것 같다!

정말이지 이것은 내가 몇 십 년 동안 지겹도록 들어온 케케묵은 이야기다. 그래도 예전에는 지금보다는 조금 더 인내심을 가지고 들었다. 어쩌면 당신도 이 책의 앞부분에서 언급한 것처럼 그런 논리의 이야기를 들어봤을 것이다. 만일 당신이 건강하지 못하거나 어떤 식으로든 고난을 받고 있다면, 그것은 당신에게 감춰진 죄가 있거나 믿음이 부족해서라는 식이다. 그것이 치유의 능력이 흘러들어오는 것을 막고 있다는 논리다. 분명히 하나님은 모든 사람이 잘되기를 원하시기 때문이다.

나는 이러한 가증스러운 논리가 파멸과 번민, 혼란, 죄책감, 절망을 가져오고 믿음을 파괴하는 것을 오랫동안, 셀 수도 없을 만큼 많은 사람들의 삶 속에서 보아 왔다. 물론 예수님은 치유와 용서, 구속, 생명의 근원이요, 끝없는 우물이시며 앞으로도 늘 그러하실 것이다.

헨리 프로스트도 세상의 문화가 하나님의 말씀의 기초에서 점점 더 멀어져 감에 따라 그리스도께서 표적이나 치유를 통해 종종 자신을 나타내실 것이라고 했다.

그러므로 세상 여러 곳에서 많은 사람들이 치유의 기적을 통해서 살아 계신 그리스도의 능력을 검증받고자 하는 움직임들이 늘어날 것이다. 그리고 현재 배교가 성행함에 따라 그리스도가 점점 더 치유를 비롯한 기적들을 통해 자신의 신성과 주권을 나타내실 것을 확실히 예상할 수 있다.[8]

그러함에도 불구하고 때로는 하나님의 자비와 뜻 안에서 즉각적으로 치유해 주실 때도 있을 것이다. 하지만 때로는 하나님의 치유가 우리의 내적인 부분까지 더 깊이 이루어질 것이며, 우리가 아버지의 집에 이르러 새 육신을 입을 때까지는 우리 몸 안에서 완전히 실현되지 않을 수도 있을 것이다. 물론 하나님은 우리를 구속해 주셨다. 하지만 또한 우리가 마지막 숨을 쉴 때까지 우리 삶 속에서 그 구속의 과정을 계속 진행해 가신다. 주님이 채찍에 맞으심으로 우리가 나음을 입었다. 하지만 우리는 아직 만들어지는 과정에 있으며, 하나님은 아직 그 일을 마치지 않으셨다!

헨리 프로스트의 말을 들어 보자.

그리스도는 질병을 물리치기 위해 죽으셨으며 앞으로도 그러실 것이다. 하지만 정확히 지금 그 일을 하겠다고 말씀하시지는 않는다. 나중에 주님이 능력과 큰 영광으로 다시 오실 때 그 일을 이루겠다고 하신다.[9]

사실, 우리 육신의 건강과 힘에 관해서는 하나님이 모든 사람들에게 똑같은 길을 가라고 하지 않으신다. 부활하신 그리스도께서 베드로에게 그가 어떠한 죽음으로 하나님께 영광을 돌릴 것인지 얘기해 주셨을 때, 베드로는 어깨 너머로 요한을 쳐다보며 말했다. "주님 이 사람은 어떻게 되겠습니까?" 그러자 예수님은 인내심을 가지고 이렇게 대답하셨다. "내가 올 때까지 그를 머물게 하고자 할지라도 네게 무슨 상관이냐 너는 나를 따르라"(요 21:22). 다시 말해서, 예수님은 우리 각 사람을 위한 각각의 목적을 가지고 계신다. 주님이 우리의 삶 속에 어떤 환경을 주시든 간에, 우리는 믿음과 신뢰로 그분을 따라야만 한다.

하나님은 자신을 위해 여러 가지 목적들을 갖고 계시며, 우리 각 사람의 삶을 통해 여러 가지 방식으로 당신을 나타내시고 영광을 받으신다. 만일 하나님이 우리의 삶 속에 고난을 허락하신다면, 아주 특별하고 중요한 이유가 있는 것이다. 하나님은 절대로 경솔하게 우리에게 고난을 주시지 않는다!

고린도후서 4장 7-10절에서 바울은 이렇게 말한다.

우리가 이 보배를 질그릇에 가졌으니 이는 심히 큰 능력은 하나님께 있고 우리에게 있지 아니함을 알게 하려 함이라 우리가 사방으로 우겨 쌈을 당하여도 싸이지 아니하며 답답한 일을 당하여도 낙심하지 아니하며 박해를 받아도 버린바 되지 아니하며 거꾸러뜨림을 당하여도 망하지 아니하고 우리가 항상 예수의 죽음을 몸에 짊어짐은 예수의 생명이 또한 우리 몸에 나타나게 하려 함이라.

우거 쌈을 당한다? 답답한 일을 당한다? 박해를 받는다? 거꾸러뜨림을 당한다? 그렇다. 때로는 그보다 더한 일들도 당할 수 있다! 그런데 예수의 생명이 어떻게 우리 몸에 나타나는가? 바로 죽음을 통해서다! 고난을 통해서다!

바울은 우리 믿는 자들이 흙으로 만들어진 질그릇이며, 삶의 과정을 통해 그 안에 보배를 담게 된다고 말한다. 그 귀한 보배는 바로 "예수 그리스도의 얼굴에 있는 하나님의 영광을 아는 빛"이다(고후 4:6).

이 질그릇들은 하나하나 하나님이 직접 만드신 것이다. 중국 공장에서 대량 생산된 제품이 아니라, 우리의 창조주이자 훌륭한 장인이신 하나님이 직접 손으로 빚으신 것이다. 우리의 삶의 목적은 우리 안에 있는 그 보배를 나타내는 것이다. 종종 질그릇에 흠이 있고 금이 가 있고 깨진 부분이 있을지라도 보배는 그 자체로 가장 아름답게 빛난다! 바로 이런 것들을 통해 예수님의 빛나는 영광이 세상 사람들의 의심 가득한 눈에 화려한 광채를 비추는 것이다.

이 구절에 대해 로버트 주잇(Robert Jewitt)은 다음과 같은 질문을 던졌다. "우리 시대에 1세기의 질그릇과 똑같은 의미를 지닌 것이 무엇이 있을까?" 그가 생각해낸 것은 종이상자였다! 그의 생각대로 고린도후서 말씀을 바꾸어 써 보면, 우리 몸은 새 구두를 넣어놓은 상자와 같다. 커다란 종이상자 안에 담겨 배달되는 크리스마스 선물처럼 말이다. 그 상자 안에는 바울의 말처럼 귀중한 보배가 담겨 있다.

지금으로부터 몇 년 전, 사랑하는 어머니(린디 에릭슨)가 이 세상을 떠나 하늘나라로 가셨다. 그때 어머니는 87년 동안 자신을 감싸고 있던 그 상자가 더 이상 필요 없게 되었다. 그 상자는 텅 비었고, 모서리가 닳았고, 구부러진 데다 주름이 자글자글했다. 그래도 그것은 그리스도의 영이라는 보배를 담은 그릇이었다. 우리가 그 '상자'를 사랑했던 것은 어머니가 그 안에 계셨기 때문이며, 또 그것을 통해 예수님의 빛이 나타났기 때문이었다. 또한 그 상자가 낡기 시작하자 헤진 모서리와 찢어지고 약해진 부분들을 통해 예수님이 더욱 밝은 빛을 발하셨다. 어머니가 우리 가족을 섬기셨을 때, 내가 병원에 있는 몇 년 동안 늘 내 곁을 지키셨을 때, 주고 또 주셨을 때, 예수님은 어머니 안에서 밝게 빛나며 강렬한 빛을 발하셨다.

하지만 이제 그 보배는 무사히 집으로 가고 쓸모없어진 상자만이 덩그러니 남았다.

중요한 것은 예수님이 우리 어머니 안에서 자신을 나타내신 것과 완전히 다른 방식으로 나나 당신을 통해 자신을 나타내기 원하신다는 것이다. 내 상자는 당신의 상자와 다르다. 내 포장지는 당신의 포장지와 다르다. 그리고 때로는 정신적으로나 육체적으로 어려움을 당하거나 고난을 견디고 있는 사람들의 삶을 통해 예수님이 가장 화려한 빛을 발하신다고 진심으로 믿는다.

그런데 내가 이 장 첫 부분에서 인용한 소위 치유 사역자처럼, 우리의 주권자 하나님으로부터 그 결정권을 빼앗아오려 하는가? 하나님이 어떤 상자를 사용하여 그의 보배를 보관해야 하는지 당신이 명령하려 하는가? 상자에 구멍이 몇 개 뚫려 있어서 사람들이 그 안에 담긴 눈부신 재물을 엿볼 수 있다고 불평하려 하는가?

나는 예전 책에서 신디에 관한 얘기를 했었다. 그녀는 뇌성마비 환

자로, 우리 '조니와 친구들' 수양회의 장기자랑 시간에 마지막 참가
자로 나왔다. 신디의 어머니가 딸의 휠체어를 밀고 강단으로 나와서
는 신디가 일주일 내내 "나 같은 죄인 살리신" 찬송가를 열심히 연습
했다고 했다.

우리 중 몇몇은 서로의 얼굴을 쳐다보았다. 우리 모두 신디를 사랑
했지만, 이건 말이 안 되는 상황이었다. 신디는 장애 때문에 말을 할
수 없었다.

신디의 어머니가 무대에서 내려오자 신디 혼자 남았다. 그 젊은 여
자는 뒤틀린 손가락을 힘들게 뻗어서 의자에 부착된 통신장치의 버
튼을 눌렀다. 그러자 단조로운 컴퓨터 목소리가 흘러나왔다. "나 같
은 죄인 살리신 주 은혜 놀라워…."

기계 음성이 계속 찬송가를 부르는 동안, 신디는 우리 청중들을 쳐
다보며 있는 힘을 다해 입을 벌렸고 최선을 다해 자기가 낼 수 있는
소리를 냈다. 더 감동적이었던 것은, 그녀의 미소가 사방을 환하게
비추었다는 것이다.

그것은 모든 오페라 가수나 음반 예술가들이 부러워할 만한 공연
이었다. 솔직히 나는 그날부터 지금까지 그에 필적할 만한 공연을
본 적이 없다. "나 같은 죄인 살리신"은 새로운 노래가 아니다. 하지
만 그날 밤 그 노래는 완전히 새로운 방식으로 불려졌다. 비록 신디
는 자신의 성대로 노래를 부를 수 없었지만, 예수님을 굳게 의지하
고 입을 벌렸을 때 특별한 일이 일어났던 것이다.

설명할 수는 없지만, 어쨌든 하나님을 찬양하는 그 노래는 강당 안
에 가득히 울려 퍼졌다. 마치 80명의 관현악단이 신디의 노래에 반

주를 해주고 있는 것 같았다. 나는 깊이 경탄하여 한 소절이라도 놓치지 않으려고 천국의 가장자리에서 몸을 구부리고 듣고 있는 천사들의 모습을 상상해 보았다.

이런 장면이 바로 내가 이야기하려는 것이다.

하나님은 청중 앞에서, 또 모든 보이지 않는 천군천사 앞에서 부른 신디의 노래를 통해 큰 영광을 받으시며 강력하게 자신을 나타내셨다. 세상 어느 누구도 신디처럼 그렇게 할 수 없었을 것이다. 그녀가 심히 연약했기 때문에, '아메리칸 아이돌'의 가장 완벽한 공연도 감히 따라올 수 없을 만큼 강력하게 생명의 보배가 나타난 것이다.

신디에게 그녀의 장애 때문에 "하나님 뜻에서 벗어나" 있다고 말하겠는가? 그녀의 공연이 어딘가 부족했다고 말하겠는가? 나는 그런 말을 입 밖에 내기가 정말 조심스러울 것 같다. 하나님이 그 공연을 매우 진지하게 받아들이셨다는 것을 강하게 느꼈기 때문이다.

헨리 프로스트의 글을 읽어 보자.

> 그리스도는 성도를 위한 계획을 세울 때 여러 가지를 고려하신다. 주님은 각 사람에게 최선이 무엇인지, 자신을 증언하는 것과 관련하여 무엇이 가장 유익한지, 다른 많은 성도들과의 관계에서 필요한 것이 무엇인지, 하나님의 현재와 영원한 영광을 위해 사용할 수 있는 것이 무엇인지를 염두에 두셔야 한다. 또한 하나님은 기도에 응답해 주시면서, 단호하게 모든 것이 합력하여 가장 크고 지속적인 선을 이루게 하실 것이다.[10]

또 다른 예가 떠오른다. 다운증후군을 앓고 있는 이사야 니클라스라는 어린 남자아이의 이야기다. 이제 겨우 아장아장 걸어 다니는 그 아이는 유난히 반짝거리는 눈망울과 눈에 띄게 빨간 머리를 가졌다. 또한 이사야는 아주 강력한 사역을 하고 있다.

어떻게 이 어린아이가 사역을 할 수 있단 말인가? 누나인 메리가 어린 동생의 사역이 어떤 것인지 정확하게 이야기해 줄 것이다. 메리와 이사야는 언약의 자녀들이다. 그들이 태어나기 오래 전부터 부모가 기도로 그 아이들을 품어 왔다. 그 아이들은 니클라스 가문에 속한 '믿음의 가족'이며, 처음부터 부모가 그들을 격려하며 하나님이 그들에게 주신 사역을 찾아야 한다고 권면해 왔다.

> 주님이 우리의 삶 속에 어떤 환경을 주시든 간에, 우리는 믿음과 신뢰로 그분을 따라야 한다.

메리는 식탁에서 자기 식대로 숟가락질을 하고 있는 어린 이사야에게 음식을 떠먹이면서 나에게 이렇게 말했다. "우리 집에서는 모두가 한 가지 사역을 하고 있어요. 이사야를 한번 보세요!"

그때 이사야가 나를 향해 고개를 돌리더니 입을 크게 벌려 가장 행복한 웃음을 지어 보였다. 동시에 그의 눈은 반짝거렸고 두 뺨은 두 개의 작은 사과같이 보였다.

그날 내가 본 것을 어떻게 묘사해야 할지 모르겠다. 어떤 사람은 이렇게 말할 것이다. "진정해, 조니. 그건 그냥 어린아이의 미소일 뿐이야." 하지만 분명히 그 미소를 특별하게 만드는 무언가가 있었다. 그 아이를 보는 것이 나에게는 너무나 큰 기쁨이었다.

메리는 이렇게 말했다. "제가 무슨 말을 하는지 아시겠어요? 이사야에게도 자기만의 사역이 있어요. 그건 바로 이 아이의 미소예요!" 메리의 말이 옳았다. 그 어린 소년의 얼굴엔 이 세상을 초월한 행복이 가득했다. 천국의 수도꼭지에서 흘러나오는 순전한 기쁨을 보고 싶다면, 바로 이사야의 얼굴에서 그것을 볼 수 있을 것이다.

다시 고린도후서 4장 6절로 돌아가 보자. "어두운 데에 빛이 비치라 말씀하셨던 그 하나님께서 예수 그리스도의 얼굴에 있는 하나님의 영광을 아는 빛을 우리 마음에 비추셨느니라." 다운증후군을 가진 어린아이도 그리스도의 빛을 가질 수 있다. 나는 '특히' 다운증후군을 가진 어린아이라고 말하고 싶다.

그것은 모두 하나님의 영광에 관한 일이다. 그렇지 않은가? 다음은 헨리 프로스트의 말이다.

> 그러므로 하나님이 치유하실 수 없고 치유해 주시지 않을 것이라고 말하지 말자. 그보다는 하나님이 치유하실 수 있고 하나님의 영광을 위한 일이라면 치유해 주실 것이라고 말하자.
>
> …성도는 기억해야 한다. …하나님이 기적적인 행위로 자신과 그 능력을 드러내실지 말지, 또 언제, 어디서, 어떻게, 누구에게 이런 일을 행하실지 결정하는 것은 하나님이시다. 그리고 우리는 하나님이 자신을 드러내실 때나 드러내지 않으실 때나 똑같이 신실하시고 사랑 많으신 분이라는 것을 항상 명심해야 한다.[11]

아멘!

4. 다른 중요한 문제들처럼, 사탄은 이 문제에 관해서 우리를 비성경적인 극단으로 몰아붙이려 할 것이다.

헨리 프로스트는 다음과 같이 지혜롭게 말했다. "종종 사람들이 기적적인 치유의 문제를 생각할 때 극단주의자가 된다는 인상을 받았다. 그것을 완전히 반대하거나 완전히 찬성하는 것이다. 실은 둘 중 어느 것도 정당화할 수 없는데 말이다."[12]

극단주의자들! 스스로 하나님을 대변한다고 주장하는 사람들이 성경적으로 다양하게 해석할 수 있는 문제들에 대해 단호하고 완강한 입장을 취할 때 우리의 대적들이 얼마나 좋아하는지 모른다.

프로스트는 계속해서 이렇게 말했다.

> 어떻게든 하나님 자녀들의 평안과 능력을 해치려고 하는 사탄은 여러 가지 방법을 동원해 공격해 오지만, 가장 효과적인 것은 그들을 한쪽으로 치우치게 해서 엉뚱한 견해로 이끄는 것이다. …어떤 교리도 쉽게 왜곡될 수 있지만, 이 한 가지 교리는 그것을 붙잡고 그로 인해 유익을 누리는 사람에 의해 완전히 균형을 잃기 쉽다. 또 내가 보기엔, 많은 사람들이 그렇게 행했고 또 행하고 있으며, 그로 인해 심각한 결과를 초래하고 있다.[13]

내 생각엔, 신적인 치유에 대해 극단적인 입장을 취하는 사람들에게 한 가지 공통점이 있는데 바로 겸손이 부족하다는 것이다.

한편에서는 하나님께 무엇을 해야 한다고 이야기하는 사람들이 있고, 또 한편에서는 하나님께 무엇을 할 수 없다고 말하는 이들이 있다. 나는 둘 중 어느 입장도 취하고 싶지 않다. 앞에서 얘기했듯이 질그릇에 불과한 내가 어떻게 그 그릇을 빚으신 하나님께 명령할 수 있으며, 지금 당장 나를 치료해 주셔야 한다고 말하겠는가?

결론은 이렇다. 하나님은 그분이 원하시는 대로 하실 수 있다. 이 사야서에서 "나의 뜻이 설 것이니 내가 나의 모든 기뻐하는 것을 이루리라"(46:10)라고 선언하신 것처럼, 또 욥이 "그는 뜻이 일정하시니 누가 능히 돌이키랴 그의 마음에 하고자 하시는 것이면 그것을 행하시나니"(23:13)라고 단언하는 것처럼 말이다.

나는 예수님께 다가가 흙바닥에서 절을 하며 "주여 원하시면 저를 깨끗하게 하실 수 있나이다"라고 말한 나병환자의 접근 방식을 좋아한다. 이에 예수님은 손을 내밀어 그에게 대시며 "내가 원하노니 깨끗함을 받으라"(마 8:2-3)고 말씀하셨다.

때로는 하나님이 그 자리에서 병을 고쳐 주신다. 그리고 현대 의학으로 설명할 수 없는 기적을 베풀어 주신다. 내 기억 속에 있는 한 친구는 심한 골수질환을 앓고 있었다. 알려진 의학적 방법은 다 써 보았지만 소용이 없었고, 의사들은 그녀가 얼마 못 살 것이라고 했다. 하지만 그녀와 다른 신자들은 열심히 기도했고, 그녀가 검사를 받기 위해 다시 의사를 찾아왔을 때 의사는 깜짝 놀라 입이 떡 벌어졌다. 그는 그리스도를 믿지 않았다. 하지만 일정 기간 동안 몇 차례에 걸쳐 혈액 검사를 해 보더니 내 친구에게 이렇게 말했다. "어떤 자연적인, 또는 의학적인 설명도 할 수가 없습니다. 당신의 상태는 도저히 가망이 없었어요. 그저 기적이라고 밖에는 할 수가 없네요."[14] 또한 그것은 일시적인 상태가 아니었다. 15년이 지난 후에도 여전히 그녀는 건강하게 잘 지내고 있다.

하지만 어떤 때는 하나님이 특정한 병을 바로 치료해 주지 않으시고, 병이 호전되게 해주지도 않으시며, 장애를 없애 주지도 않으신다. 그리고 우리는 언제나 그 이유를 이해할 수가 없다. 치유를 간구했으나 거절당했던 사도 바울의 경우처럼, 주님은 치유 대신 그분의 임재와 은혜를 특별히 더 부어 주실 것이다.

내가 오랫동안 헨리 프로스트의 글을 좋아하며 감사했던 이유가 그것이다. 그는 그리스도의 긍휼과 우리 가운데서 병을 고치시고 기적을 행하시는 능력을 굳게 믿으면서도, 알 수 없는 하나님의 주권적인 뜻과 목적에 진심으로 복종함으로써 언제나 신앙의 균형을 잃지 않았다.

나는 천국에서 헨리를 만나 야생화가 가득 핀 꽃밭과 맑고 투명한 개울가에 앉아 긴 대화를 나눌 것이다. 하지만 지금은 이 장에서 그와의 대화를 마치려 한다.

우리는 우리의 인간적인 몸에 관하여 하나님의 능력을 굳게 믿어야 하며, 하나님이 우리가 생각하는 것보다 훨씬 더 크신 분이라는 것을 알아야 한다. 그리스도가 이 땅에서 온갖 질병과 아픔을 고쳐 주셨을 때처럼 지금도 똑같은 능력으로 기적을 행하시는 분이라는 것 역시 명심하자(마 4:23).

우리가 하나님께 궁극적인 선택권을 드리고, 하나님이 거절하실 때나 허락하실 때나 똑같이 복종하고 감사한다면, 큰 기대를 품고 마음껏 우리의 육체적인 요구들을 하나님께 주장할 수 있다. 단지 하나님께 자신의 육체적인 힘이 되어 달라고 구하지 않아서 건강하지 못한 성도들이 많이 있다.[15]

나만의 길을 찾아
친구들이 대학 준비로 한창 바쁠 때 조니는 살기 위해 싸웠고
평생을 휠체어에 앉아 살 수밖에 없다는 사실을 받아들여야만 했다.
그녀는 붓을 입에 물고 그림을 그리며 희망의 첫 발을 내디뎠다.

닉 부이치치를 만난 기쁨
다리가 없어도 사지가 마비되어도 우리는 하나님의 온전한 작품이다.
하나님은 우리의 연약한 몸에 희망의 날개를 달아 주셨고,
하나님의 소원이 이제는 닉과 나의 소원이 되었다.

Part 2

나의 희망,
예수 그리스도

A place of Healing

chapter 04

상처를 통해 주님께 접붙여지다

사랑은 단순한 친절보다 더 엄숙하고 화려한 것이다.
_ C.S. 루이스

joni earekson tada

　황무지를 여행하기 좋아하는 내 친구들(할 수만 있다면 나도 거기 끼고
싶다)의 말에 따르면, 때때로 황무지에서 제일 좋은 길은 탁 트여서
여태껏 지나온 길과 지금의 위치를 목표 지점과 관련해서 넓게 살펴
볼 수 있는 곳이라고 한다. 인생에서 수평선까지 확 트인 전망을 볼
수 있는 지점을 발견한다면, 당신은 아주 좋은 곳에 있는 것이다.

　전망이 탁 트이고 햇볕이 따뜻하게 비치는 평평한 바위 위에 앉아
서 배낭에서 꺼낸 땅콩버터와 잼 바른 샌드위치를 먹고 시원한 물까
지 한 모금 마신다면 여행의 모든 피로가 가시는 것 같이 느껴질 것
이다.

　숲을 통해 끝도 없이 굽이굽이 나 있는 어떤 길들은 지붕 모양의
우거진 나뭇가지들에 가려 제대로 보이지도 않는다. 물론 그런 길들
도 좋다. 나는 예전에 메릴랜드에서 그런 숲길을 걸어 본 적이 있다.
특히 가을 오후의 느낌과 떨어진 낙엽에서 나는 와인 같은 달콤한
향기, 단풍을 밟을 때 나는 바스락거리는 소리가 어우러져 숲의 정
취를 더해 주었다. 비록 희미하긴 하지만 그때의 기억만은 아직 남
아 있다!

하지만 그런 길을 몇 시간 동안 걷고 나면 하늘이 보고 싶어진다. 야트막한 언덕이나 높은 바위처럼 전망을 볼 수 있는 곳, 지금까지 걸어온 구불구불한 길을 뒤돌아보고 약간의 뿌듯함을 느낄 수 있는 그런 곳을 찾고 싶은 것이다.

나는 시편 119편의 저자가 자기 인생에서 그런 곳을 발견했다고 생각한다. 잠시 쉬면서 숨을 돌리고, 지나온 길들을 바라보며 어깨를 펴고, 배낭을 좀 더 조여 매고 다시 걸어갈 준비를 할 수 있는 그런 곳 말이다.

그 말씀은 우리가 짧은 인생길에서 비록 고난과 아픔을 겪을지라도 우리 주님께서 그러한 절망과 곤경을 우리에게 유익하게 바꾸실 수 있다는 것을 다시금 상기시켜 준다. 나는 앞으로 그 유익들 가운데 몇 가지를 이야기하려 한다. 또한 그것들에 대해 진심으로 감사 드린다.

1. 고난은 우리를 위험한 길에서 돌이키게 한다.
시편 기자는 자신의 인생을 돌아보며 이런 고백을 써 놓았다.

> 고난당하기 전에는 내가 그릇 행하였더니 이제는 주의 말씀을 지키나이다(시 119:67).

전에도 들어 본 말씀이고 전혀 새로운 것이 아니라고 말할지도 모르겠다.

하지만 생각해 보라. 시편 기자에게 그것은 인생의 특정한 시점에서 새롭게 깨달은 사실이었다. 또한 그 생각은 가던 길에서 그를 멈추게 했다. 그의 삶에서 겪었던 어려움, 당시에 그가 겪었을 슬프고, 혼란스럽고, 성가시고, 힘들고, 고통스러운 일들이 결국 그에게 유익이었다는 것, 특별히 하나님께서 그의 유익을 위해 허락하신 일이라는 것을 갑자기 깨닫게 된 것이다. 당신이 뭐라고 말하든, 그것이 누군가에게는 심오한 깨달음인 것이다.

그는 고난 자체가 좋은 것이었다고 말하지는 않는다. 아마도 전혀 그렇지 않을 것이다! 하지만 뒤돌아보면, 고난이 좋은 결과를 낳았다고 정직하게 고백할 수 있었다. 그것이 그를 돌이켰다. 그리고… 그에게는 돌이킴이 필요했다.

그는 한 방향으로 죽 왔는데, 뭔지는 모르지만 이 일생의 사건으로 인해 '쾅' 하고 쓰러져 버렸다. 그는 자신이 어리석고 해로운 길로 가고 있었다고 솔직하게 고백했다. 그 고난이 상해인지, 질병인지, 재정적인 어려움인지, 깨진 남녀관계인지는 아무도 알 수 없다. 분명한 것은 마음속 깊이 그것이 잘못이라는 걸 알면서도 돌이킬 수 없었거나 돌이키고 싶지 않았을 것이다. 그가 기어코 가려고 했던 그 길이 어리석은 결혼, 부주의한 사업적 거래, 알코올 중독, 외설물, 자녀들과의 소원한 관계, 범죄 행위, 또는 하나님을 가장자리로 밀어내는 교만하고 부주의한 삶으로 그를 이끌었을 수도 있다. 그래서 고통이 찾아왔다. 상처, 실망, 좌절, 해고 통지, 거절, 마음의 상처, 이혼, 실패, 의사의 통보.

그 인생의 훼방꾼이 무엇이었든 간에, 그것이 그의 양 어깨를 붙잡고 비틀며 다시 본래의 방향으로 그를 끌고 왔다. 그리고 지금 행복하게 그 올바른 길을 걸어온 그는 과거를 돌아보며 자신에게 이렇게 말한다. "정말 힘든 일이었지만, 그 일에 대해 하나님께 감사하다! 하나님, 당신은 선하시며 선한 일을 행하십니다. 너무나도 감사해요. 만일 제가 그 길로 계속 갔다면, 계속 제멋대로 가겠다고 고집을 부렸다면 과연 어떻게 됐을까요?"

그의 고난이 모두 사라졌다는 뜻은 아니다. 그의 삶에서 적어도 몇몇 상황들은 계속해서 그의 마음에 많은 고통을 주었을 것이다. 하지만 그는 이런 것들을 생각할 때도 마음속에 강한 확신을 가질 수 있었다.

> "고난당한 것이 내게 유익이라 이로 말미암아 내가 주의 율례들을
> 배우게 되었나이다"(71절).

2. 고난은 우리의 참된 힘이 어디에 있는지 깨우쳐 준다.

내가 묘사한 시나리오는 하나님의 이야기다. 따라서 이것은 인생을 바라보는 방식에서 대부분의 사람들이 자연스럽게 생각하거나 반응하는 방식과 완전히 정반대다.

내가 성경이 진리라고 생각하는 이유 중 하나는 성경의 지혜가 보편적인 인간의 추측들과 반대로 가기 때문이다. 하나님의 말씀은 인간의 사고와 철학들을 뒤쫓아 가지 않는다. 한 가지 스타일에만 머무르려 하지 않고, 어떤 것에 순응하거나 어떻게든 '맞추려고' 하지도 않는다.

하나님의 진리는 단지 높이 솟은 산처럼 장엄하고 고요하며, 온 땅

을 지배하고, 바람이나 기후나 세상의 소위 여론 형성자들의 변덕스러운 판단에도 절대로 요동하지 않는다.

인간의 진정한 힘이 어디서 비롯되는지에 대한 성경의 가르침을 보자. 성경에 보면 진정한 힘, 즉 전쟁에서 이기고 불가능한 일들을 극복하고 압도적인 반대를 이겨내는 힘은 약함과 함께 온다.

이것은 대중적인 생각이 아니다. 분명히 할리우드가 아니다. 하지만 엄연한 사실이다. 성경에서 자신의 힘이나 용기, 또는 우월한 능력들을 자랑했던 사람들은 모두 실패를 거듭한다. 하지만 자신의 약함과 부족을 인정하는 사람들, 비통함과 좌절과 완전한 무능력 속에서 하나님께 부르짖는 사람들, 부분적으로가 아니라 전적으로 그리스도를 필요로 하는 사람들은 자신의 힘을 초월하는 엄청난 힘을 얻는다.

> 우리를 향한 하나님의 계획들은 희망과 미래로 가득하다. 그 길이 비록 고통을 거쳐 가야 하는 길이더라도 말이다.

사도 바울이 자신의 가시를 없애 달라고 요청했을 때 예수님이 그에게 하신 말씀이 있다. "내 은혜가 네게 족하도다 이는 내 능력이 약한 데서 온전하여짐이라"(고후 12:9).

"온전하다"라는 단어의 헬라어를 보면 예수님이 십자가에서 마지막으로 "다 이루었다!"라고 외치실 때 사용하신 단어와 똑같다.

테텔레스타이(Tetelestai)! 다 됐다. 완료되었다. 완전히 지불했다.

연약함과 고통 가운데 있던 바울에게 예수님이 말씀하셨다. "테텔레스타이! 너의 연약함과 실패 속에서 내 능력이 완성된다."

아, 하지만 문제는 이것이다. 그 비할 데 없는 부활의 능력에 다가 가려면 먼저 우리 자신의 철저한 파산을 전적으로 인식하고 전심으 로 주님을 의지해야 한다. C. S. 루이스가 말했듯이 우리는 예수님 안으로 들어가야 한다.

이 단순한 진리가 나처럼 휠체어에 앉아 있는 사람에게는 오히려 받아들이기 쉬울 것이라고 생각할지 모르겠다. 하지만 늘 그렇지만 은 않았다.

언제 적 일인지 정확히는 모르겠지만, 아마 60년대 말이나 70년대 초 메릴랜드 대학교에 다니던 때였던 것 같다. 그때 나는 사지마비 가 된 지 얼마 안 돼서 정말로 독립하겠다는 의지가 강했다. 단호한 표정으로 휠체어를 밀고 그 거대한 캠퍼스를 다니면서 '나 혼자 힘 으로 살겠다'고 굳게 마음먹었던 기억이 난다. 터무니없는 것이었을 까? 그렇다. 실패할 수밖에 없는 일인가? 당연하다.

그럼에도 불구하고 나는 수업 시간에 특별한 배려나 도움을 받지 않겠다고, 식당에선 내 팔 부목에 삽입된 특수 숟가락을 사용하여 혼자서 밥을 먹겠다고 마음먹었다. 분명히 나의 필요와 문제들은 99 퍼센트의 다른 학생들과 완전히 달랐지만 조금도 다르게 대우받고 싶지 않았다.

사실 나는 그 누구도 나를 연약하거나 불쌍하게 보는 걸 원치 않았 다. 이런 사고방식을 갖고 있었기 때문에 아무도 내 앞에서 인용하 지 말았으면 하는 성경 구절이 하나 있었다. 바로 바울이 몸의 연약 한 부분들을 특별히 더 귀하게 대하라고 말하는 고린도전서 12장 23 절 말씀이었다. 나에게 그 구절은 나처럼 휠체어에 앉아 있는 불행한 사람들을 불쌍히 여기고 동정하라는 것으로밖에 보이지 않았다. 특별히 귀한 대접을 받는다고? 아니, 그건 내 얘기가 아니었다. 난 젊고 강했다. 난 독립할 수 있었다. 난 연약하지 않다. 난 그것을 감당할 수 있었다. 이해가 가는가?

몇 년이 지난 후, 하나님의 지혜가 내 영혼 속으로 스며들어오기 시작했다. 때로는 시간이 좀 걸리기도 한다. 차츰 나는 고린도전서 12장에 숨겨진 진짜 진리를 보기 시작했다. 그것은 불쌍한 장애인을 동정하는 구절이 아니었다. 그와 반대로 그 장 전체가 주장하는 것은, 우리가 인정하든 인정하지 않든 간에 우리는 모두 연약하며 궁핍한 사람들이라는 것이다. 그러면 우리에게 필요한 것은 무엇인가? 그리스도의 몸 안에서 서로가 필요한 것이다. 공교롭게도 일부 나 같은 사람들의 연약함이 더 분명하게 나타나는 것뿐이다.

장애를 가진 사람들은 연약하고 궁핍한 느낌이 어떤 것인지 좀 더 쉽게 이해할 수 있을 것이다. 그래서 우리가 "크게 기뻐함으로 나의 여러 약한 것들에 대하여 자랑하리니 이는 그리스도의 능력이 내게 머물게 하려 함이라 …이는 내가 약한 그때에 강함이라"(고후 12:9,10)는 바울의 말을 들을 때 좀 더 빨리 깨달음을 얻는 것 같다.

다시 그 주제가 등장한다. 약함에서 나오는 강함. 꼼짝없이 우리의 길을 가로막고 있는 듯한 장애물들로부터 바로 심오한 인생의 방향이 나온다.

고등학교 때 친구인 바비(Bobby)를 생각해 보면, 그는 고난이 닥칠 때까지 하나님을 진지하게 생각하지 않았었다. 그는 풋볼 장학생으로 상위 10위권 대학에 들어가는 데만 온 신경을 집중했다. 그러다 대학에 들어가고 풋볼 선수로 운동을 계속하던 2학년 때, 5야드 라인에서 심하게 넘어져서 부상을 당했다. 두 번의 수술을 받고 세 시즌을 경기장 밖에서 보낸 후, 그는 자신의 삶과 죽음에 대해 진지한 생각을 하게 됐다.

오늘날도 그는 여전히 스포츠 계에 있다(은퇴 후 코치로 일하고 있다). 하지만 그의 우선순위는 점점 분명해졌다. 이제는 성경공부와 기도가 그의 스케줄에 포함되어 있다. 만일 5야드 라인에서의 그 고통스러운 운명적 순간이 없었더라면 그런 일은 일어나지 않았을 것이다. 바비 자신도 그렇게 생각하고 있다.

나의 이웃인 브라이언의 경우도 비슷하다. 캘리포니아 남부의 경제가 호황이었을 때 브라이언과 그의 가족은 그들이 원하는 물질적인 풍요와 높은 사회적 지위의 상징물들을 모두 가질 수 있었다. 하지만 그 지역 경제가 곤두박질치자 브라이언은 실직을 했고, 몇 가지 진지하게 생각해야 할 것들이 생겼다.

사실 그 가족은 지금 그 일이 그들에게 최선이었다고 말할 것이다. 그들은 하나님이 변함없이 보좌에 계시며, 그들의 삶의 방향에 깊은 관심을 가지고 있으며, 그들이 다시 재기하도록 온전히 보살펴 주실 분이라는 것을 알게 되었다. 또한 가족이 재산보다 더 중요하며, 프린스턴 대학을 마음에 두고 있던 딸아이에게 지역 전문대학도 그리 나쁘지 않다는 것을 알게 되었다. 만약 브라이언이 실직하지 않았더라면 그들이 그 모든 것을 배우지 못했을 것이라고 생각한다. 시편 기자의 말을 기억하는가? "고난당한 것이 내게 유익이라 이로 말미암아 내가 주의 율례들을 배우게 되었나이다."

그리고 마지막으로, 여자 친구가 약혼반지를 돌려주고 떠나 버린 내 사촌동생을 생각해 본다. 그는 자신의 실패한 사랑의 기념물인 그 반지를 몇 달 동안이나 보관해 두었다. 그러다가 이웃에 생부도 모른 채 어렵게 살고 있는 한 아이에게 마음을 쏟음으로써 자신의 슬픔을 잊게 되었다. 그는 주말이면 그 아이를 말 훈련소로 데려가 말 타는 법을 가르쳐 주었다. 그 섬김은 애인에게 차인 젊은 남자를 성장시켜 주었다. 처음엔 자기 눈에 너무나 크게 보였던 문제들이 실제로는 아주 하찮은 것들이라는 것을 알게 된 것이다.

2년 후, 내 사촌은 선물을 사려고 한 서점에 들어갔다가 사랑스런 금발머리 소녀에게 시선을 빼앗겼다. 그녀는 팔로미노 말 사진이 들어간 달력을 넘기며 아주 매력적인 미소를 짓고 있었다. 그들은 서로 이야기를 나누면서 말에 관한 것뿐 아니라 공통점이 많다는 것을 알게 됐다. 그 다음 주말에 그는 그녀를 승마장에 데려갔고, 함께 그녀의 교회 미혼자 모임에 참석했다. 그로부터 오래지 않아, 그가 그녀의 집 발코니 그네에서 청혼했을 때 그녀는 큰소리로 허락했다. 지금 그는 그녀 없는 삶을 상상도 못한다. 솔직히 말해서 그가 여자 친구에게 차이는 아픔을 겪지 않았더라면 불가능한 일이었다.

누가 하나님의 길을 알 수 있겠는가? 솔로몬의 고백처럼 말이다. "사람의 걸음은 여호와로 말미암나니 사람이 어찌 자기의 길을 알 수 있으랴"(잠 20:24). 사실 우리는 하나님의 계획과 뜻 가운데서 아주 희미한 개요나 그림자만 볼 수 있을 뿐이다. 하나님의 길은 종종 매우 신비로워서, 그것을 분석하고 예측한다는 것은 우리의 능력 밖이다.

이사야 선지자는 이렇게 물었다.

> 누가 여호와의 영을 지도하였으며 그의 모사가 되어 그를 가르쳤
> 으랴(사 40:13).

이 말씀에 대한 답은 아무도 없다는 것이다. 하지만 우리의 제한된 지각으로도 시간을 들이고 많이 기도하면 서광이 비치기 시작하며, 오래 전 예레미야가 했던 말의 의미를 깨닫게 된다. 즉 우리를 향한 하나님의 계획들은 희망과 미래로 가득하다는 것이다. 그 길이 비록 고통을 거쳐 가야 하는 길이더라도 말이다.

3. 고통은 잃어버린 그리스도의 아름다움을 되찾아 준다.

어쩌면 여러분들도 나처럼 가끔씩 인생의 염려와 문제들과 고통 때문에 지치고, 구원의 기쁨에 무감각해지고, 희망을 잃게 될까 봐 걱정했을지 모르겠다. 하지만 사실은 그와 정반대다.

우리의 삶 속에서 그리스도의 아름다움을 생생하게 느끼지 못하게 만드는 것은 상처나 불행이 아니다. 그보다는 부주의하고 안일한 마음, 쓸데없는 교만, 세상의 선입관, 또는 우리의 영혼 위에 불결한 것들을 층층이 쌓게 하는 지나친 번영 때문일 가능성이 더 크다.

여러 해 전 파리에 있을 때 노트르담 성당을 방문할 기회가 있었다. 나는 그때의 기억을 결코 잊지 못한다. 거의 천 년 가까이 된 거대하고 거무스름한 건물이 그곳에 우뚝 서 있었다. 나는 그렇게 지저분한 성당을 본 적이 없었다! 몇 백 년 동안 쌓인 매연과 먼지 때문

에 노트르담 성당은 검은 때로 겹겹이 덮여 있었다. 건물 외부의 아름다운 조각과 세밀한 부분들은 알아보기 힘들 정도였다.

하지만 그때의 검고 오래된 성당은 몇 년간에 걸친 복원 작업으로 새로운 모습을 찾게 되었다. 비계가 설치되었고, 외벽 전체에 모래를 분사하여 묵은 때를 깨끗이 닦아냈다. 나는 그 성당의 최근 사진을 보고 깜짝 놀랐다. 내가 기억하는 모습과는 딴판으로 정말 아름다웠다. 오랫동안 그 큰 건물의 그늘 밑에서 살아온 사람들이 그것을 알아봤을지 의문일 정도였다.

그 오래된 돌들이 황금색으로 밝게 빛났다. 수십 년 동안 볼 수 없었던 조각의 세밀한 부분들도 볼 수 있었다. 완전히 다른 성당이 된 것 같았다. 모래 분사로 이렇게 놀라운 일을 이루어낼 수 있다니!

모래 분사라는 단어를 떠올리니 하나님께서 고난을 통해 우리의 허물을 깨끗하게 벗겨 내시는 광경을 생각하지 않을 수 없다. 조심스레 우리 자신을 감추고 있는 가면을 벗겨내는 데는 정말 고난만큼 효과적인 것이 없다. 마음의 고통과 육체적 고통은 우리 삶의 표면적인 부분 밑으로 내려가 몇 년 동안 축적된 무관심과 태만이라는 때를 벗겨낼 것이다. 고통과 문제들이 거룩하신 하나님께 나아가도록 나를 밀어붙일 때, 몇 년 동안 묵은 마음의 때는 제거될 수밖에 없다. 고통은 우리의 인격을 단련하는 도구이며, 우리를 뒤흔들어 꼭 붙잡고 있던 모든 것들을 놓게 만든다.

하지만 우리가 공허감과 무력감을 느낄 때까지 분사기를 뿌리고 결국 때가 벗겨져서 근본적인 모습이 드러나는 것이 아름다운 이유는, 하나님이 그분 자신으로 우리를 가득 채워 주실 수 있기 때문이다. 우리 안에서 교만과 옹졸함이 제거됐을 때 하나님은 "당신 안에 계신 그리스도, 영광의 소망"으로 우리를 가득 채워 주실 수 있다.

이처럼 고난은 마치 모래 분사와도 같아서 이 과정을 거치고 나면 우리 안의 매우 아름다운 것, 외적인 모습뿐 아니라 내면의 아름다움까지 드러나게 될 것이다. 그리고 사람들은 우리 안에서 예전에 한 번도 본 적이 없는, 또는 오랫동안 보지 못했던 은혜나 삶의 변화를 보게 될 것이다.

나다니엘 호손(Nathaniel Hawthorne)은 "기독교 신앙은 창문에 거룩한 그림이 그려진 거대한 성당과 같다. 밖에 서 있으면 어떤 영광도 볼 수 없다"라고 말했다. 어쩌면 나처럼 당신도 어둡고 지저분한 성당을 보고 있을 것이다. "하지만 안에 서 있으면, 모든 빛의 줄기들이 말할 수 없이 조화로운 광채를 나타낸다."[1]

고난이 자신의 역할을 완벽하게 수행하도록 하라. 그 결과는 무엇인가? 당신 안에 있는 말할 수 없는 그리스도의 광채, 영광의 소망이다.

4. 고난은 그리스도를 향한 갈망을 더해 준다.

한때 열심히 배낭을 챙겨 메고 콜로라도 북부의 황무지를 여행했던 기억이 난다. 비록 나의 하이킹 경력에 종지부를 찍은 그 사고가 일어나기 전의 일이긴 하지만 나는 마치 어제 일처럼 그때를 회상할 수 있다. …가파른 산을 걸어 올라갈 때 타는 듯한 다리의 통증과 높은 산에서 내 얼굴을 비추는 그 뜨거운 태양의 느낌이 지금도 떠오른다. 나는 길고 피곤한 오전을 보낸 후에 카셰라푸드르 강물을 수통에 담았었다.

그때 꼭 내 수통에 물을 채워 넣어야 했던 것은 아니었다. 사실 수통은 이미 거의 가득 차 있었다. 하지만 몇 시간을 뜨거운 햇빛 속에 있다 보니 물이 미지근해졌고 금속 냄새와 함께 약간 상한 것 같은 맛이 났다. 산에서 내려오는 깨끗하고 맑고 얼음처럼 시원한 물이 바로 내 발 앞에 있는데, 왜 그 물을 마시겠는가? 나는 내 수통에 담긴 그 미적지근한 맹물을 한 모금도 마시고 싶지 않았다!

우리는 실제 삶에서, 이처럼 쓸데없는 차선책으로 우리의 갈증을 채우려 할 때가 많다. 최근에 예레미야서를 읽다가, 카셰라푸드르 강가에서의 그날 아침이 생각났다. 하나님은 예레미야 선지자에게 "내 백성이 두 가지 악을 행하였나니 곧 그들이 생수

> 고난이 닥치면 하나님의 대용품으로 삼았던 모든 것들이 우리를 도와주지 못한다는 사실을 뼈아프게 깨닫게 된다.

의 근원되는 나를 버린 것과 스스로 웅덩이를 판 것인데 그것은 그 물을 가두지 못할 터진 웅덩이들이니"(렘 2:13)라고 말씀하신다.

우리는 종종 자신의 작은 수통에 미지근한 물이라도 담아두려고 한다. 하지만 그것은 진정한 만족을 주지 못하는 차선책인 경우가 많다. 맑고 시원한 강물이 우리 앞에 펼쳐져 있는데 어떻게 수통의 물을 쏟지 않을 수 있겠는가?

하나님은 예레미야 선지자를 통해 그것을 악이라고 칭하신다. 우리는 예수님만이 깨끗하고 신선하고 만족을 주는 생수라는 것을 알면서도 종종 이 세상의 유혹에 이끌려, 그런 대체 만족들이 정말로

원기를 회복시켜 주고 참된 만족을 줄 수 있다고 믿는다.

우리의 머리는 어디에 있는가? 우리가 경건한 것들보다 세상적인 것들을 택하는 것은 마치 미지근하고, 텅 비고, 물이 줄줄 새는 수통 안을 핥으면서 "아 좋아, 조금만 더, 조금만 더! 정말 맛있어. 마음이 상쾌해지는데!"라고 말하는 것이나 마찬가지다. 사실은 자신도 확신이 없으면서 반복해서 자신을 설득시키려고 한다.

예수님은 생명수의 샘이다. 우리가 그 물을 마실 때 우리에게서 생수의 강이 흘러나간다. 그런데 예수님만이 만족을 주실 수 있다는 것을 알면서도 여전히 흙과 모래를 파면서, 미지근한 맹물을 찾는 것은 하나님께 죄를 범하는 것이다.

사실상 그것은 예수님이 만족을 주시지 않는다고 말하는 것과 같다. 예수님만으로 충분하지 않다고, 예수님이 새 힘을 주시지 않는다고, 우리에겐 다른 것이 더 필요하다고, 더 좋은 것이 필요하다고 말이다.

바로 이럴 때에 하나님이 때때로 우리의 삶에 연단을 주신다고 믿는다. 때로 우리는 금속 냄새가 나고 맛없는 수통의 물에 반하여, 바로 우리 발 앞에 흐르는 맑은 물을 보지 못한다. 그러다가 시련이나 고난이 닥치면 하나님의 대용품으로 삼았던 모든 것들이 우리를 도와주지 못한다는 사실을 뼈아프게 깨닫게 된다.

타는 갈증으로 심신이 지쳤을 때, 우리는 비로소 끝없이 흐르는 물가에 무릎을 꿇게 된다. 그리고 만일 하나님이 우리의 삶에 그런 상처나 고난을 허락하지 않으셨다면 더 많은 시간을 헤맸을 것이라는 것을 깨닫게 된다. 우리가 허락한다면, 고난은 우리를 시냇가로 인도할 것이다. 거기서는 항상 새 힘을 주시는 주님의 은혜의 샘물을 오랫동안 마실 수 있다.

5. 고난은 많은 열매를 맺게 해준다.

지금 창밖을 내다보니 과실나무 몇 그루에 때 이른 꽃이 피었다. 그 광경을 보고 있자니 어린 시절의 추억이 떠올라 마음이 흔들린다.

매년 이맘때면 우리 가족은 여행 가방을 꾸려서 메릴랜드 서부로 향했다. 거기 핸콕이라는 작은 도시 근처에 삼촌 돈과 숙모 엠마가 살고 있었다. 그들은 작은 사과 농장을 가지고 있었는데, 산마루에 집이 있고 그 아래로 넓은 치맛자락처럼 과수원이 펼쳐져 있었다. 초봄에는 향긋한 흰 꽃들이 만발한 사과나무들이 줄지어 있었다. 나는 베란다에 서서 사과 꽃향기를 맡았으며 꿀벌들이 윙윙거리는 소리도 들었다.

그 과수원이 지금도 거기 있는지는 모르겠지만 나의 기억 속에서 그 과수원은 참 아름다운 곳이었다. 그곳은 또한 하나님에 관한 깊은 신비를 담고 있는 곳이기도 하다.

알다시피 초봄은 가지들을 접붙이는 시기다. 돈 삼촌은 나무들을 선별하여 적절한 장소를 찾아 껍질을 벗겨내고 나무의 중심부를 비스듬히 잘랐다. 그리고 작은 나뭇가지를 가져와 끝부분을 조금 깎아낸 다음 접가지를 나무 중앙의 축축한 부분으로 밀어 넣고, 시원하고 축축한 상태를 유지하기 위해 접합 부분을 감싸 주었다. 그러고 나면 늦은 봄에는 새 생명이 싹을 틔웠다. 작은 싹이 돋아나 아름다운 열매를 맺는 것이다.

알다시피 접붙이는 것은 나무와 나뭇가지에 상처를 내지 않으면 불가능한 일이다. 만일 그 수술을 할 때 나무와 인터뷰를 할 수 있었다면, 중심부가 잘리고 낯선 접가지를 자기 살 속으로 받아들여야 한다는 사실이 달갑지만은 않았을 것 같다. 하지만 나중에 여름이 되어 새 가지에 풍성한 열매들이 주렁주렁 열리면 곧 생각이 바뀔 것이다.

존 번연(John Bunyan)은 자신의 책에서 다음과 같은 말을 했다.

> 회심은 어떤 사람들이 생각하는 것처럼 부드럽고 편안한 과정이 아니다. 그것은 상처를 내는 일이고 당연히 마음이 찢어지는 아픔이 따르는 일이다. 하지만 상처가 없으면 구원도 없다. …접붙임을 하려면 베어내야 하고, 상처를 지닌 채 어린 가지를 받아들여야만 한다. 그것을 겉 표면에 고정시키거나 끈으로 묶어놓는 것은 아무런 소용이 없다. 심장과 심장이, 등과 등이 만나야 한다. 그렇지 않으면 뿌리부터 가지까지 수액이 흐를 수 없기 때문이다. 이렇게 이 일은 반드시 상처를 통해 이루어진다.[2]

어린 시절 그 과수원을 돌아다닐 때는 나의 회심 과정이 이렇게 힘들 것이라고 꿈에도 생각 못했다. 나는 내 부러진 목을 통해, 상처가 없으면 구원의 은혜도, 어떤 구원의 역사도 없다는 것을 아프게 배워야만 했다. 물론 십자가에 달리신 그리스도의 상처가 있지만, 우리가 겪는 상처도 있다. 우리는 고통과 고난을 겪음으로써 그리스도의 몸에 접붙임을 받게 된다. "우리가 하나님의 나라에 들어가려면 많은 환난을 겪어야 할 것이라"(행 14:22)고 말한 성경 말씀 그대로다.

나의 신앙생활은 상처의 역사가 되었고, 지금도 여전히 만성 통증이라는 고통을 안고 산다. 사과나무의 살아 있는 심장에 접붙임 된 가지처럼 내 심장은 하나님의 심장에 접붙임 되었다. 내가 원하든 원하지 않든 간에, 많은 의심과 두려움, 고통과 눈물을 통과하며 마음과 마음이, 등과 등이 서로 붙었다. 그것은 결단코 부드럽고 편안한 과정이 아니었다. 지금도 마찬가지다.

예수님은 요한복음 15장 5절에서 접붙임에 대해 말씀하신다. 여기서 예수님은 그의 제자들에게, 또 당신과 나에게 "나는 포도나무요 너희는 가지라 그가 내 안에, 내가 그 안에

> 모든 베어냄과 상처, 접붙임, 그리고 치유의 결과는 당신이 한 번도 맺어 본 적이 없는 열매들로 나타날 것이다.

거하면 사람이 열매를 많이 맺나니 나를 떠나서는 너희가 아무것도 할 수 없음이라"라고 말씀하신다.

어쩌면 지금 당신은 고통과 상처로 괴로운 시간을 보내고 있을지 모르겠다. 그렇다면 용기를 내라. 당신의 심장이 하나님의 심장에 접붙임 되고 있는 시간일 수 있기 때문이다. 고통이 없이는 구원의 역사가 없다. 이제 당신의 삶은 훨씬 더 많은 열매를 맺게 될 것이다. 어쩌면 당신이 본 적도 없고 알지도 못했던 열매들이 맺힐 것이다.

하나님은 사랑하는 자들을 위해 접붙임을 하신다. 이 여러 해 동안

내가 배운 사실을 기억해 두라. 하나님을 떠나서는 아무것도 할 수가 없다. 하지만 하나님 안에 있으면, 당신의 가지와 잎들에 하나님의 수액이 흐르게 되어 무엇이든 할 수 있다. 하나님이 그렇게 말씀하셨다.

어쨌든 그 모든 베어냄과 상처, 접붙임, 그리고 치유의 결과는 당신이 한 번도 맺어 본 적이 없는 열매들로 나타날 것이다.

고난의 유익을 믿는가

어쩌면 이 모든 것을 이렇게 요약할 수 있겠다.

'우리가 믿는다고 말하는 것을 진정으로 믿는가?'

당신은 정말로 이 땅에서의 삶이 잠깐 거쳐 가는 것에 불과하며, 나중에 천국에서 예수님과 함께 살게 될 것을 믿는가? 우리의 육체적인 몸이 변하더라도, 또는 무력해지거나 심각한 제한을 받게 되더라도, 그리스도와 함께 감춰진 우리의 진정한 생명은 남은 생애 동안 계속 자라서 꽃을 피우고 열매를 맺을 것이며 그 후로도 영원히 계속될 것이라고 진심으로 믿는가?

고린도후서 4장 16절에서 바울은 이렇게 말한다. "그러므로 우리가 낙심하지 아니하노니 우리의 겉 사람은 낡아지나 우리의 속사람은 날로 새로워지도다."

나와 당신에게 너무나 힘이 되는 말씀이다. 우리는 거울을 볼 때마다 겉 사람이 낡아지는 것이 어떤 느낌인지 잘 알고 있다. 하지만 내 친구에게는 그 말씀이 큰 위로가 될 뿐만 아니라 생명 그 자체다.

멜린다는 심한 당뇨병과 싸우고 있다. 정말이지 생각만 해도 가슴이 찢어질 만큼 심각한 상태다. 그 과정에서 그녀는 절단 수술로 두 다리를 잃었다. 시력도 잃었다. 그리고 손가락도 몇 개 잃었다. 그리고 얼마 전에는 나에게 전화를 걸어, 의사들이 또 하나의 손가락을 절단하려고 한다는 얘기를 해주었다. 언제나 그렇듯이 나는 그녀에게 마음이 갔다. 하지만 또한 그녀의 싸움에 감동을 받기도 한다.

그 이유는 바로 이것이다. 멜린다는 낙담하지 않았다. 당뇨병은 그녀에게서 많은 것을 빼앗아가고 있지만, 마음만은 빼앗아가지 못했다. 의사들도 그것만을 절단할 수 없다. 그녀는 한 주 한 주, 하루하루가 지날수록 정말 문자 그대로 겉 사람이 낡아지고 있다. 하지만 그리스도께 믿음과 확신을 두고 있기 때문에 결코 낙담하지 않는다. 멜린다는 그 누구도, 어떤 질병도 자신을 앗아갈 수 없다는 것을 알고 있다. 하나님이 실제로 날마다 그녀를 새롭게 회복시켜 주고 계시기 때문이다.

나는 그녀가 점점 더 강해지고 있다고 확신한다. 왜? 어떻게? 그녀의 육신이 점점 더 약해지고 있기 때문이다! 멜린다는 육체적인 능력을 잃어 갈수록 그리스도를 더욱 의지한다. 그리고 그리스도를 더욱 의지할수록 그녀는 점점 더 강해진다.

다시 한 번 묻고 싶다. 진심으로 그것을 믿는가? 예수님이 바울에게 하신 말씀, 약함 속에서 하나님의 능력이 온전해진다는 말씀이 문자 그대로 사실이라고 믿는가? 나는 믿는다. 그리고 멜린다에게도 그렇다고 믿는다. 비록 설명할 수는 없지만, 어쨌든 하나님의 아들의 능력이, 이 세상의 위대한 창조주이자 구속자의 능력이 그녀의 삶 속에서 온전해지고 있다는 것을 알고 있다.

많은 상처를 통해 그녀가 예수님께 접붙임 되고 있다는 것은 말로 설명할 수 없을 만큼 심오한 진리다. 비록 육신의 눈으로는 볼 수 없더라도, 천국과 지옥의 군대, 그리고 어쩌면 그녀보다 먼저 간 성도들이 그것을 보고 있다. 그들은 천국의 관람석을 가득 채우고 인생의 경주를 하고 있는 그녀를 응원하고 있다. 그녀의 용기와 신실함이 낳은 영원한 결과들이 어떤 의미를 지닐지 누가 아는가? 우리가 감히 추측이나 할 수 있겠는가?

대부분의 사람들이 멜린다처럼 몸이 쇠약해지는 질병을 안고 살지는 않겠지만, 겉 사람이 날마다 낡아진다는 것이 어떤 뜻인지는 잘 알 것이다. 그것은 누구나 알고 있는 사실이다. 어쩌면 지금 50대 후반에 들어서 그런 변화들이 서서히 나타나고 있을지도 모른다. 당신의 한계들, 아픔과 고통들이 당신을 깜짝 놀라게 할 수도 있다. 나의 경우엔 이런 것들이 모두 잠을 깨우는 벨소리다. 우리가 낡아질수록 날마다 하나님께 나아가 새로워지고 더 강건해질 수 있다는 것을 상기시켜 주는 작은 자명종, 펄럭이는 노란 깃발, 작은 신호들이다. 그러면 멜린다가 제일 좋아하는 성경 구절의 나머지 부분은 뭐라고 말하는지 보자.

우리가 잠시 받는 환난의 경한 것이 지극히 크고 영원한 영광의 중한 것을 우리에게 이루게 함이니 우리가 주목하는 것은 보이는 것이 아니요 보이지 않는 것이니 보이는 것은 잠깐이요 보이지 않는 것은 영원함이라(고후 4:17-18).

발과 발가락, 손과 손가락은 훌륭한 것들이지만, 잠깐 동안 이 세상에서 살도록 도와주는 일시적인 부속물들에 불과하다. 하지만 영혼은 영원하다. 그것만으로도 "잠시 환난을 받을" 가치가 있다. 멜린다에게 물어보라.

chapter 05

내가 고통중에도
살아갈 수 있는 이유들

시련을 겪고 있다면 하나님께 당신을 드리라.
그러면 밤이 지나고 새벽이 오는 것처럼,
틀림없이 흔들리지 않는 확신이
마음속에 자리 잡을 것이다. _ 에이미 카마이클

joni eareckson tada

새벽 2시, 캄캄한 한밤중에 진통제 약효가 떨어져서 잠이 달아나 버리면 나는 내 인생의 삭막한 현실에 직면하게 된다. 그리고 스스로에게 묻는다.

'이렇게 계속 살아갈 수 있을까?'

'잠 못 드는 밤을 또 어떻게 견딜까?'

'고통에 지쳐 말을 듣지 않는 몸을 이끌고 또 어떻게 하루를 살아갈까?'

'어떻게 나의 헌신을 계속 유지하고, 모범을 보임으로 다른 사람을 인도하며, '조니와 친구들'에서 내가 맡은 책임을 다 이행하고, 고통의 바이스가 나를 점점 더 죄어 올 때도 늘 기뻐할 수 있을까?'

그런 질문들이 떠오르는 것은 당연한 일이다. 다윗처럼 나는 때때로 한숨을 쉬며 이렇게 말한다. "나의 영혼이 번민하고 종일토록 마음에 근심하기를 어느 때까지 하오며 내 원수가 나를 치며 자랑하기를 어느 때까지 하리이까"(시 13:2).

하나님도 한밤중에 터져 나오는 우리의 고뇌에 찬 질문들에 상심하거나 불쾌해 하지 않으신다. 하지만 그런 질문들을 잠시 한쪽에 제쳐두고, 하나님께서 이미 몇 년에 걸쳐 나에게 주신 답들, 좋고 만족스러운 그 답들에 대해 다시 생각할 때가 있다.

1. 나는 계속 살아갈 수 있다. 하나님이 나와 함께하시기 때문에….

5년 전 몹시 무더웠던 7월의 어느 날 오후, 켄과 나는 38주년 기념식을 거행했다. 내 목이 부러졌던 1967년의 그날을 기념하는 것이었다. 실제로 우리는 몇몇 친구들을 집으로 초대하여 저녁식사로 우리 어머니의 유명한 꽃게 케이크를 먹으며 함께 축하의 시간을 가졌다.

축하라고?

그 단어의 사전적 의미는 의식이나 축제로 어떤 사건을 기념하거나 어떤 날을 지키는 것을 뜻한다. 솔직히 말해서, 내가 휠체어에 앉게 됨으로써 일어났던 그 모든 좋은 일들을 생각할 때 그보다 더 적합한 단어를 생각해낼 수가 없다. 이 특별한 기념일은 내가 사고를 당한 그 운명의 날로부터 정확히 38년이 지난 날이었고, 우리는 꽃게를 먹으며 그것을 기념했다.

그러면 안 될 이유라도 있는가?

그날 물속에서 내 여동생을 물었던 기운찬 체사피크 만의 꽃게가 아니었다면, 나는 이미 죽었을 것이다. 그 작은 게가 동생의 발가락을 덥석 깨물자, 동생은 빙빙 돌며 나에게 소리를 질렀다. "조니, 꽃게 조심해!" 캐이시(Kathy)는 내가 막 뗏목에서 뛰어내린 것을 모르고 있었다. 내 머리가 모래톱에 부딪혀 목이 다쳤다는 것을, 그래서 고개를 숙인 채 몸이 둥둥 떠 있었다는 것을 동생이 알 리가 없었다. 나는 숨을 참으며 동생이 나를 봐 주기를, 얼른 와서 날 구조해 주기를 간절히 기다렸다!

감사하게도 하나님이 꽃게를 통해 그녀의 주의를 끄셨고, 캐이시는 내가 보이지 않자 불안해졌다. 그리고 바로 그때 나의 금발머리가 수면에 떠 있는 것을 발견했다. "조니!" 그녀가 소리쳤다. "조니! 괜찮아?!" 그녀는 내가 익사하기 직전이라는 걸 몰랐다.

정말 아슬아슬한 때에 동생이 나에게 헤엄쳐 왔다. 캐이시가 나를 물에서 끌어냈을 때 나는 거품을 뿜으며 헐떡거리고 있었다. 내 팔이 캐이시의 어깨에 걸쳐져 있는 것을 보았지만 아무것도 느낄 수 없었을 때 나는 구역질이 났다. 뭔가 끔찍한 일이 일어났다는 것을 알아챈 것이다. 그때부터 내 인생은 결코 예전처럼 돌아갈 수 없었다. 그리고 그것은 아주 오래 전의 일이다.

우리는 저녁 식사를 마치고 나서 잠깐 동안 요한복음 5장을 읽으면서 기념일 저녁식사를 마무리하는 시간을 가졌다.

예루살렘에 있는 양문 곁에 히브리말로 베데스다라 하는 못이 있는데 거기 행각 다섯이 있고 그 안에 많은 병자, 맹인, 다리 저는 사람, 혈기 마른 사람들이 누워 [물의 움직임을 기다리니 이는 천사가 가끔 못에 내려와 물을 움직이게 하는데 움직인 후에 먼저 들어가는 자는 어떤 병에 걸렸든지 낫게 됨이러라] 거기 서른여덟 해 된 병자가 있더라 예수께서 그 누운 것을 보시고 병이 벌써 오래된 줄 아시고 이르시되 네가 낫고자 하느냐(요 5:2-6).

바로 거기서 우리는 멈췄다. "보세요." 내가 미소를 지으며 말했다. "오늘은 제 몸이 마비된 지 38년 된 기념일인데, 실제로 예수님이 38년 된 중풍병자를 보시고 병이 오래된 줄 아셨다고 말하고 있어요."

얼마나 놀라운 기념일 선물인가! 시간의 한계 밖에 살고 계신 우주의 주인이요, 알파와 오메가이며, 처음이자 마지막, 시간 전부터 존재하셨던 예수님이 38년 동안 다리를 못 쓰고 살아 온 세월을 오랜 시간이라고 느끼신 것이다.

"저는 참 기뻐요." 나는 고개를 저으며 말했다. "왜냐하면 전 확실히 그게 오랜 시간이라고 생각하니까요."

솔직히 고백하면, 내가 어떤 기분인지, 해마다 고통과 아픔이 더해질수록 마비된 몸과 상처를 안고 살아가기가 얼마나 괴로웠는지 하나님이 과연 알아주실까, 진정으로 이해해 주실까 의심했던 적이 더러 있었다. 내가 의심했던 것은 베드로전서 5장 10절 같은 말씀 때문이었다. "모든 은혜의 하나님이… 잠깐 고난을 당한 너희를 친히 온전하게 하시며 굳건하게 하시며 강하게 하시며 터를 견고하게 하시리라." 굳건해지고 강해진다는 부분은 마음에 들지만, 그 구절은 마치 38년의 고통을 단지 "잠깐"으로 간주하는 듯한 인상을 준다. 다시 말해, 성경은 마치 그 고통의 세월들이 눈 깜박할 사이인 것처럼 말한다. 하나님은 휠체어에서 보낸 그 시간이 얼마나 지루하게 느껴지는지 모르시는 걸까? 참을 수 없는 고통으로 잠 못 드는 밤이 얼마나 길게 느껴지는지 모르시는 걸까? 하나님은 어떤 종류의 손목시계를 차고 계신 걸까?!

그런데 사실, 하나님은 아신다. 다 알고 계신다. 내 경우엔, 요한

복음의 달콤한 말씀이 그 문제를 잠재운다. 예수님이 베데스다라는 못 옆에 멍석을 깔고 누워 있는 중풍병자를 보셨을 때, 우리는 예수님의 눈에 눈물이 가득 고인 모습을 상상할 수 있다. 예수님이 보신 것은 병을 낫게 해준다고 소문난 못가에 아무런 소망 없이 기다리고 있는 외롭고 무력한 사람만이 아니었다. 우리는 예수님이 무릎을 꿇고 앉아 그 사람을 부드럽게 어루만져 주시는 모습을 상상할 수 있다. 구세주의 마음이 그 불쌍한 영혼에게, 다리가 쇠약해져서 쓸모 없게 된 그 사람에게로 향했다. 하나님이 38년 된 중풍병을 오래됐다고 말씀하신 것은 오류가 아니다.

성경은 "그가 우리의 체질을 아시며 우리가 단지 먼지뿐임을 기억하심이로다"(시 103:14)라고 말한다. 하지만 하나님은 우리의 영원한 영혼을

> 우리의 삶 속에서 어떤 줄이 끊어졌든 간에, 우리가 집중하고 아는 것을 적용한다면 얼마든지 남은 것을 가지고도 아름다운 음악을 연주할 수 있다.

담고 있는 연약한 육신의 장막에 관하여 잘 아신다고 말씀하실 뿐만 아니라, 그보다 훨씬 더 나아가 우리의 약함을 공감하셨다. 그 결과 시간을 초월해 계셨던 주님이 시간 속으로 들어와, 그가 창조하신 인간들과 함께 시간과 날과 해가 지나는 것을 직접 체험하신 것이다. 그럴 필요가 없었지만 주님은 그렇게 하셨다. 나는 하나님의 성령이 순간순간, 매일매일 우리와 함께 삶을 체험하고 있다고 믿는다. 그분은 우리가 순종할 때 기뻐하시며(우리가 그러리라는 것을 미리 알고 계셨어도), 우리가 불순종할 때 진정으로 슬퍼하신다(세상의 기초를 놓으실 때부터 알고 계셨어도). 그분은 틀림없이 우리와 함께하시며, 우리

의 기쁨과 슬픔을 함께 나누신다. 우리의 눈물을 헤아리시며, 작은 속삭임으로 그의 임재를 알려 주신다.

어떤 사람들은 이렇게 말할지 모르겠다. "지금 당신이 얘기하고 있는 그분이 어떤 분인지 잊었습니까? 예수님은 옛적부터 항상 계셨으며, 은하수를 하늘에 흩어 놓으시고 땅의 기초를 세우신 분입니다. 그런 분께 38년은 어떤 시간이겠습니까? 심장이 한번 뛰는 시간보다 더 짧은 시간입니다!"

물론 그리스도의 영원성을 생각하면 이 세상의 어떤 시간도 1초보다 짧다. 그런 면에서 세상의 모든 역사가 지나간 어제 같고 밤의 한 순간과 같다(시 90편).

그러나 우리 주님의 인간적인 면을 생각하면, 38년은 그분의 일생보다 긴 시간이었다. 육신으로 오셨던 주님은 시간을 개인적으로 체험하며 알고 계신다. "우리에게 있는 대제사장은 우리의 연약함을 동정하지 못하실 이가 아니요"(히 4:15)라는 히브리서 저자의 말처럼 말이다. 시간을 창조하신 하나님은 모든 차원에서 시간을 이해하신다.

예수님이 세상에 오시기 전에도 예레미야 선지자가 서기관 요나단의 집에 홀로 갇혀 있을 때 그가 거기에 "여러 날" 있었다고 했다(렘 37:16). 얼마나 오래됐을까? 일주일? 한 달? 여섯 달? 일 년? 성경은 정확히 말해 주지 않는다. 다만 마음이 괴로운 선지자에게 그 지긋지긋한 곳에서 보낸 시간은 끝도 없이 길게 느껴졌을 것이 분명하다. 마침내 시드기야 왕이 의논을 하려고 그를 끌어냈을 때 선지자는 "나를 서기관 요나단의 집으로 돌려보내지 마옵소서 내가 거기에서 죽을까 두려워하나이다"(렘 37:20)라고 간청했다.

요한복음 14장 9절에서 예수님은 십자가를 지시기 직전에 빌립에게 말씀하셨다. "빌립아 내가 이렇게 오래 너희와 함께 있으되 네가 나를 알지 못하느냐 나를 본 자는 아버지를 보았거늘 어찌하여 아버지를 보이라 하느냐?"

얼마나 오래 함께 있었는가? 아마 3년에서 3년 반 정도? 그것이 그렇게 긴 시간이었을까? 예수님이 생각하시기에는 그랬다. 틀림없이 빌립과 다른 제자들이 주님의 정체에 관해 이해하기에 충분히 긴 시간이었다. 사실 여기서 예수님이 사용하신 "오래"라는 단어는 '방대한 시간'으로도 번역할 수 있다.

예수님과 제자들이 가버나움에서 예루살렘으로 백 마일을 걸어가셨을 때도 오랜 시간이 걸렸다. 또 예수님이 6시간 동안 십자가에 못 박혀 계실 때 그 6시간은 아주 긴 시간이었다. 6분이라도 길었을 것이다.

꽃게 케이크로 기념일 저녁식사를 한 지 몇 년이 지났다. 이제 나는 휠체어에서 생활한 지 40년이 넘었고, 내 뼈들은 그 어느 때보다 가늘고 약해졌다. 성경에서는 40이라는 숫자가 주로 시험받는 기간을 의미한다. 노아의 방주 때 40일 동안 비가 내린 것처럼, 예수님이 광야에서 40일 동안 시험받으신 것처럼, 또는 이스라엘 백성들이 40년 동안 광야에서 헤맨 것처럼 말이다.

하나님은 사지마비 상태로 보낸 40년을 어떻게 생각하실까? 나는 얼마 전에 여호수아 24장 7절을 읽으면서 답을 얻었다. 거기서 하나님은 백성들이 애굽을 떠난 후 겪었던 모든 시련들을 자세히 이야기해 주신다. 그리고 "너희가 많은 날을 광야에서 거주하였느니라"고 부드럽게 말씀해 주신다.

해가 갈수록 하나님의 인자하심도 똑같이 점점 더 커져 가는 것 같다. 아마 이사야 43장 18-19절에서 "너희는 이전 일을 기억하지 말며 옛날 일을 생각하지 말라 보라 내가 새 일을 행하리니"라고 말하는 이유가 그 때문일 것이다.

내가 이 세상에서 과연 기적적인 치유를 보게 될지 나는 알지 못한다. 하지만 보통 40년 동안 시험을 받고, 40년 동안 시련을 당하고 나면 언제나 승리와 능력과 기쁨의 순간이 온다는 것은 알게 된다. 메릴랜드에서 목을 다쳤을 때 나를 향한 하나님의 계획이 펼쳐지기 시작했고, 하나님의 인자하심으로 다른 장애인들에게 다가가기 위한 사역을 이끌어 온 지 40년이 되었다. 내가 아는 것은 해마다 더 많은 장애인들이 우리 모임에 들어와 그리스도의 고난을 함께 나누고 있다는 것뿐이다. 하나님의 영광을 위해 살고자 하는 사람들이 더 많아지고 있다. '마비에도 불구하고'가 아니라 '마비 때문에' 하늘이 내려준 미소를 갖게 된 기적의 사람들이 더 많아지고 있다.

시간에 대한 이런 성경 말씀들이 최근 끝없는 고통과 싸우고 있는 나에게 얼마나 중요한지는 말로 다 설명할 수가 없다. 만일 나의 하나님이 몇 년에 한 번씩 영원 세계의 일을 잠시 제쳐두고 나를 체크하러 오시는 분이라고 생각했다면, 내가 얼마나 살 수 있었을지 모르겠다.

만성적인 고통에 시달릴 때 나의 삶은 날짜 단위에서 시간 단위로, 때로는 분과 초 단위로 축소된다. 밤에 육체적 고통에 시달리며 잠들지 못하고, 움직이지도 못하고, (또다시) 켄을 깨워 내 몸을 돌려 달라고 말하고 싶지 않을 때, 그땐 정말 숨 쉴 때마다, 심장이 뛸 때마다, 순간순간마다 하나님이 나에게 관심을 가지고 돌봐주신다는 것을 기억해야 한다.

나 역시 다윗처럼 주님이 나의 육체적, 감정적 필요에 세심한 관심을 기울이고 계신다는 것을 인정한다.

> 내가 아프고 심히 구부러졌으며
> 종일토록 슬픔중에 다니나이다
> 내 허리에 열기가 가득하고
> 내 살에 성한 곳이 없나이다
> 내가 피곤하고 심히 상하였으매
> 마음이 불안하여 신음하나이다
> 주여 나의 모든 소원이 주 앞에 있사오며
> 나의 탄식이 주 앞에 감추이지 아니하나이다(시 38:6-9).

또한 다윗처럼 언제나 변함없이 세심하게 마음을 써 주시는 하나님을 찬양한다.

> 하나님이여 주의 생각이 내게 어찌 그리 보배로우신지요 그 수가 어찌 그리 많은지요 내가 세려고 할지라도 그 수가 모래보다 많도소이다(시 139:17-18).

이 시편 말씀을 보면 마치 한 폭의 그림을 보는 듯하다. 온 세상에 있는 모든 모래언덕과 사막과 해변의 모래들을 한 군데에 다 쏟아부어, 그것들이 구름에까지 이르는 것을 상상해 보라. 그것이 하나님께서 자녀들 한 사람 한 사람을 생각하시는 마음이다. 다윗은 하나님의 생각이 모래알보다 많다고 했다. 지혜롭고, 사랑 넘치고, 배려 깊고, 세심하고, 조심스럽고, 열정적이고, 한없이 보살펴 주는 생각들이 밤이고 낮이고, 당신이 살아 있는 동안, 그리고 그 후로도 영원히 계속해서 밀려들어온다. 하나님께서 당신에 대해 생각하시는 것은 하루 86,400초보다 더 많다.

그 생각을 하면 나는 계속 나아갈 수 있다. 그것은 내 능력으로 할 수 없을 것 같을 때도 계속 앞으로 나아갈 수 있게 해주는 진리다. 그리고 또 한 가지가 있다.

2. 나는 계속 살아갈 수 있다. 그분이 망가진 악기로도 멋진 음악을 연주할 수 있기 때문에….

칼럼니스트 잭 라이머(Jack Reimer)는 자신의 글에서 위대한 바이올리니스트 이츠학 펄만(Yitzhak Perlman)에 대해 소개했다. 펄만은 어렸을 때 많은 소아마비로 목발을 짚고 걸으며 양 다리에 보조기를 차고 다닌다. 그는 보통 공연을 할 때 미리 무대에 앉아 있지 않고, 질서정연하게 천천히 무대로 걸어 들어와 의자에 앉는다. 그 다음에 목발을 바닥에 내려놓고, 다리의 버클을 풀고, 몸을 구부려 바이올린을 집어 든다. 그리고 지휘자에게 고개를 끄덕여 인사를 하고 연주를 시작한다. 라이머가 묘사한 대로, 이 의식에는 어떤 위엄이 있다.

1995년 연주회에서는 도중에 펄만의 바이올린 줄 하나가 갑자기 딱 소리를 내며 끊어졌다. 관람석에 있던 모든 사람들이 그 소리를 들을 수 있었다. 그 훌륭한 음악의 대가는 연주를 멈추고 끊어진 줄을 뚫어지게 쳐다보았다. 그날 밤 그 자리에 참석한 사람들은 그가 어떻게 할지 매우 궁금했다. 펄만은 눈을 지그시 감더니 잠시 생각을 한 후에 지휘자에게 다시 시작하자는 신호를 보냈다.

음악을 아는 사람이라면 단 세 줄만으로 교향곡을 연주하는 것이 불가능하다는 것을 알 것이다. 하지만 펄만은 굴하지 않았다. 이 위대한 연주자는 세 줄 바이올린으로 한 번도 들어보지 못한 소리를 내기 위해 새로운 운지법을 고안해 냈고, 머릿속으로 악보를 다시 만들면서 연주를 계속해 갔다.

영원 세계에서 우리가 어떻게 살게 될지는 바로 지금 우리 앞에 놓인 삶에 순간순간 어떻게 반응하는지에 따라 결정된다.

지적인 뉴욕의 관객들은 그 모습을 지켜보며 경이로운 마음으로 그의 음악에 귀를 기울였다. 그들은 정말로 획기적인 공연을 보고 있었다. 곡이 끝나자 관중석에서 박수갈채가 쏟아졌다. 펄만은 미소를 지으며 이마의 땀을 닦았다. 그리고 부드럽고 공손한 어조로 이렇게 말했다. "때로는 우리에게 남은 것을 가지고 얼마나 많은 음악을 연주할 수 있는지를 찾아내는 것이 예술가가 할 일입니다."

그것이 나로 하여금 계속 살아갈 수 있게 해주는 또 하나의 진리다. 우리의 삶 속에서 어떤 줄이 끊어졌든 간에, 우리가 집중하고 아는 것을 적용한다면 얼마든지 남은 것을 가지고도 아름다운 음악을 연주할 수 있다. 사실 그것은 아무도 똑같이 연주할 수 없는 매우 특별한 음악이 될 것이다.

이것이 내가 그 긴 세월 동안 휠체어에서 배운 교훈이다. 그리고 요즘 밤낮으로 끊임없이 밀려드는 고통 속에서 다시 배워야만 했던 교훈이다. 때로 당신은 남아 있는 것을 가지고, 삶에서 뭔가 새롭고 색다른 것을 이끌어내야 하다. 그럴 때 인생은 새롭게 재구성된 일련의 화음으로 더욱 풍성해지게 된다.

그 비유대로라면, 심한 장애를 가진 사람들은 평범한 바이올린이 아니다. 또한 하나님은 우리의 삶 속에서 평범한 연주를 하지 않으신다.

심신을 약화시키는 상해, 불치병, 또는 만성적인 육체적 고통에 시달리는 사람들은 오케스트라에서 일반적인 악기가 아니다. 건강한 사람들이 육체적인 힘과 기동성과 활력을 가지고 할 수 있는 모든 일을 우리는 할 수 없다. 망가진 악기로 음악을 연주하려면 특별한 기술이 필요하다. 그 연주를 해내는 사람은 충분히 인정받고 영광을 받을 만하다.

하나님이 바로 그런 분이다. 하나님은 가장 의외의 악기들을 가지고 가장 훌륭한 음악을 연주하여 견줄 데 없는 아름다움을 만들어내시는 분이다. 그분은 골치 아픈 육체적 질병으로 괴로워하며 분투하고 있는 바울에게 이렇게 말씀하신 분이다. "내 은혜가 네게 족하도다 이는 내 능력이 약한 데서 온전하여짐이라"(고후 12:9).

이처럼 하나님의 멜로디, 곧 비할 데 없고 믿기지 않을 정도로 아름다운 천상의 음악은 부서지고 망가지고 완전히 굴복한 인간의 그 롯에서 나올 때 온전해진다.

그것은 부서져 겸손하게 굴복한 악기에서만 나올 수 있는 음악이다. 나는 또한 그것이 하늘과 땅에서 정말 특별한 방법으로 하나님께 영광을 돌리는 것이라고 믿는다. 바로 그런 생각이 나로 하여금 계속 살아갈 수 있게 해준다.

조명이 밝은 콘서트홀에서 연주되는 음악보다 어둠 속에서 연주되는 음악이 더 큰 영적인 힘을 가질 때가 있다. 몇 년 전, 필리핀에서 열린 대규모 목회자 수련회에 참석했다가 연주회를 보기 위해 객석에 앉아 있던 기억이 난다. 나는 특히 우기에 그런 이국적인 장소에와 있다는 사실에 마음이 들떠 있었다. 아니나 다를까, 밖에는 강한 비가 쏟아지는데 커다란 홀 안에는 많은 사람들이 작은 필리핀 악단의 연주를 즐기고 있었다. 그들의 음악은 난해하고 활기찼으며 관객들은 그들의 연주에 푹 빠져들었다.

그런데 갑자기 요란한 천둥소리가 홀을 뒤흔들었다. 그리고 곧바로 온 콘퍼런스 홀이 암흑 속에 빠졌다. 강한 비바람에 전기가 나간 것이다. 하지만 아무도 시각장애인 악단에게 그 상황을 설명해 주지 않았다! 그 캄캄한 홀 안에서 음악가들은 전혀 동요하지 않고 침착하게 한 박자도 놓치지 않고 연주를 했다.

그들의 노래가 끝나자 관객석에서 우레와 같은 박수갈채가 터져 나왔다. 어둠으로 인해, 하나님이 이 시각장애인 음악가들에게 주신 특별한 재능이 아주 독특하고 놀라운 방법으로 드러난 것이다. 그날 밤 정말로 찬양의 열기를 더 뜨겁게 달군 것은 바로 이 예술가들이 어둠을 뚫고 연주했다는 사실 때문이었다.

우리가 하나님을 위해 살 때도 그와 같다. 물론 하나님이 우리의 길을 비춰 주시고 우리가 그분을 따를 때 우리의 삶에는 찬양이 울려 퍼진다. 어쨌든 제자는 스승을 따라가야 한다. 하지만 당신의 길을 비춰 주는 불빛이 없고, 하나님을 따라 어두운 시간들을 지날 때는 하나님을 향한 찬양 소리가 훨씬 더 커지고 찬양의 열기도 더 뜨거워진다.

알려지지 않은 시편 저자, 에스라 사람 에단은 국가적인 암흑의 시대에 이런 글을 썼다. "즐겁게 소리칠 줄 아는 백성은 복이 있나니 여호와여 그들이 주의 얼굴 빛 안에서 다니리로다…주는 그들의 힘의 영광이심이라"(시 89:15-17).

빛이 없어서 악보를 읽을 수 없을 때도 마음으로 하나님을 아는 자들은 연주를 계속 한다. 그리고 그 음악은 어두움 자체를 바꾸며, 그 안에 찬양이 거하게 한다.

3. 나는 계속 살아갈 수 있다. 예수님이 나의 위로가 되시기 때문에….

지난주일 오후에는 기분이 정말 우울했다. 교회에 못 가고 침대에만 있어야 했기 때문이다. 가끔 한 번씩 통증 때문에 그런 일이 있는데, 이번에는 특히 더 기분이 우울했다.

나는 옆에다 노트북 컴퓨터를 두고 옆으로 누워 있었다. 음성 명령으로 컴퓨터를 제어할 수 있다는 걸 알고, 몇 가지 성경 구절을 찾아보려고 성경 소프트웨어 프로그램을 열었다.

팝업 창들이 여러 개 열렸는데, 그중 하나가 찰스 스펄전의 기도문이었다. 대개 나는 그런 기도문들을 닫고 바로 성경공부로 들어간다. 그러나 그것은 위로하시는 성령의 역사였다. 마침 격려가 필요했던 때에 성령이 이렇게 속삭이시는 것을 느꼈다. '어서 나에 관한 글을 읽어 봐라!' 그래서 그 글을 읽었는데 정말 잘한 선택이었다. 그것은 그만이 묘사할 수 있는 성령의 역사에 관한 글이었다.

그는 "예수님이 우리를 응원하신다"고 말했다. 그 짧은 문장이 나의 시선을 끌었다. 예수님은 물리적으로 함께 계시지는 않지만 성령을 통해 우리를 응원하신다. 물론 성령의 역할은 죄를 깨닫게 하고 우리의 마음을 조명하고 가르치는 것이다. 하지만 성령의 주된 사역은 지친 마음을 기쁘게 해주고, 약한 자를 세워 주고 인정해 주며, 풀이 죽어 있는 자들을 일으켜 주고, 위로해 주는 것이다. 그리고 성령은 이 모든 일들을 그리스도를 통해서 하신다.

성령은 위로하시는 분이지만, 예수님은 위로 그 자체시다. 성령은 의사 역할을 하실 수 있지만 그리스도는 약과 같은 존재다. 성령은 병을 치유해 주시지만 길르앗의 유향, 곧 주 예수님을 통해 그 일을 하신다. 성령은 위로자이시나 예수님은 참된 위로이시다. 성령은 그 자신의 것들이 아니라 그리스도의 것들에 초점을 두신다. 스펄전은 우리가 그런 풍성한 공급을 받고 있는데 왜 슬퍼하거나 낙담하느냐고 했다. 자비로우신 성령은 나의 위로자가 되어 주기로 약속하신다. 그분은 나에게 그리스도를 보여 주기 위해 내 곁에 계신다. 행복할 때나 삶이 평탄하고 편안할 때는 내가 예수님을 바라보지 않기 때문이다.

또한 성령은 당신의 거룩한 임무를 진지하게 받아들이신다. 우리를 도와줌으로써 그리스도의 이름을 높이는 것이 그분의 가장 큰 기쁨이요 즐거움이며 하나님의 명령이기도 하다. 성령이 우리를 격려해 주라는 성부의 명령을 무시하거나 소홀히 하겠는가? 절대로 그럴 리가 없다. 당신을 강하게 하는 것은 성령의 일이며, 그분의 사랑의 임무를 절대 게을리 하지 않으실 분이다. 그는 당신의 마음을 강하게 하고 기쁘게 해주기 위해, 또 당신에게 확실한 약속들을 상기시켜 주기 위해 당신의 마음속에 살고 계신다.

그 주일 오후에 내 마음을 강하게 해준 아름다운 약속은 이사야 61장 말씀이었다. "상한 마음을 싸매어 주고, …모든 슬퍼하는 자들을 위로하게 하셨다. …슬퍼하는 사람들에게 재 대신에 화관을 씌워 주시며, …괴로운 마음 대신에 찬송이 마음에 가득 차게 하셨다"(새번역).

오후가 지나고 저녁이 될 무렵, 나는 완전히 다른 사람이 되어 있었다. 여전히 아파서 침대에 누워 있었지만 마음은 평안했다.

내가 이 장의 제목으로 정한 '내가 고통중에도 살아갈 수 있는 이유'는 당신의 삶 속에서 성령이 하시는 일과 딱 맞아떨어진다. 그리고 성령은 그 일을 매우 진지하게 받아들이신다. 그분은 이미 그 일을 하고 계신다. 당신이 귀를 기울이면 성령이 당신의 영혼 깊숙한 곳에 예수님의 위로의 말씀들을 들려주실 것이다.

4. 나는 계속 살아갈 수 있다. 지금 이 순간이 영원히 중요하기 때문에….

이런 생각이 아주 세게 나를 강타했던 때가 있었다. 몇 년 전 어머니가 아직 메릴랜드 농장에 살고 계실 때 켄과 함께 마지막으로 어머니를 방문했을 때의 일이다. 나는 어머니의 모습에 거의 충격을 받았다. 87세가 된 어머니의 모습은 어릴 적 내 기억에 남아 있는 건강하고 힘이 셌던 한 여인의 그림자, 약하고 비쩍 마른 그림자에 불과해 보였다. 나는 어머니가 육체적으로나 정신적으로 쇠퇴하고 있다는 것을 알았지만, 그날 그 모습은 정말이지 충격이었다.

어머니는 우리 가족 모임에서 신경이 예민해져 있었고, 즐겨 부르던 노래와 가장 좋아하는 찬송가 가사들을 기억하지 못하셨다. 어머니가 우리 이모한테 뭔가 말을 하려고 하시는데 적절한 단어를 찾지 못해 당황하시며 거의 어찌할 바를 몰라 하시던 모습이 생각난다.

이제 어머니는 저 세상에서 내 아버지와 함께 주님과 교제하고 계실 것이다. 분명 영원히 젊은 새 몸을 입고 감탄하시며 전혀 힘들지 않게 끊임없이 기쁨을 표현하시며 하나님을 찬양하고 계실 것이다. 하지만 우리가 마지막으로 메릴랜드에서 보낸 그 며칠 동안 어머니의 약한 모습을 보면서 언젠가 죽어야 할 나 자신의 운명에 대한 두려움이 강하게 엄습해 왔다. 나는 어머니를 보고 처음으로 이런 생각이 들었던 것 같다. '저곳이 바로 내가 가야 할 곳이고… 우리 모두가 가는 곳이구나.'

그 생각을 하니 정신이 번쩍 들면서 삶이 얼마나 중요한지 다시금 깨닫게 되었다. 다른 사람의 고난을 지켜보든 자신이 직접 고통과 싸우든, 사람들은 대개 고난에 직면하게 되면 아주 거대하고 우주적인 문제를 생각하게 된다. 즉 우리가 가야 할 하늘나라, 절대로 가지 말아야 할 지옥, 지금 이 세상에서 진지하고 신중하게 살아야 할 삶을 생각하게 된다.

우리의 영혼은 바로 지금 대규모의 영적 전쟁이 벌어지고 있는 전쟁터와 같다. 그리고 우리가 생각하는 것 이상으로, 정말 어마어마한 것들이 걸려 있는 싸움이다.

이 세상에서 하나님의 자녀들(어떻게 고난에 맞서야 하는지 본보기가 필요한 사람들)과 아직 예수님의 주권에 무릎 꿇지 않은 자들(믿는 자들이 여러 가지 삶의 상황들에 어떻게 대응하는지 봐야 하는 사람들)이 우리를 지켜보고 있다. 또한 이 세상뿐 아니라 영적인 세계에서 우리를 지켜보는 눈들도 있다. 천사들과 마귀들이 우리를 지켜보며 모진 시련과 고난 속에서 우리가 하나님을 의지하는지 주목하고 있는 것이다. 그리고 어쩌면 우리보다 먼저 간 사람들도 우리를 지켜보고 있을 것이다. 어떤 사람들은 히브리서 12장 1절을 보면서, 성도들이 말 그대로 천국 관람석에 앉아서 우리의 싸움을 지켜보며 믿음의 승리를 거두도록 응원하고 있다고 해석하기도 한다.

지금 이 순간이 영원을 위해 중요한 또 한 가지 이유가 있다. 신약성경은 큰 고난을 당하면서도 자신의 소명에 충성을 다한 사람들에게 영원한 상급을 약속하는 구절들로 넘쳐난다. 예수님은 고난당하는 서머나 교회의 신자들에게 이렇게 말씀하셨다. "너는 장차 받을 고난을 두려워하지 말라 …네가 죽도록 충성하라 그리하면 내가 생명의 관을 네게 주리라"(계 2:10).

우리의 짧은 인생의 하루하루가, 그리고 매시간이 좋든 나쁘든 영원한 삶에 영향을 미치는 것이다. 영원 세계, 그리고 그곳에서 우리가 어떻게 살게 될지는 바로 지금 우리 앞에 놓인 삶에 순간순간 어떻게 반응하는지에 따라 결정된다.

그래서 하나님이 우리에게 그 관련성을 깨닫게 해주시는 것이다. 우리에게 삶이 쉬운 길이 아니라는 것에 매우 감사한다. 만일 쉬운 길이라면, 하나님이 때때로 우리에게 지옥의 맛을 보여 주지 않으신다면, 우리는 금세 이 세상이 우리 집이 아니라는 것을 잊어버릴 것이다. 또한 하나님이 때때로 우리의 눈을 열어 주셔서 우리가 가담하고 있는 이 영적 싸움의 중요성을 보게 해주시는 것도 감사하다. 하나님은 우리가 경험하는 기쁨 속에서 거룩한 영광을 미리 맛보게 해주시고, 또 고난 속에서 지옥을 미리 맛보게 하심으로써 그것을 깨닫게 해주신다.

오늘 우리가 무엇을 경험하고 있든 간에, 그 안에서 영적인 일들을 깨달을 수 있다. 그것이 또한 나로 하여금 계속 나아갈 수 있게 해준다. 지금 나의 삶 속에서 "계속 나아가는 것"은 쉽지 않은 일이다. 하지만 앞으로 나아가야 하며, 또 나아갈 것이다. 하나님이 나를 집으로 부르실 때까지. 이 세상에서 하나님을 위해 살 수 있는 날들이 얼마나 더 남았든지 간에, 그 하루하루가 내겐 영원히 중요하다.

세 모퉁이에 있는 세 가지 말씀

월요일부터 금요일까지 매일 아침마다 5명의 친구들이 돌아가면서 나를 집에서 일터까지 데려다 준다. 도중에 네 번의 정지신호등이 있고, 좁은 곳에서 회전을 하여 101번 도로로 들어서고, 출구로 나간 다음, 또 세 번의 신호등을 지나, 우회전을 해 아고라 로드로 간다. 레이디페이스 코트(Ladyface Court)로 가기 전 신호등이 하나 더 있고, 그 다음에 바로 언덕을 오르면 국제 장애인 센터(International Disability Center)가 나온다. 하지만 나는 마지막 신호등은 중요하게 생각하지 않는다. 신호등까지 거리가 넉넉해서 길게 브레이크를 밟아 천천히 정지해도 되기 때문이다.

내가 이렇게 그 노선의 모든 굽은 길과 교차로들을 일일이 기억하고 있는 것은, 차가 정지하고 회전할 때마다 내 등에 심한 통증이 오기 때문이다. 그래서 나는 고속도로를 달릴 때면 항상 친구들에게 부탁한다. "제발 서행 차선 말고 다른 차선으로 가 줄래? 트럭들이 다니는 길은 너무 울퉁불퉁해서 말이야."

직장까지 차를 타고 가는 것은 힘든 일이지만, 일단 도착하면 기분이 좋다. 우리 접수계원은 최근에 그곳을 "천국의 작은 조각"이라고 불렀다. 정말 그렇다. 우뚝 서 있는 커다란 센터는 나를 매일 이곳에 오게 하는 비전을 상기시켜 준다. 그것은 '복음을 전하고 전 세계에 그리스도를 영화롭게 하는 교회들을 세워 장애로 고통 받는 사람들을 전도하고 훈련하는 것'이다.

오늘 아침에 샌디가 운전을 해서 나를 레이디페이스까지 데려다 주었을 때도 나는 한숨과 미소를 지으며 말했다. "매일 얼마나 많은 사람들이 삶을 변화시키는 일을 하게 될까요?"

"우리가 해야죠." 그녀는 백미러로 미소를 지으며 말했다. 나는 센터 정문 옆에 있는 장애인 진입로 표지판을 지나 휠체어를 밀고 엘리베이터가 아니라 경사로 쪽으로 갔다.

나는 항상 경사로를 택한다. 로비 한가운데 있는 경사로를 따라 천천히 올라가 채플을 지나 2층에 있는 내 사무실로 간다. 나는 항상 채플에 제일 먼저 들르려고 한다. 물론 비서가 기다리고 있고, 내 책상 위에는 살펴보아야 할 서류들이 쌓여 있고, 오전 10시 30분에는 인터뷰가 있다는 걸 안다. 하지만 잠깐이라도 하나님과 시간을 보내지 않으면 내 등의 통증들을 머릿속에서 지울 수가 없다. 그 시간에는 항상 이곳에 오게 해주셔서 감사하다는 말과 그 고통을 치유해 달라는 기도가 빠지지 않는다.

계속해서 2층으로 올라가다 보면 중간 중간에 평평한 곳이 세 군데 있는데, 각각 부드러운 라벤더 색 벽에 커다란 필기체로 성경 구절이 새겨져 있다.

첫 번째 구절은 나의 목적을 상기시켜 준다. 내가 왜 침대에서 나와 힘든 아침을 보내고 새로운 고통을 참아가며 센터까지 왔는지, 그 이유를 상기시켜 주는 것이다. 그것은 우리 모두가 이곳 '조니와 친구들'에 있는 이유기도 하다. 곧 밖으로 나가 장애인들을 찾아 데리고 오는 것이다.

> 잔치를 베풀거든 차라리 가난한 자들과 몸 불편한 자들과 저는 자들과 맹인들을 청하라 그리하면 그들이 갚을 것이 없으므로 네게 복이 되리니(눅 14:13-14).

경사로의 다음 모퉁이를 돌면 두 번째 평평한 곳이 나온다. 두 번째 벽은 하나님이 내 앞에 두신 임무를 수행하기 위해 하나님이 예비해 두신 것을 말해 준다. 그리고 약한 자들에게 베풀어 주시는 하나님의 특별한 은혜를 상기시켜 준다.

내 은혜가 네게 족하도다 이는 내 능력이 약한 데서 온전하여짐이
라 하신지라 그러므로 도리어 크게 기뻐함으로 나의 여러 약한 것들
에 대하여 자랑하리니 이는 그리스도의 능력이 내게 머물게 하려 함
이라(고후 12:9).

그리고 마지막 모퉁이의 마지막 구절은 우리 주님이 곧 다시 오셔
서 그의 흩어진 가족들을 모으시고 오래 전에 부서진 것들을 고쳐
주실 것이라는 확신을 준다.

그때에 맹인의 눈이 밝을 것이며 못 듣는 사람의 귀가 열릴 것이
며 그때에 저는 자는 사슴 같이 뛸 것이며 말 못하는 자의 혀는 노래
하리니 이는 광야에서 물이 솟겠고 사막에서 시내가 흐를 것임이라
(사 35:5-6).

세 번째 성경 구절을 읽으면 항상 눈물이 난다. 채플에서 시간을
보내고 나서도 허리와 등 아래쪽의 찌르는 듯한 통증이 사라지지 않
았기 때문이다. 이 글을 쓰고 있는 지금도 그렇다. 아니 사실은 점점
더 심해지고 있다. 오늘은 휠체어보다는 사무실에 있는 작은 침대에
서 일을 해야 할 것 같다.

하나님이 도움과 치유를 구하는 나의 부르짖음을 듣지 않으신 걸
까? 나는 분명히 들으셨다고 확신한다. 하지만 하나님이 가장 잘 아
시는 어떤 이유들로 인해 통증은 계속되고 있다.

언제까지 이런 일이 계속될까? 출근길에 정지신호를 만날 때마다

찌르는 듯한 아픔을 느끼고, 사무실까지 경사로의 세 모퉁이를 천천히 돌아 올라갈 때도 그 고통이 나를 따라다니는 날들이 얼마나 더 계속될까? 물론 나는 알 수 없다. 하지만 경사로 세 모퉁이의 세 벽에 새겨진 그 구절들은 계속해서 나에게 이야기하며 나의 앞길을 비춰 주고 또 내가 또 하루를 버티며 계속 나아갈 수 있게 도와주고 있다.

첫 번째 모퉁이 : "잔치를 베풀어라… 가난한 자들에게… 그러면 네게 복이 되리니."

다른 말로 하면 이렇다. '내 딸아, 계속해서 내 이름으로 쇠약하고 낙심하고 절망하는 자들에게 다가가라. 계속해서 나의 손과 발과 눈과 귀가 되어 그것이 없는 자들을 도와주어라. 네가 할 수 있는 데까지 이 일을 해라.'

두 번째 모퉁이 : "내 은혜가 네게 족하도다 이는 내 능력이 약한 데서 온전하여짐이라."

'내 딸아, 나는 너의 필요를 잊어버리지 않았다. 너의 상처를 못 보지 않았고, 너의 고통을 무시하지 않았고, 도움을 구하는 너의 부르짖음에 귀를 막지 않았고, 어떤 식으로든 내 은혜를 너에게서 거두어 가지 않았다. 나는 네게 필요한 것을 공급해 줄 것이고, 계속해서 너의 가장 약한 순간들을 통해 나의 능력을 보여 줄 것이며, 나를 높이고 섬기려는 너의 가장 미약한 시도들을 영광스럽게 해줄 것이다.'

마지막 모퉁이 : "그 때에 저는 자는 사슴 같이 뛸 것이며."

'내가 다시 온다. 나를 기다려라! 네가 구하는 도움이, 어쩌면 네가 생각하는 것보다 더 큰 도움이 바로 모퉁이를 돌면 있을 것이다. 저 수평선 너머를 보아라. 보이느냐? 구름들이 이미 갈라지고 있다. 나는 건강과 힘과 기쁨과 마르지 않는 샘 같은 생명을 가지고 오고 있다. 내가 모든 것을 새롭게 하고 있다.'

경사로의 세 모퉁이, 세 군데의 평평한 곳, 영원히 새롭고 신선한 세 개의 성경 말씀. 때로는 고통 때문에 눈을 뜨기도 힘든 요즘 나에게 삶은 어떤 의미일까?

사명, 하나님의 채워 주심, 그리고 소망. 여전히 수행해야 할 임무, 여전히 유효한 약속, 계속해서 지평선을 바라보게 하는 소망.

지금은, 오늘은, 그것으로 족하다.

나의 동반자, 남편 켄
하나님은 나를 치유하는 대신 잡아 주는 쪽을 택하셨다.
고통이 심할수록 하나님은 나를 더 꼭 안아 주신다.
그리고 남편을 선물로 주셨다.

chapter 06

먹든지 마시든지 주를 위하여

사랑은 우리 자신에게 어떤 희생이 따르더라도 사람들이 하나님의 영광에
사로잡히도록 돕기 위해 우리가 할 수 있는 일을 다 하는 것이다.
그럴 때 사람들은 만족을 얻고 하나님은 영광을 받으신다.
따라서 사람들을 사랑하는 것과 하나님을 영화롭게 하는 것은 하나다. _ 존 파이퍼

joni eareckson tada

하나님이 2년 동안 계속되어 온 이 끝없는 고통과의 싸움에서 나를 치료해 주신다면, 나는 말할 수 없는 기쁨으로 하나님께 큰 영광을 돌릴 것이다.

하지만 하나님 자신을 위해, 또는 우리가 헤아릴 수 없는 이유들로, 마침내 천국으로 가는 여객기를 탈 때까지(나는 창가 쪽 자리에 앉고 싶다) 그 고통이, 날카롭고 깊은 내 육신의 가시가 어떤 형태로든 남아 있게 하신다면, 그래도 나는 하나님의 가장 귀한 이름(구원하시고 치유하시는 거룩한 이름)에 영광을 돌리며 내 삶을 다 바칠 것이다.

반드시 그럴 것이다!

하지만 어떻게 하면 될까? 우리 자신이 오랫동안 달갑지 않은 슬픔과 스트레스, 질병, 재정적 상실, 관계상의 아픔을 겪고 있거나 인생의 갖가지 골짜기에서 번민에 시달리고 있다면 어떻게 해야 할까? 그리고 하나님께 영광을 돌리는 것이 도대체 어떤 의미가 있는 것일까?

구약 성경에서 영광이라는 단어는 무게나 중요성을 나타내는 것이었다. 그것은 주로 위엄이나 탁월함, 또는 권위의 외적, 물리적 표

155

현을 나타낼 때 사용되었다. 반면 신약 성경에서는 밝음, 광휘, 광채를 나타내고 있다.

구약과 신약에 나오는 영광의 개념을 통합하여 간단하게 정리해 보면 다음과 같을 것이다. '우리가 하나님의 이름을 영화롭게 할 때 하나님은 우리가 그의 명성에 무게와 중요성을 더할 기회를 주신다. 어두운 세상에 하나님의 위대한 이름의 빛과 광채를 나타낼 수 있는, 말할 수 없이 귀한 특권을 우리에게 허락해 주시는 것이다.'

물론 그것에 대해 말하자면 끝도 없을 것이다. 깨알 같은 글씨로 수천 권의 책을 써도 그 주제를 완전히 다루지 못할 것이다. 하지만 지금은 이 정도의 간단한 정의로 만족하자.

나는 지난 40년간 저술과 강연, 그림, 노래, 상담을 통해, 또 장애인들의 대변자로서 사역해 오면서 예수님의 위대한 이름에 무게를 더했다고 믿는다. 그리고 그것을 매우 기쁘게 생각한다.

하지만 여기서 간단하게 '만약에'라는 가정을 해본다. 만일 고통이 더 커지거나 장애가 더 심해져서 내가 그 사랑의 활동들 중 일부나 전부를 할 수 없게 된다면 어떨까? 그땐 어떻게 할까? 그래도 여전히 하나님께 영광을 돌릴 수 있을까? 여전히 어떻게든지 하나님의 가장 귀한 이름에 무게를 더할 수 있을까? 여전히 나의 구세주이자 친구이신 주님이, 내가 주님과 주님의 사랑을 위해 애쓰는 것을 보시고 고개를 끄덕이며 미소를 지어 주실까? 그렇다. 나는 그럴 것이라고 굳게 믿는다.

우리의 모든 삶에서 하나님께 영광을 돌리는 것보다 더 중요한 것은 없다고 생각하기 때문에, 지금쯤 이 주제에 대한 몇 가지 생각을 나누었으면 한다. 시련을 당하거나 활동에 제한을 받을 때 우리는 어떻게 그리스도께 영광을 돌릴까?

1. 그리스도의 임재 안에서 호흡한다.

몇 년 전 양쪽 폐에 염증이 생겨서 오랫동안 고생한 적이 있다. 폐렴에 걸리는 것은 누구에게나 힘든 일이지만, 사지마비 환자에게는 …정말이지 악몽 같은 시간이었다.

9일 동안 병원에 입원해 있었는데, 솔직히 말하면 그때 나는 하나님이 나를 데려 가실지도 모른다는 생각을 했다. 가슴이 답답하고 가래가 끓는데, 가만히 누워서 머리를 들어 올려 기침을 할 수도 없었다. 침대에 앉거나 최소한 팔꿈치를 이용해 몸을 일으킬 수도 없다고 상상해 보라. 때로는 보이지 않는 손이 보이지 않는 베개로 내 얼굴을 압박하고 있는 것 같은 느낌도 들었다.

증세가 심한 날 밤에는 훌륭한 나의 남편이 병실에 의자 두 개를 붙여 놓고 내 침대 옆에서 잠을 잤다. 그러면 내가 가래를 내뱉어야 할 때마다 몸을 일으키도록 도와줄 사람이 있다는 사실에 한결 안심이 되었다.

그렇게 병원에서 지내던 어느 날, 의사가 매우 도움이 되는 조치를 해주었다. 산소통을 내 침대 옆에 두어서 숨이 막힐 것 같은 느낌이 들 때 좀 더 편안하게 숨을 쉴 수 있게 해준 것이다. 살아오면서 산소가 그렇게 고마웠던 적이 없다! 때때로 숨을 쉬는 것이 너무 힘든 밤에는 내 얼굴 위에 산소마스크를 씌워 주었다. 그러면 얼마나 편안해졌는지!

그렇게 아프기 전까지는 아무런 생각 없이 숨을 들이마시고 내쉬었다. 대부분의 사람들처럼 나 역시 숨을 쉬는 것에 대해 인식조차 하지 못하고 살았다. 하지만 병원에서 내가 알게 된 것은, 우리가 느끼든 느끼지 못하든 간에 숨 쉬는 순간순간마다 우리가 참으로 살아 있다는 것이다.

우리는 자연스럽게 숨을 들이마신다. 하지만 나는 그것이 기정사실 이상의 의미가 있다는 것을 폐렴을 앓으면서 다시금 알게 되었다. 그것은 특별한 선물이었다! 산소는 우리 몸의 생명이며 호흡이다.

나는 우리의 참된 생명이요, 호흡이신 예수님에 관해서도 이처럼 너무나 당연해서 무시해 왔다는 것을 깨닫게 되었다. 사도행전 말씀대로 우리는 주님을 힘입어 살며 기동하며 존재한다(17:28). 하지만 종종 생명을 유지시켜 주는 주님의 은혜를 당연시하기가 매우 쉽다. 우리는 매일 주님의 사랑을 들이마시고, 주님의 은혜를 들이마시고, 주님의 도움을 들이마신다.

그러면 무엇을 내쉬는가? 우리를 향한 하나님의 변치 않는 사랑에 무감각해진 마음이다. 어떤 면에서 하나님의 임재는 매우 단조롭게 느껴진다. 그래서 우리가 하나님을 떠나서는 아무것도 할 수 없는 존재라는 사실을 잊거나 둔감해지는 것이다(요 15:5).

이런 지루하고 산란하고 피상적인 마음 상태에 빠져 있는 사람들은 하나님께 합당한 영광을 돌리지 못한다. 말라기에는 이스라엘 역사에서 하나님의 제사장들이, 다시 말해 하나님의 영광을 지켜 내고 배가시킬 의무가 있었던 자들이 그분과의 사랑의 관계에서 멀어져 하나님을 전혀 영화롭게 못했다는 슬프고 가슴 아픈 이야기가 적혀 있다.

자신들이 하는 일에 싫증을 느끼고 냉소적이었던 제사장들은 병든 짐승들을 하나님의 제단에 바쳤다. 아무도 귀하게 여기지 않는 쓸모없는 가축들을 바친 것이다. 그런 것들을 바치며 그들은 "이 일이 얼마나 번거로운고!"라고 말했다. 우리는 쉽사리 그들이 교대로 하나님의 거룩한 성전을 지키면서 하품을 하거나 시계만 쳐다보고 있는 모습을 상상해 볼 수 있다. 아마 지금이었다면, 친구들에게 문자메시지를 보내고 있거나 아이폰으로 게임을 하고 있었을 것이다.

하나님은 실제로 그들에게 "나는 큰 임금이요 내 이름은 이방 민족 중에서 두려워하는 것이 됨이니라"

> 예수님은 우리가 매일 매순간 구하는 생명의 호흡이다. 그 사랑을 들이마셔라. 그러면 자연스럽게 감사를 내쉬게 될 것이다.

(1:14)라고 거듭 말씀해 주셔야 했다. 이스라엘의 거룩한 자를 대표했던 이들이 자신과 하나님과의 관계에 대해 매우 무심하고 냉담해지자 하나님은 다른 곳에서 그의 영광을 찾으셔야만 했다.

우리는 하나님의 영광에 대해 안심하고 있을 여유가 없다. 자신의 신앙생활을 자동조종장치에 맡겨 두는 것은 사실상 "육신 안에서 행하는 것"이나 다름없다. 우리가 방심할 때, 매우 귀중한 것을 당연시할 때, 우리의 기도는 이내 지루해지고 간증은 무미건조해지며 하는 일마다 활기가 없고 이기심의 무게에 눌려 인간관계마저 축 늘어지게 될 것이다. 더 나쁜 것은, 우리 구세주와의 교제, 가장 귀한 친구와의 교제가 지루한 일상이 되어 버리는 것이다. 이것은 우리의 생각 속에서 하나님이 생명력을 잃어버리는 것과 같다. 곧 하나님이 우리 마음속에서 거의 나무로 만든 형상이나 우리의 행동을 평가하는 잣대 정도로 전락해 버리는 것이다. 옛날 옛적에 우리에게 구원을 주셨던 분, 사람들이 일반적으로 막연하게 믿는 존재가 되어 버리는 것이다. 이렇게 되면 우리는 더 이상 하나님께 영광을 돌리지 않는다.

어떻게 그런 일이 일어날까? 우리가 하나님의 생명을 들이마시는 일에 소홀해질 때 그런 일이 생긴다. 구원의 주님을 당연시할 때 그런 일이 생긴다. 우리가 어떻게 그렇게 크나큰 구원을 당연시할 수 있단 말인가?

만약 우리가 하나님없이 초자연적인 삶을 살려고 한다면 그야말로 무감각하고 기계적인 삶을 살게 될 것이다. 사도 바울이 로마서 6장 11절에서 "너희 자신을… 그리스도 예수 안에서 하나님께 대하여는 살아 있는 자로 여길지어다"라고 말하는 이유가 바로 이 때문이다. "여긴다"는 것은 매일 조사하고 의식적으로 자신을 살아 있는 자로 간주하는 것이다. 나는 그리스도 예수 안에서 하나님께 대하여 살아 있는 자다.

예수님은 우리가 매일 매순간 구하는 생명의 호흡이다. 당신의 현재 상태나 처지가 어떠하든지 간에 하나님의 사랑을 들이마셔라. 그러면 자연스럽게 감사를 내쉬게 될 것이다. 이것은 내가 침대에 갇혀 있을 때나 숨이 막힐 듯한 고통의 좁은 통로를 지나갈 때도 할 수 있는 일이다.

극심한 고통에 시달릴 때는 많은 일들을 할 수 없다. 하지만 그때도 하나님의 임재를 들이마시고 나의 감사를 내쉬는 것은 가능하다. 나는 여전히 하나님의 은혜와 용서를 들이마시고 나의 감사와 사랑을 내쉴 수 있다. 하나님의 인자하심과 순간순간의 도우심을 들이마시고, 하나님이 나와 함께하신다는 고백을 내쉴 수 있다.

그렇게 할 때, 비록 때로는 천사들 외에는 아무도 보는 이가 없더라도 하나님의 명성에 무게를 더하고 하나님의 광채에 빛을 더하게 될 것이다. 또한 그로 인해 나의 삶이 가치 있는 것이 된다.

2. 하나님의 징계를 경시하지 않는다.

나는 다음의 문제에 대해서 곰곰이 생각해 보았다. '지금 내가 겪고 있는 이 고통이 나를 향한 하나님의 일종의 징계일 수도 있을까?' 이것은 매우 어려운 문제다. 물론 나 역시 우리가 겪는 많은 고난이 하나님이 사용하시는 징계 수단일 때가 많다고 생각한다. 내가 '형벌"이라고 하지 않았음에 주목하라. 나의 모든 죄에 대한 형벌은 예수님이 십자가 위에서 다 받으셨다. 예수님이 나의 죄로 인한 하나님의 진노를 다 받으셨기에 나는 그것을 겪지 않아도 된다.

그럼에도 불구하고 하나님은 우리를 너무나 사랑하시기에, 우리가 죄에 빠지도록 내버려 두지 않으시고 그 죄의 결과를 경험하게 하신다. 그 말은 우리가 이따금씩 하나님의 징계의 회초리를 맞고 아픔을 느끼게 될 수도 있다는 뜻이다. 이런 해석이 마음에 안 들 수도 있고 심지어 경멸하고 싶을 수도 있다. 누구나 그렇듯이 하나님의 책망과 징계의 손길이 임할 때는 많이 아프기 때문이다. 하지만 히브리서 12장 7-9절 말씀이 지혜로운 조언을 해준다.

> 너희가 참음은 징계를 받기 위함이라 하나님이 아들과 같이 너희
> 를 대우하시나니 어찌 아버지가 징계하지 않는 아들이 있으리요 징
> 계는 다 받는 것이거늘 너희에게 없으면 사생자요 친아들이 아니니
> 라 또 우리 육신의 아버지가 우리를 징계하여도 공경하였거든 하물
> 며 모든 영의 아버지께 더욱 복종하며 살려 하지 않겠느냐

나는 그림을 그릴 때 이 성경 말씀을 자주 생각한다. 내가 제일 좋
아하는 그림들은 항상 가장 혹독한 훈련을 통과한 그림들이다. 나는
기본 밑그림을 수도 없이 지우고 고치면서 수많은 타격을 가하고 상
처를 입힌다. 캔버스 위에 훌륭한 작품을 그려내야 한다고 붓을 재
촉한다. 유화 물감들을 섞으면서도 물감에게 많은 것을 요구한다.
색상환에서도 찾아볼 수 없는 아주 미묘한 색깔이 나오기를 기대하
면서 말이다. 내가 좋아하는 그림들은 모두 나의 협박과 괴롭힘을
받으며 탄생했다. 하지만 액자에 끼워 '조니와 친구들' 로비에 전시
해 놓았을 때 사람들에게 가장 많은 찬사를 받은 것 또한 이 그림들
이다.

물론 모든 고난이 하나님의 징계는 아니다. 당신이 나와 비슷한 처
지의 사람이라면, 하나님이 당신을 꾸짖거나 훈계하신다고 생각하
여 움츠러들 수도 있을 것이다. 하지만 나는 아주 훌륭한 충고를 받
아들였다. 그것은 "내 아들아 주의 징계하심을 경히 여기지 말며 그
에게 꾸지람을 받을 때에 낙심하지 말라 주께서 그 사랑하시는 자를

징계하시고"(히 12:5-6)라는 말씀이다.

우선 자신의 고난을 가볍게 여기는 극단에 치우지지 말라. 곧 그것이 혼자서도 해결할 수 있는 사소한 문제들이며 어떤 도움도 필요하지 않다고, 특히 하나님의 도움이 필요하지 않다고 생각하는 것이다. 그리고 금욕주의자나 순교자도 되지 말라. 그것은 상황을 더 악화시킬 뿐이다. 그보다는 성령과 협력하여 당신의 삶 속에서 하나님의 뜻을 이룰 수 있는 방법을 보여 달라고 간구하라.

또 다른 극단은 낙심하는 것이다. 다시 말해 하나님이 당신을 쓰러뜨리려고 하시거나 버럭 화를 내시며 영원히 화를 풀지 않으실 것이라고 생각하여, 감정적으로 무너지거나 완전히 절망에 빠지는 경우다. 하지만 하나님은 당신을 쓰러뜨리려 하지 않으신다. 그분은 당신이 바로 서서 올바른 삶을 살기 시작할 때까지 당신의 치유를 보류하시며 흥을 깨는 분이 아니다. 그분은 당신이 "살려 주세요!" 하고 소리칠 때까지 더 아프게 팔을 비트는 커다란 괴물 같은 분이 아니다. 당신의 마음속에 하나님과 하나님의 징계에 관한 건전치 못한 두려움이 조금이라도 있다면 그것을 제거해 달라고 기도하라.

자, 이제 원래 질문으로 돌아가 보자. 나의 고통은 나를 징계하시는 하나님의 방법인가? 내가 말할 수 있는 것은, 하나님의 사랑은 오로지 나의 삶 속에서 순수하고 칭찬할 만한 것을 찾아내려고 한다는 것이다. 하나님의 징계에 관해 말하자면, 하나님은 오직 나에게 가장 유익한 것만 생각하시는 분이다. 즉 예수님의 형상이 나의 인격 속에서, 또 당신의 인격 속에서 아름답고 찬란하게 빛나기를 바라신다. 그러므로 힘들고 불편한 상황들이 계속된다면, 그것을 가볍게 여기지 말라. 하지만 더 중요한 것은 낙심하지 않는 것이다. 하나님은 당신의 삶 속에서 아주 특별한 일을 행하려 하신다!

3. 항상 에너지를 가득 충전한다.

얼마 전 나와 같은 비행기를 탄 승객들이 모두 비행기를 갈아타야 하는 상황이 벌어졌다. 터미널까지 가는 버스가 없어서 나는 휠체어를 밀면서 빙 돌아서 가야 했다. 그런데 게이트에 도착했을 때 휠체어의 배터리가 거의 다 닳아 있었다. 전날 밤에 배터리를 충전했어야 하는데 깜빡 잊은 것이다. 물론 나중에 후회해 봐야 소용없는 일이었다.

그 상황에서 나는 한 가지 커다란 교훈을 배웠다. 언제나 배터리를 가득 충전해 놓아야 한다는 것이다!

그것은 전동 휠체어보다 훨씬 더 깊은 영향을 미치는 교훈이다. 내가 다이하드 배터리를 가득 충전해 놓아야만 하루를 지낼 수 있는 것처럼, 그리스도인으로서의 나의 삶도 그와 같아야 한다. 간신히 하루를 버틸 만큼만 하나님의 능력을 받으면 된다는 안일한 태도로는 하루를 살아갈 수가 없다. 하나님이 나에게, 당신에게 원하시는 것은 가득 충전된 상태를 유지하는 것이다.

"부지런하여 게으르지 말고 열심을 품고 주를 섬기라 소망중에 즐거워하며 환난중에 참으며 기도에 항상 힘쓰며"(롬 12:11-12).

다른 번역본을 보면 다음과 같이 말하고 있다. "우리가 주를 위해 일할 때에 나태해져서 일을 망치지 말고 영적인 불이 항상 타오르게 하십시오."

다시 말해서 당신의 연료가 떨어지지 않게 하라는 말이다. 당신의 불빛이 흐릿해지거나 꺼지지 않게 하라. 당신의 배터리가 소모되지 않게 하라.

우리는 사도행전 6장에서 이러한 태도의 예를 볼 수 있다. 초대 교회는 식당에서 봉사하며 음식을 나눠줄 집사들이 필요했다. 그래서 일곱 명을 뽑았는데 그중 한 명이 스데반이었다. 그 장에서 스데반은 "믿음과 성령이 충만한" 사람으로 묘사되고 있다. 두 구절 뒤에는 "은혜와 권능이 충만한" 사람이라고 소개되고 있다. 다시 말해 스데반의 영적인 연료 탱크는 항상 가득 차 있었다.

하지만 왜 그랬을까? 단지 식당 봉사와 음식을 나눠 주는 일을 하는 젊은 남자가 하나님의 능력으로 가득 충전되어 있어야 할 필요가 있었을까? 내가 아는 바로는, 식당 봉사와 과부들에게 음식을 나눠 주는 일이 그렇게 어려운 일은 아니다. 이것은 일상의 평범한 일들로 분류된다. 그렇지 않은가?

하지만 스데반은 성령과 함께하지 않으면, 하나님의 말씀을 공급받고 기도로 가득 채워지지 않으면 하루 일과를 시작하지 않았다. 그리고 그 결과는 어떠했는가? 이 사람은 평범한 집사가 아니었다. 하나님의 능력이 그의 삶 속에 넘쳐흘렀기 때문에 보이지 않는 곳에서 하는 그의 봉사가 교회에 대변혁을 일으킬 수 있었던 것이다. 스데반의 증언은 거부할 수 없을 만큼 강력하였기에 유대인 지도자들도 그를 당할 길이 없었다. 할 수 없이 그들은 사람들을 매수하여 스데반에 대해 거짓말을 하게 하였고, 그로 인해 스데반을 체포했다. 그 다음에 이어지는 스데반의 메시지는 성경 전체에서 가장 담대하고 힘 있는 메시지에 속한다.

영혼의 원수가 하는 말에 넘어가지 말라. 그는 오늘 당신이 맡은 일들은 시시하고 평범하며 특별하거나 대단한 것이 하나도 없다고 말한다. 당신의 배터리를 항상 충전해 놓으라. 그러면 자연히 다른 사람들에게 강한 영향을 끼치게 된다. 스데반처럼 믿음과 성경으로 가득 충전되어 있으면 결코 평범한 사람이 되지 않을 것이다.

또한 하나님께 영광을 돌리게 될 것이다.

4. 겸손한 마음을 지닌다.

하나님이 우리를 겸손하게 하시고 하나님을 의지하게 하시는 방법이 마음에 들지 않는가?

나도 그 과정이 늘 감사하다고 말할 수는 없지만, 그 결과들은 소중히 여긴다! 내가 무슨 말을 하는지 알 것이다. 당신은 자기 일을 잘해 내고 있고, 사람들에게 좋은 모습, 좋은 인상을 보여 주고 있으며, 일관성 있게 행동하고 있다. 그런데 갑자기 '쾅!' 하는 소리와 함께 당신을 받쳐 주고 있던 버팀목이 쓰러지면서 앞으로 넘어지게 된다. 이런 일들이 종종 있지 않은가?

한번은 어느 유명한 콘퍼런스에서 할 강연을 준비하고 있었다. 정말 흔치 않은 기회였다. 많은 법인 단체의 중역들, 다양한 재단과 학교의 이사장들, 대학 총장들이 그곳에 참석할 예정이었다. 나는 특별히 더 심혈을 기울여서 메시지를 준비했고, 모든 것을 "제대로" 하려고 했다. 나가서 직접 새 옷을 사 입었을 뿐만 아니라, 친구들한테 내 휠체어를 윤이 나게 닦아 달라고 부탁하기까지 했다. 나는 이 프레젠테이션을 완벽하게 해내고 싶었다.

그런데 콘퍼런스 장소로 출발하기 3일 전, 정말 한 번도 일어난 적이 없던 일이 일어났다. 휠체어를 타고 밖으로 나갔는데, 뭔가 쿵쿵쿵 하는 느낌이 들었다. 어깨 위에서 아래를 내려다보니, 세상에, 놀랍게도 휠체어의 바퀴가 터져 있었다. 바퀴 속에 있던 거품이 마구 부풀면서 흘러나오기 시작했다. 마치 바퀴 옆쪽에 커다랗고 추한 종양덩어리가 생긴 것 같았다. 정말 끔찍한 광경이었다. 빨리 조치를 취하지 않으면 곧 타이어 바람이 다 빠진 상태로 가야 한다는 생각이 들었다.

켄에게 그 상황을 알리니, 그는 곧바로 자신이 애용하는 은색 접착테이프를 가지러 갔다. 나는 불신의 눈으로 그를 쳐다보았다. "접착테이프? 지금 내 타이어에 접착테이프를 붙이겠다는 거예요?" 켄은 새 타이어를 구할 수 있을 때까지는 그 방법밖에 없다고 설명했다. 그는 접착테이프로 내 타이어를 겹겹이 감쌌다(그 일을 하면서 아주 즐거워하는 것 같았다). 거품 때문에 부풀어 오른 부분을 봉쇄하기 위해 바퀴를 빙 둘러가며 꼭꼭 감쌌다.

"됐어. 이제 바퀴를 굴려 봐." 켄이 말했다.

나는 천천히 앞으로 가 보았다. 여전히 쿵쿵거리긴 했지만 그래도 다행히 바퀴 테두리는 무사했다. 하지만 휠체어는 정말 초라하기 그지없었다. 내 친구는 그걸 보더니 이렇게 말했다. "음, 조니, 그러니까 말이지… 그걸 타이어 장신구 정도로 생각하면 어떨까?"

솔직히 제일 처음 든 생각은 이랬다. '오, 안 돼. 이런 모습으로 콘퍼런스에 가야 한다니. 타이어에 커다란 종양이 생긴 것 같잖아!'

하지만 그런 생각이 떠오르자마자, 이것이 단지 하나님께서 나를 겸손하게 하시는 방법이라는 것을 깨달았다. 어쩌면 여러분도 셔츠에 커피 얼룩이 진다든가, 앞니에 시금치가 낀다든가, 검정 스웨터에 온통 비듬이 떨어져 있다든가 하는 경험들이 있었을지 모르겠다. 내 경우엔 흉측하고, 품위 없고, 단번에 눈에 띄는 휠체어 바퀴의 접착테이프 붕대가 그것이었다.

놀라운 사실은 그렇게 아무것도 아닌 것들이 그 동안 자기 자신에게 집중해 왔던 우리의 모습을 드러낸다는 것이다. 하지만 나의 그런 허영심에도 불구하고 하나님은 내게 은혜를 베풀어 주셨다. 켄이 급히 여기저기 전화한 덕에, 우리는 다행히 콘퍼런스가 시작되기 전에 새 타이어를 구할 수 있게 되었다. 나는 그제야 안도의 한숨을 내쉬었다. 하지만 바로 그때 신명기 8장 16절 말씀을 마음에 새겼다. "이는 다 너를 낮추시며 너를 시험하사 마침내 네게 복을 주려 하심이었느니라."

내가 나 자신과 하나님을 동시에 영화롭게 할 수 없으며, 나 자신의 이름과 명성에 무게와 빛을 더할 수 없다는 것은 명백한 사실이다. 이사야 42장 8절에서 하나님은 이렇게 말씀하신다. "나는 여호와이니 이는 내 이름이라 나는 내 영광을 다른 자에게, 내 찬송을 우상에게 주지 아니하리라."

그러므로 우리의 오만한 콧대를 꺾는 상황들을 하나님이 허락하실 때는 다 합당한 이유가 있다는 것을 알아야 한다. 나는 베드로 사도의 권면처럼 하나님의 능하신 손 아래서 겸손할 것이다. 때가 되면 하나님이 나를 높여 주실 것이니 말이다(벧전 5:6).

5. 어린아이처럼 경탄하는 삶의 자세를 지닌다.

최근에 18개월 된 어린 아들을 키우는 한 친구와 오후 시간을 함께 보낸 적이 있다. 벤자민은 파란 눈에 담황색 머리카락을 가진 약간 조숙해 보이는 전형적인 남자아이다. 그 애는 공과 블록을 정말 좋아하는데 무엇보다도 자신의 삶을 사랑하는 것 같았다.

벤자민이 아는 단어가 몇 개 있는데, 가장 자주 튀어나오는 말은 "오, 와우!"이다.

그 녀석에게 소리 나는 새 장난감을 보여 주면 지체없이 "오, 와우!"라고 외친다. 잠깐 산책하러 나갔다가 길에서 애벌레라도 한 마리 발견하면 이번에도 "오, 와우!" 하고 탄성을 지른다. 뭐든지 "오, 와우!"다. 벤자민에게는 모든 것이 새롭고 흥미진진하고 경이롭다. 이제 막 포장을 풀어 본 생일선물처럼 말이다. 이처럼 우리의 삶에도 경탄할 일들이 모든 구석구석에서 기다리고 있다. 온갖 물건들과 동물들, 풀과 하늘, 다른 아이들, 심지어 휠체어를 타고 온 손님들까지 벤자민을 깜짝 놀라게 하고 즐겁게 해주듯이 말이다. 벤자민은 정말로 즐겁게 삶을 받아들이고 있는 것 같다!

오리, 공, 작은 벌레들을 보면서 감탄을 아끼지 않는 벤자민의 모습을 지켜보면서, 우리가 하나님과 하나님이 하신 일들에 대해 그 아이처럼 "오, 와우!" 하고 감탄하는 태도를 계속 유지할 수 있다면 얼마나 좋을까 하는 생각이 들었다.

> 나로 말하자면 이 휠체어에서 하나님을 섬기며 지내는 하루가, 고통 없이 내 발로 서서 자기만족에 빠져 사는 천 날보다 낫다.

아마 다윗도 유대의 들판에서 아버지의 양들과 함께 밤하늘의 은하수를 바라보면서 다음과 같은 시를 썼을 것이다.

주의 손가락으로 만드신 주의 하늘과 주께서 베풀어 두신 달과 별들을 내가 보오니 사람이 무엇이기에 주께서 그를 생각하시며 인자가 무엇이기에 주께서 그를 돌보시나이까(시 8:3-4).

하늘이 하나님의 영광을 선포하고 궁창이 그의 손으로 하신 일을 나타내는도다 날은 날에게 말하고 밤은 밤에게 지식을 전하니 언어도 없고 말씀도 없으며 들리는 소리도 없으나(시 19:1-3).

"오, 와우!"와 같은 뜻의 고대 히브리어 단어가 뭔지는 잘 모르겠지만, 다윗 역시 하나님의 장엄한 작품에 경탄하며 그런 말들을 했을 것이라 믿는다.

사도 바울에게도 그런 순간이 있었다. "오호라 나는 곤고한 사람이로다 이 사망의 몸에서 누가 나를 건져내랴"는 질문에 답하면서 그는 하나님을 찬양한다. "하나님께 감사하리로다… 이제 그리스도 예수 안에 있는 자에게는 결코 정죄함이 없나니"(롬 7:24-25, 8:1).

다른 말로 "오, 와우!"라고 말한 것이다.

조금 뒤에 그는 이렇게 말한다. "내가 확신하노니 사망이나 생명이나 천사들이나 권세자들이나 현재 일이나 장래 일이나 능력이나 높음이나 깊음이나 다른 어떤 피조물이라도 우리를 우리 주 그리스도 예수 안에 있는 하나님의 사랑에서 끊을 수 없으리라"(롬 8:38-39).

내가 벤자민처럼 입을 크게 벌리고 '이건 내 마음에 다 담을 수 없을 만큼 엄청난 사실이야! 와우, 정말 대단해!'라고 생각하는 말씀 가운데 하나이기도 하다.

삶에 대해 크게 감사하고 경탄하는 마음은 정말 귀한 선물이다. 벤자민에게는 그런 마음이 자연스럽게 생기는 것 같다. 그것은 억지로 이끌어 내거나, 찾아 낼 수도 없고, 위조해 낼 수도 없다.

우리도 하나님의 작품들과 그분의 성품을 즐기다 보면, 정말로 즐기다 보면, 어느 순간 "오, 와우!"라는 감탄사가 저절로 나올 것이다. 우리가 하나님을 귀하게 여길수록 하나님의 말씀 속으로 더 깊이 들어가, 무엇이든지 순수하고 정직하고 칭찬할 만한 것들을 생각하게 되며, "오, 와우!" 하고 감탄하는 우리의 모습을 더 많이 발견하게 될 것이다.

냉소주의는 감탄하는 마음을 순식간에 무력화시켜 버린다. 심술 궂고 감사할 줄 모르는 마음은 감탄이 우리 마음속에 들어오는 것을 허락하지 않을 것이다. 하지만 우리가 진심으로 다윗처럼, 또는 어린 벤자민처럼 하나님께 영광을 돌리려고 노력한다면, 아무리 적대적인 환경이라 할지라도 수줍고 연약한 야생화처럼 순전한 삶의 기쁨이 다시 자라날 것이다.

6. 온 마음으로 섬긴다.

오늘 아침 나에게 옷을 입혀 주고 휠체어에 앉혀 주려고 온 친구에게 인사를 하면서 제일 먼저 한 말은 "오, 친구! 우리가 오늘도 주님을 섬기게 되었네!"라는 말이었다.

다나는 소리 내어 웃었다.

하지만 나는 고통이 있든 없든, 그런 식으로 나 자신을 깨워야 한다. 마비된 몸 때문에 약간 피곤하더라도, 심지어 만성 통증 때문에 녹초가 되었어도, 우울한 표정을 짓거나 부루퉁해 있거나 투정을 부릴 수는 없다. 하나님께서 나를 살아 있게 해주셨으니까, 그래서 내가 아직 여기 있으니까! 그것은 또한 내 인생에 목적이 있고, 계획이 있고, 달려야 할 경주가 있다는 뜻이기도 하다. 하나님은 오늘 내가 최선을 다해 당신께 영광을 돌리고 기쁨으로 섬길 수 있도록 정해 놓으셨다.

그러므로 오늘 무슨 일이 있더라도 있는 힘을 다해 하나님을 의지하며 "오, 친구! 오늘도 하나님을 섬기게 되었어!"라고 말하는 것이다.

그런 마음자세를 갖는 것이 하나님의 명령이라는 것을 알고 있는가? 시편 100편에 보면 "기쁨으로 여호와를 섬기라"는 말씀이 있다. 그것은 선택사항이 아니다. 기쁨으로 하나님을 섬기는 것은 좋은 제안이 아니다. 하나님은 "네가 오늘 나를 섬길 때 조금만 웃어 줄래? 나한테는 그것이 정말 중요하단다. 네가 바른 마음자세를 가지면 참 좋겠구나"라고 말씀하시지 않는다. 기쁨으로 하나님을 섬기는 것은, 우리가 어쩌다 생각이 나거나 마음이 내킬 때 하는 일이 아니다. 그것은 하나님이 우리에게 명령하신 일이다.

당신이 누구든, 오늘 어떤 상황에 처해 있든 간에, 하나님은 당신에게 기쁨으로 하나님 나라의 일을 할 것을 명령하신다. 또한 그 명령은 당신이 휠체어에서 생활하는 사지마비 환자든, 학교에 아이들을 데려다 주거나 데리러 가는 부모든, 수업을 들으러 가는 학생이든, 병원의 레지던트든, 성경 공부를 인도하려고 준비하는 사람이든 누구에게나 적용된다. 그것은 전임사역자나 주부, 접시 닦는 사람, 주차 단속반, 모두에게 중요한 명령이다. 하나님의 아들, 딸로서 당신이 하는 일들은 모두 주의 이름으로 섬기는 것이다. 그리고 하나님은 당신이 무엇을 하든지 주님께 하듯이 마음을 다해 하라고 하신다. 나는 '마음을 다해'라는 말을 좋아한다. 그것은 '행복하게'라는 뜻이기 때문이다. 기쁨으로, 행복한 마음으로 하나님을 섬기라. 그것은 선택사항이 아니다.

하나님은 신명기 28장 47-48절에서 당신의 백성들에게 다음과 같이 말씀하셨다. "네가 기쁨과 즐거운 마음으로 네 하나님 여호와를 섬기지 아니함으로 말미암아… 여호와께서 보내사 너를 치게 하실 적군을 섬기게 될 것이니."

하나님을 섬기는 것만으로는 부족하다. 반드시 기쁨과 즐거운 마음으로 섬겨야 한다. 그렇지 않으면 하나님을 기쁘게 해드릴 수 없다. 신명기 28장 말씀을 근거로, 시무룩하고 지루하게, 짜증내거나 화를 내면서 하는 봉사는 하나님이 축복해 주지 않으신다고 까지 말할 수 있겠다.

이 글을 쓰다 보니 새로 사귄 친구 팸이 생각난다. 그녀는 과거를 청산하고 독립하려는 매춘 여성들을 위한 집에서 살고 있다. 할리우드 중심가에 있는 그 집은 화려한 도시의 슬럼가에서 이루어지는 매춘과 마약 거래에서 도망친 젊은 여자들을 위한 피난처이자 안전한 장소다. 그 집을 운영하고 있는 엘시는 그 슬럼가를 걸으며 거리의 여자들에게 그리스도를 소개하고 있다. 그들 중 진정으로 자신의 삶이 바뀌기 바라고 책임감 있게 새 출발을 하고자 하는 사람이라면 누구나 엘시의 집에 머물 수 있다.

팸도 그런 새 신자들 중 한 사람이다. 그녀는 부드러운 마음을 가진 그리스도인이지만, 몸에는 칼자국과 주사 바늘 자국이 가득하며 문신이 새겨진 팔은 많이 손상되었다. 하지만 그녀는 아주 특별한 그리스도인이다. 그녀가 엘시의 집에서 새로 맡은 역할을 설명해 주는데, 그 목소리에는 진심에서 우러나오는 기쁨이 있었다.

"저는 화장실과 욕실을 깨끗이 청소하고 있어요!" 그녀는 매우 의욕적인 목소리로 소리쳤다. "그게 제 일이고, 전 그 일이 마음에 들어요!" 팸은 자신의 삶에 체계가 생기고, 안전한 주변 환경에, 진짜로 하나님 나라에서 섬기는 일을 하게 된 것에 매우 감사했다.

엘시의 집을 방문했던 그날, 그녀가 부지런히 맡은 일을 하고 있는 것을 보니 시편 84편 10절 말씀이 생각났다. "주의 궁정에서의 한 날이 다른 곳에서의 천 날보다 나은즉 악인의 장막에 사는 것보다 내 하나님의 성전 문지기로 있는 것이 좋사오니." 팸이라면 그 구절을 이렇게 바꿔 쓸 수 있을 것 같다. "엘시의 집에서 지내는 한 날이 길거리에서 보내는 천 날보다 나은즉 대로변의 싸구려 여인숙에 사는 것보다 이 경건한 여자의 집에서 화장실을 청소하는 것이 더 좋습니다."

나는 자신의 일에 대한 팸의 겸손하고 행복한 마음가짐에 깊은 감동을 받았다. 그녀가 화장실 청소를 하면서 느끼는 기쁨은 그리스도의 몸 안에서 자기가 맡은 역할을 분명하게 인식함으로써 솟아나는 기쁨이었다. 이 책을 읽고 있는 독자들 중에 팸과 같은 환경에 처한 사람은 거의 없을 것이다. 하지만 우리 각 사람은 매일 삶 속에서 소매를 걷어붙이고 온갖 일들을 하고 있다. 그것은 자동차 오일을 교환하는 일일 수도 있고, 프린터기에 잉크 카트리지를 교체하는 일, 모텔 방의 시트를 가는 일, 어린 아기나 노부모의 기저귀를 가는 일일 수도 있다. 팸처럼 이런 일들을 그리스도를 섬기는 일로 여길 때 우리는 "하나님의 성전 문지기"로 있는 기쁨을 발견하게 될 것이다. 그것은 "너희가 먹든지 마시든지 무엇을 하든지 다 하나님의 영광을 위하여 하라"는 고린도전서 10장 말씀을 실천하는 것이다.

그리스도의 왕국에서 섬기는 하루가 자기 파괴적인 쾌락을 추구하며 사는 천 날보다 훨씬 낫다.

그리고 나로 말하자면 이 휠체어에서 하나님을 섬기며 지내는 하루가, 이 무자비한 고통 속에서도 하나님을 나타내며 사는 하루가 고통 없이 내 발로 서서 자기만족에 빠져 사는 천 날보다 낫다. 그것이 팸과 나 같은 사람들이 매일 배우고 있는 교훈이다.

7. 나의 모든 것을 쏟아 붓는다.

내가 제일 좋아하는 성경 이야기 중 하나는 귀한 향유를 주님께 쏟아 부은 마리아의 이야기다.

그 향유에 대해 늘 궁금했던 것이 있었다. 그것이 얼마나 오랫동안 마리아와 마르다, 나사로의 집 선반 위에 놓여 있었는가 하는 것이다. 궂은 날을 대비해 따로 돈을 모으는 것처럼, 그 귀한 것을 작은 나무 상자 안에 고이 간직해 두었을까? 아니면 먼지가 앉은 채로 선반 위에 그대로 두었을까? 얼마큼 높은 선반이었을까? 향유가 부모님이나 조부모님들로부터 물려받은 집안의 소중한 가보는 아니었을까?

틀림없이 그것을 드린 것은 마리아 혼자서 결정한 일이었던 것 같다. 그녀가 그것을 가장 귀한 친구에게 부었을 때 마르다나 나사로가 반대했다는 이야기는 그 어디에도 없다. 그 향유를 어떻게 쓸지는 마리아에게 달린 일이었다.

물론 마리아는 그것을 계속 간직해 둘 수도 있었다. 병을 깨뜨려 주 예수님께 붓지 않고, 선반 위에 올려놓고 먼지가 뽀얗게 앉게 놔둘 수도 있었다. 하지만 그랬다면 구주 예수님이 십자가를 향해 가실 때 경건한 여자의 희생적인 사랑의 향기가 오래도록 남지 않았을 것이며, 이 이야기가 전 세계 수많은 언어와 방언으로 전해지지도 않았을 것이다.

나는 마리아가 궂은 날을 대비해 자신의 특별한 보물을 아껴 두지 않은 것이 참 기쁘다. 그녀가 손도 대면 안 될 만큼 귀중한 가보로 그것을 통 안에 고이 간직해 두지 않아서 참 감사하다. 그리고 그것을 깨뜨려 주님께 부어서 얼마나 감사한지 모른다. 예수님은 그 모든 것을 쏟아 부어도 전혀 아깝지 않은 유일한 분이다.

마리아가 그 향유를 가지고 한 일은 내게 여러 가지 깨달음을 준다. 그리스도를 향한 섬김, 헌신, 사랑으로 "그 모든 것을 쏟아 붓는 것"은 특별한 의미가 있으며, 당신의 삶을 참으로 향기롭게 한다. 또한 당신의 삶뿐만 아니라 당신 자신이 향기로운 제물이 되어, 예수님이 세상에 계실 때 희생하셨던 모든 것을 아버지 하나님께 상기시킨다. 힘들고 어려운 상황 속에서도 당신의 마음을 깨뜨려 당신의 사랑을 구주 예수님께 드리는 것은 매우 향기롭고 귀한 것이다. 낙심 가운데 부르는 찬양만큼 우리 하나님을 영화롭게 하는 것도 없기 때문이다.

그 과정에서 또한 기쁨의 샘이 열려 삶에 대한 기쁨이 흘러넘친다.

당신이 꼭 붙잡고 있는 것은 과연 무엇인가? 당신이 쓰지 않고 고이 간직해 둔 은사나 자원이나 재능은 무엇인가? 하나님을 향한 찬양과 감사의 희생 제물로 드리지 못하고 아껴 둔 것은 무엇인가? 모든 사람에게는 하늘이 내려 준 특별한 재능이 있고, 그것을 통해 하나님의 이름과 명성을 높일 수 있다고 믿는다. 게다가 당신은 감사의 마음을 표현할 수 있고, 미소를 지어 보일 수 있고, 시간과 재물을 바칠 수 있고, 궁핍한 영혼에게 격려의 말을 해줄 수 있다.

그것들을 병에 담아 두지 말라.

당신의 사랑을 '안전하게' 가두어 놓지 말고 높은 선반 위에 올려 두지 말라. 당신이 아는 사람들이나 좋아하는 사람 또는 '함께 있으면 편안한' 사람들만을 위해 당신의 미소와 우정을 아껴 두지 말라.

고난중에 감사하라. 그러면 그것이 우리의 향유를 주님께 붓는 것과 같다는 것을 알게 될 것이다. 그것은 찬양과 감사의 향기로운 제물이 되어 우리 구세주께 큰 영광을 드릴 것이다.

최근에 마태복음 25장을 읽다가 생각나는 대로 약간 바꾸어 써 보았다.

그 때에 임금이 그 오른편에 있는 자들에게 이르시되 "내 아버지께 복을 받은 사람들이여 와서 세상이 창조된 때부터 너희를 위해 준비된 나라를 물려받아라. 너희는 내가 낙심했을 때 격려의 미소와 따뜻한 말을 해주었고 내가 슬퍼할 때 편지와 꽃다발을 보내 주었고 내가 혼란스러워하고 불안해할 때 스타벅스에 데려가 카라멜 마끼야또를 사주며 조언해 주었고 내가 외로울 때 맛집에 데려가 점심을 사 주었고 내가 세금 납부 때문에 걱정할 때 나에게 찾아와 무엇을 해야 할지 알려 주었고 내가 성경 캠프에 참석하고 싶어 했을 때 내 경비를 대주었느니라."

이에 의인들이 대답하되 "주여 우리가 언제 주께서 낙심하신 것을 보고 따뜻한 말을 해주었나이까? 우리가 언제 주님께 꽃을 보내고, 스타벅스에 모시고 가고, 점심을 사드렸습니까? 언제 우리가 주님의 세금 문제를 도와드렸고, 성경 캠프 경비를 내 드렸습니까?"

임금이 대답하시되 "내가 진실로 분명히 말하지만 너희가 여기 내 형제 중에 가장 보잘 것 없는 사람 하나에게 한 것이 곧 내게 한 일이다" 하고 말할 것이다.

8. 인색하게 살지 않는다.

어느 날 동부에 살고 있는 내 친구 카렌이 비행기를 타고 나를 만나러 왔다.

뭐, 별로 대단한 일이 아니라고? 아니다, 그것은 정말 대단한 일이었다. 거의 장님이나 다름없는 카렌이 혼자서 여기까지 왔기 때문이다. 그것은 정말 큰 용기와 오랜 결심이 있었기에 가능한 일이었다. 그녀는 비행기를 타고 와서 공항에 마중 나온 친구를 찾은 뒤 그녀와 함께 나를 만나러 왔다.

그녀가 도착하던 날 밤, 우리 두 사람은 가까운 레스토랑으로 저녁을 먹으러 갔다. 나는 당연히 카렌의 친구도 같이 식사하러 가는 줄 알았다. 하지만 그 친구는 카렌을 여기까지 데려다 주러 왔을 뿐이라고 말하며 먼저 자리를 떴다.

그 말에 나는 약간 멈칫했다. 레스토랑에서 아무도 도와주는 사람 없이 둘이서 식사를 한다고? 시각장애인하고 사지마비 여자 둘이서? 약간 재미있는 상황이 벌어질 것 같았다. 카렌의 친구가 떠나고 우리 둘만 남게 되자, 레스토랑 직원도 나만큼 불안해하는 모습이었다.

하지만 카렌은 줄곧 미소만 짓고 있었다. 전혀 아무 문제가 없다는 듯이 말이다.

일단 자리에 앉자, 내가 친구에게 지시를 해야 했다. "내 가방 뒤쪽 주머니에서 특수 숟가락을 꺼내 주세요. 그리고 여기 내 팔 부목의 소매 부분에 그걸 끼워 주세요. 고마워요. 잘했어요. 그리고 내 무릎 위에 냅킨을 깔아 주고, 내 물 컵은 당신 가까이에 놔 주세요. 당신이 컵을 들고 내 입에 대줄 수 있게요. 물을 엎지르지 않고 할 수 있겠죠?"

솔직히 말하면, 몇몇 손님들이 약간 불안한 표정으로 우리가 식사 준비하는 모습을 지켜보고 있었다. 카렌이 물 컵을 찾아 양손으로 잡고 빨대를 들어 올려 내가 지시하는 방향으로 내 입에 갖다 대줄 때 우리를 뚫어지게 쳐다보고 있는 사람도 있었다.

우리는 저도 모르게 웃음이 나왔다.

"지금 시각장애인이 사지마비 환자를 인도하고 있는 건가요?" 그녀가 물었다.

"아니지요. 사지마비 환자가 시각장애인을 인도하고 있는 거예요. 당신의 음식이 접시 어디에 있는지 내가 말해 줘야 하니까요." 나는 여전히 웃으며 말했다.

조금 지나니까 사람들도 우리를 쳐다보지 않았다. 거의 서커스 수준이었지만 우리가 워낙 편안해 보이니까 그랬던 것 같다. 나는 또한 시각장애인 여자와 휠체어를 탄 사지마비 환자가 서로 즐겁게 교제하는 모습을 지켜봄으로써 그들이 조금 더 행복해졌을 거라고 생각한다. 어쩌면 우리가 고개를 숙이고 큰소리로 함께 기도하는 모습을 보고는 조금 더 놀랐을지도 모르겠다.

나는 그것이 우리 주님을 영화롭게 했다고 믿는다.

주님은 우리의 힘과 용기가 되시며, 우리에게 능력을 주시고, 기쁨의 원천이 되어 주신다. 우리는 그날 바닥에 음식을 흘리거나 테이블에 물을 쏟지 않고 무사히 식사를 마쳤다. 비록 웨이터에게 내 팔 부목에서 숟가락을 빼서 닦은 다음 가방에 넣어 달라고 부탁해야 했지만.

인생은 모험이다. 카렌은 그날 밤 이런 말을 했다. "조니, 내 장애가 점점 더 악화되고 있어요. 언젠가는 이런 일도 할 수 없는 날이 오겠죠? 나 혼자서 비행기를 타고, 친구와 단 둘이 저녁을 먹는 이런 일 말이에요. 그때까지 난 내게 주어진 시간을 최대한 활용하고 조금이나마 내게 남아 있는 것을 가지고 내가 할 수 있는 일을 할 거예요."

최근 며칠 동안 고통과의 전쟁에서 평화를 이루기 위해 싸워 온 나는 하나님께 드릴 수 있는 것이 많지 않은 것 같았다. 하지만 최종적으로는 그것이 중요하지 않다는 것을 알고 있다.

하나님은 내가 가진 적은 것을 최대한 활용하실 분이다. 그분은 헌금함에 넣은 과부의 두 렙돈에 주목하셨고, 천국에서는 그녀가 낸 적은 돈이 부자들의 헌금보다 더 값지다고 하셨다. 그들은 많이 냈지만, 그보다 남겨둔 돈이 훨씬 더 많았다.

chapter 07

문제가 아닌 해결자에 초점을 두라

열쇠 구멍을 통해 보는 세상을 바라보는 사람들은
대부분의 사물이 열쇠 구멍 모양이라고 생각하기 쉽다. _ 작자 미상

해 뜨기 전 이른 아침 풍경을 마음속에 그려본다. '구구구' 하는 비둘기의 울음소리, 멀리서 지저귀는 메추라기 소리, '졸졸졸' 물 흐르는 소리, 샌들 신은 두 발로 고운 자갈을 밟는 소리.

선지자와 그의 아들은 윗 못 쪽으로 천천히 걸어가고 있었다. 바로 그때, 유다 왕이 전차에서 내린다.

나는 왕이 깜짝 놀라 쳐다보는 모습을 상상해 본다. 세탁자의 밭 큰길에 누가 있을 것이라곤 생각지 않았기 때문이다. 더욱이 전설적인 선지자이자 아버지와 할아버지의 고문 역할을 했던 이사야를 거기서 만나게 될 줄은 꿈에도 몰랐을 것이다.

왕은 수행원들 사이에서 몰래 빠져나와 조용히 국가의 위기에 대해 고민하고 있었을까, 아니면 단지 상수도를 점검하고 어떻게 하면 그것을 적의 손에서 지켜낼까 궁리하고 있었을까? 성경에는 자세히 나와 있지 않지만 이 만남이 결코 우연한 것이 아니라는 것은 분명하다.

하나님은 이사야에게 바로 그 시간 그 장소에서 왕을 만나 특별한 메시지를 전하라고 명확하게 말씀해 주셨다.

잠시 동안(여전히 나의 상상이다) 아무도 말을 하지 않았다. 왕은 부드러운 아침 바람에 늙은 선지자의 긴 은빛 머리카락과 턱수염이 흩날리는 것을 보고 있다. 아하스 왕이 경계하는 것은 당연한 일이다! 하나님의 선지자들이 임박한 심판을 알리는 불같은 메시지를 가지고 온 적이 너무나 많았기 때문이다. 하지만 이번에 이사야가 전할 말은 젊은 왕이 꼭 들어야 할 메시지였다. 여호와의 말씀이 틀림없이 그의 마음에 위로와 확신을 줄 것이다. 하지만 과연 왕에게 그것을 받아들일 만한 믿음이 있을까? 하나님의 말씀이 실제로 현실에 대한 그의 관점을 바꾸어 놓을까?

그것은 우리 모두에게 필요한 질문이다.

과연 하나님의 약속의 진리가 삶의 모든 도전들과 장애물들을 바라보는 우리의 관점을 바꾸어 놓는가? 그것이 우리의 두려움을 가라앉히고 불안감을 잠잠케 하는가? 우리 생각으로는 전혀 그럴 만한 이유가 없어 보일 때도 그것이 정말 우리에게 희망과 확신을 주는가?

성경이 반복해서 하고 있는 일 중 하나는, 똑같은 상황에 대해 인간의 관점과 하나님의 관점을 나란히 보여 주는 것이다. 그리고 거기에는 항상 현격한 차이가 나타났다. 그래서 때로는 하나님과 우리가 정말 똑같은 상황을 보고 있는 것이 맞는가 하는 의문이 들기도 한다!

이제 막 10대를 벗어난 아하스 왕이 왕위를 물려받은 때는 우리가 처한 오늘날의 상황과 매우 비슷했다. 연일 보도되는 끔찍한 뉴스들과 무시무시한 소식들 때문에 유다에 사는 사람들은 매우 불안해하고 있었다. 그것은 아람이 당시 유다의 또 다른 적이었던 이스라엘 북왕국과 동맹 관계를 맺었다는 소식이었다. 그들은 힘을 합하여 예루살렘을 치고 들어와 아하스 왕을 죽이고 이 나라를 차지할 계획이었다.

이 소식이 예루살렘에 들렸을 때 대규모의 기도 운동이 일어났을 거라고 생각할지도 모르겠다. 하지만 그런 일은 없었다. 대신 거리와 궁전에는 두려움과 공포심이 가득했다. 성경에서는 "왕의 마음과 그의 백성의 마음이 숲이 바람에 흔들림 같이 흔들렸더라"(사 7:2)고 표현하고 있다.

두 대적이 연합하여 작은 유다를 공격해 온다고? 그런 상황에서 어떻게 적군을 물리치며, 나라를 지켜낼 수 있을까? 그들은 놀라고 당황스러워 완전히 기가 꺾였다.

당신도 그런 적이 있는가? 자신의 능력으로는 절대로 해결할 수 없는 상황들에 눌려서 무릎이 후들거렸던 때 말이다. 든든한 은퇴 자금이라고 생각했던 돈이 주식시장 폭락으로 바닥을 드러냈을 때 노후를 생각하며 암담했던 적은 없는가? 어릴 적부터 착하고 바른 길로만 걸어왔던 자녀들이 곁길로 빠져 방황할 때 부모로서 어떤 조치를 취해야 할지 갈팡질팡했던 적은 없는가? 병원에서 날라 온 검사 결과지에서 암이 발견되었다는 소식을 듣고는 심란한 마음으로 다음 진료를 기다렸던 적은?

때때로 삶의 도전들과 짐들은 믿기 어려울 정도로 거대하게 밀려온다. 마치 길을 걷다가 앞에 우뚝 솟은 산들을 바라보는 것 같은 기분일 수도 있다. 그날 아침 아하스 왕이 느낀 기분이 바로 그런 것이

었을 것이다. 하나님께서 곧바로 그의 선지자를 통해서 젊은 왕의
마음을 진정시켜 주려 하신 것을 보면 알 수 있다.

> 너는 삼가며 조용하라… 두려워하지 말며 낙심하지 말라(사 7:4).

뭐라고요? 두려워하지 말라고요? 지금 농담하세요? 두 나라의 군
대가 몰려오고 있다는데요?

바로 그때 하나님은 아하스 왕에게 놀라운 초청을 하신다. 나는 그
것을 초청이라고 믿고 싶다. 하나님은 다양한 시기에 우리 모두에게
손을 내미신다. 이사야는 아하스에게 잠시 관점을 바꾸어, 자신의
시각이 아니라 하나님의 눈으로 상황을 바라볼 것을 권했다. "이들
은 연기 나는 두 부지깽이 그루터기에 불과하니 두려워하지 말며 낙
심하지 말라." 또한 예정된 침략에 대해 "그 일은 서지 못하며 이루
어지지 못하리라"(4, 7절)고 말했다.

아하스 왕은 머지않아 두 왕들이 거대한 산불처럼 유다를 공격하
며 모든 것을 태워 버리는 광경을 보고 있었다. 하지만 하나님의 관
점에서 보면 그들은 연기 나는 두 부지깽이 그루터기에 불과했다.
새까맣게 타서 아무런 힘도, 가치도 없는 자들이었다.

그리고 하나님은 소심한 왕에게 한마디를 덧붙이셨다. "만일 너희
가 굳게 믿지 아니하면 너희는 굳게 서지 못하리라"(사 7:9).

하나님이 항상 우리의 상황을 바꾸진 않으실 것이다. 하지만 우리
가 하나님께 구하면, 종종 개입하여 우리의 관점을 바꾸어 주실 것
이다! 하나님이 보시는 것처럼 우리도 믿음의 눈으로 문제들을 바라

볼 수 있도록 말이다. 그것이 얼마나 가치 있는 일인지 모른다.

다음 몇 페이지에 걸쳐, 우리에게 정말로 필요한 새로운 관점을 갖는 몇 가지 방법들을 제시하려고 한다. 만약 당신이 정말로 어둠 속에서 길을 잃은 것 같은 느낌이 든다면, 제 길을 찾아갈 수 있도록 매우 간단한 세 단계부터 시작해 보겠다.

어디서부터 시작할 것인가

지난 몇 년간의 내 삶은 소심한 아하스 왕과 꽤나 많은 공통점이 있었다. 때때로 미래를 생각할 때면 나는 그냥… 기가 꺾이곤 했다. 아무리 노력을 해도 내 안에 있는 두려움을 뛰어넘어 앞을 내다볼 수 없을 것 같다. 내 앞에 놓인 길은 근심 걱정으로 뿌연 안개가 낀 것처럼 보였다.

그것이 어떤 것인지 가히 짐작할 수 있을 것이다. 때로 나는 전화 한 통, 이메일, 약간의 나쁜 소식만으로도 믿음의 길에서 벗어나 걱정과 의심의 그늘 속으로 들어가곤 했다.

얼마 전에 한 동료의 친한 친구가 예순 한두 살 정도밖에 안 됐는데 알츠하이머 진단을 받았다는 이야기를 듣고도 그런 일이 벌어졌다. 나는 '그 나이에 벌써?'라는 생각이 들었다. 정말 충격이었다. 연이어 이런 생각이 들었다. '이런, 나도 머지않아 그 나이가 되는데. 하나님은 나를 위해 무엇을 예비해 놓으신 걸까?'

자신의 미래를 생각하며 '나를 위한 하나님의 뜻은 무엇일까? 하나님이 어떤 일을 하실까? 앞으로 어떻게 될까? 나의 나머지 인생에

대한 하나님의 계획은 무엇일까?' 이런 생각을 해 보지 않은 그리스
도인은 거의 없을 것이다. 굳이 60대까지 가지 않아도 누구나 다 그
런 질문들을 한두 번씩 하게 될 것이다.

나는 우리에게 관점의 변화가 필요할 때, 현재 나이나 처지와 상관
없이, 데살로니가전서 5장 16-18절 말씀을 출발점으로 삼으라고 권
하고 싶다.

> 항상 기뻐하라 쉬지 말고 기도하라 범사에 감사하라 이것이 그리
> 스도 예수 안에서 너희를 향하신 하나님의 뜻이니라.

젊은 아하스 왕에 대한 하나님의 조언과 비슷하게 들리지 않는가?
'삼가라. 조용하라. 두려워하지 말라. 낙심하지 말라.' 문제들이 밀려
들기 시작할 때 하나님의 뜻을 분별하려고 애쓰는가? 바울의 간결한
조언은 지금 당신의 상황이 어떻든 간에 매우 큰 도움이 될 것이다.

항상 기뻐하라.

쉬지 말고 기도하라.

범사에 감사하라.

그것은 하나님의 뜻을 발견하는 시작점이 되기에 충분하다. 그리
고 사실은 남은 생 동안 이 세 가지에만 온전히 힘써도 여전히 마스
터하지 못할 것이다.

나의 제안에 대해 이렇게 말할지도 모르겠다. "하지만 조니, 당신
은 제 상황을 모르잖아요. 당신은 정말 몰라요! 어젯밤에 우리 딸한
테서 전화가 왔고… 오늘 아침에는 병원 청구서를 받았고… 남편은

다시 술을 마시기 시작했고… 지금 우리 가정엔 온갖 고통과 혼란이 뒤섞여 있어요. 그런 가슴 아픈 일들을 겪고 있는데 어떻게 감사하는 마음이 들 수 있죠?"

사실 하나님은 당신에게 감사하는 마음을 가지라고 하신 게 아니라 감사하라고 하신다. 거기엔 큰 차이가 있다. 전자는 감정을 수반하는 것이고, 후자는 당신의 선택, 곧 어떤 상황에 대한 결심, 의지, 믿음의 걸음이라고 말할 수 있다.

미워하는 대신 용서를 택하고, 화내지 않고 사랑의 반응을 택하려면 믿음이 필요하다. 상황에 따라서는 아주 큰 믿음이 필요하다. 분명히 그것은 힘든 일이다. 특히 당신의 감정이 빠르게 흐르는 시냇물처럼 당신을 다른 방향으로 끌어당기려 할 때는 더욱 그렇다. 그럼에도 불구하고 하나님을 의지하는 것은 당신의 감정을 따르는 것과는 아무런 관련이 없다.

하나님이 주권자이심을 감사하라. 하나님이 다스리고 계심에 감사하라. 하나님이 당신의 유익을 위해, 또 당신 가족의 유익을 위해 그 모든 일을 계획하고 계신 것에 감사하라. 궁극적으로 그 모든 것이 하나님께 영광이 될 것이기에 감사하라.

항상 기뻐하고 기도하고 감사하라는 세 가지 명령은 하나님이 당신을 어디로 인도하고 계시며 다음에 당신이 무엇을 하기 원하시는지를 더 분명히 깨닫게 해줄 것이다. 오래 전 사고로 목을 다친 나에게도 그런 일이 일어났다. 볼티모어 병원에서 나는 이를 악물고 의지적으로 모든 것에 감사를 드렸다. 맛없는 음식에서부터 정말 사람을 녹초로 만드는 물리치료 시간까지, 모든 것에 감사했다.

몇 달 후 기적이 일어났다. 정말로 감사하는 마음이 생기기 시작한 것이다. 나는 보다 긍정적인 관점으로 더 많은 일들에 감사할 수 있었다. 그러자 또 한 번의 기적이 일어났다. 나의 고난을 기뻐할 수 있게 된 것이다. 그때부터 하나님의 뜻을 발견하게 되었을까? 그것은 그냥 자연스럽게 알게 되는 것 같았다.

두려움에 초점을 두지 말라

아, 그 두려움들!

우리의 신경을 갉아먹는 그 차가운 공포감.

때때로 벨트로 가슴을 꽉 조이는 것 같은 불안감.

우리는 이런 두려움에 마음을 빼앗기기가 너무 쉽다. 그렇지 않은가? 나도 안다. 유다 왕처럼 두 나라의 군대가 전진해 오는 상황은 아닐지라도 우리의 평안을 빼앗고 우리 마음을 침울하게 만드는 많은 걱정거리들이 주변에 산재해 있다!

예를 들면, 내 친구 진(Jean)은 최근에 병원에서 피부경화증(scleroderma)이라는 진단을 받았다. 그 소식을 들은 주변 사람들은 이렇게 말했다. "피부… 뭐?"

근육조직과 피부가 점점 딱딱해지는 이 심각한 질병에 대해 아는 사람들은 많지 않다. 물론 진도 몰랐다. 진은 그날 후로 이 병의 전문가가 되기로 결심하고 모든 정보를 입수했다. 종일 컴퓨터 앞에서 논문을 검색하고, 의사들한테 편지도 쓰고, 보고서들을 비교해 보고, 치료법들을 연구했다.

하지만 그렇게 몇 주가 흐르면서, 진의 어떤 면이 눈에 들어오기 시작했다. 그녀가 많은 정보를 얻는 것이 분명 유익한 면이 있었지만, 하나님을 향해 있던 그녀의 초점이 조금씩 흐려짐을 알 수 있었다.

만약 진에게 요즘 하나님과의 관계가 어떠냐고 묻는다면, 아마도 그녀는 최근에 받은 진단서 얘기를 했을 것이다. 그리고 교회에서 우연히 마주친다면… 틀림없이 피부경화증에 관한 최신 소식들을 말해 주었을 것이다.

처음엔 이해가 갔다. 진이 자신의 상태에 대해 염려하는 것은 당연한 일이다. 하지만 조금 시간이 지나자, 하나님에 대한 그녀의 믿음이 흔들리는 것은 아닌가 싶은 생각이 들 정도였다.

> 하나님이 항상 우리의 상황을 바꾸진 않으실 것이다. 하지만 우리가 구하면, 종종 개입하여 우리의 관점을 바꾸어 주실 것이다!

그렇다고 해서 질병에 대한 정보와 치료법들을 찾아내는 것이 잘못은 아니다. 진단과 예후 등 그 병에 관해 아는 것은 유익하고 좋은 일이다. 하지만 당신의 문제에 대해 더 많이 알고 싶은 마음에 이끌려, 그 문제 속에서 하나님을 더욱더 알아가고자 하는 열망이 줄어든다면 그것은 분명 당신의 믿음이 떨어지고 있다는 표시다.

다시 말하지만 바로 이 시점에서 우리에게는 관점의 변화가 필요하다.

사실 우리를 사랑하시는 하나님이 우리의 삶에 고통스러운 진단서를 허락하시는 이유는, 우리가 숨이 막힐 정도로 근심에 사로잡혀 의학적인 세부 사항들을 파헤치도록 하기 위함이 아니다. 아니, 그런 위기는 대개 우리 의식을 일깨워 하나님이 우리 가까이 계시며 보살펴 주시고 항상 도와주신다는 진실을 알게 하려는 것이다. 삶의 모든 절망과 번민들이 그렇듯이, 그것은 호세아서 6장의 명령을 강요한다. "우리가 여호와를 알자 힘써 여호와를 알자"(호 6:3).

이 말씀은 이스라엘이 문제에 휩싸여 있을 때 주어진 것이었다. 이에 대한 호세아의 처방전이 무엇이었는가? "우리가 알자. 힘써 여호와를 더욱 더 알자."

고난이 우리를 맹렬히 공격할 때 우리의 믿음은 조금씩 흔들릴 수밖에 없다. 마치 소형차를 타고 높은 다리를 건너다가 엄청난 돌풍을 맞는 것 같다. 반드시 양손으로 핸들을 꼭 잡아야 한다! 하지만 시련은 또한 우리로 하여금 다니엘서 11장 32절의 진리를 깨닫도록 하기도 한다. "자기의 하나님을 아는 백성은 강하여 용맹을 떨치리라."

만약 당신이 도저히 저항할 수 없을 것 같은 상황에 직면해 있다면, 굳게 서라고 권면하고 싶다. 문제가 당신의 모든 시야를 꽉 채우게 하지 말라. 걱정이 당신을 삼키고 믿음을 고갈시켜 버리지 않도록 하라. 오히려 굳게 서서 용감하게 행동하라. 당신 스스로 하나님의 말씀을 연구하는 기회로 삼으라. 성경 구절들을 서로 비교해 보고, 바울이나 요셉, 다니엘, 베드로의 예들을 살피며 그들이 삶 속에서 나쁜 소식들과 고난을 어떻게 다루었는지 연구해 보라.

밤낮 우리의 질병이나 고난에 대해 연구하고 이야기하면서, 주권적으로 그 일을 허락하신 하나님에 대해서는 관심을 기울이지 않는다면, 그것은 아무런 유익이 없는 것이다.

내 친구 데이브 파울리슨(Dave Powlison)은 그 점에 관하여 매우 좋은 충고를 들려준다.

데이브는 기독교 상담 교육 재단(Christian Counseling Education Foundation)의 교수다. 그는 또한 자기 몸을 파괴하는 암세포와 치열하게 싸우고 있다. 언제나 쉴 새 없이 일하던 데이브는 이 예상치 못했던 인생의 시기를 지나면서 속도를 늦추고 인내에 관한 새로운 교훈들을 배우고 있다. 나 자신은 암과 싸워 본 적이 없지만, 데이브를 지켜보면서 정말 많은 용기를 얻었다. 그가 이 질병의 도전들에 다가서는 모습을 지켜보는 것만으로도 큰 도움과 희망을 얻었다.

잘 알고 있겠지만, 암은 정말 우리를 놀라게 하는 단어다. 그 말을 듣는 순간 사람들은 공포와 두려움에 사로잡힌다. 데이브는 일반적인 항암 치료의 과정들을 거쳤다. 기다림, 불확실성, 약물에 대한 무시무시한 반응. 하지만 나는 그가 감정적인 평정을 유지하고 용기를 잃지 않는 모습을 보며 매우 놀랐다.

데이브가 얼마 전 그 모든 두려움과 고통에 직면하여 나에게 쓴 글이 있다.

조니, 내가 당신의 병에 대해 한마디 할 때마다, 당신의 하나님에 대해, 당신의 소망에 대해, 또 하나님이 당신에게 가르쳐 주고 계신 것들과 하루하루의 작은 축복들에 대해 열 마디를 해야 한다는 것을 알게 되었어요. 1시간 동안 당신의 병에 대해 연구하거나 토론한다면, 10시간 동안 당신의 하나님에 대해 연구하고 토론해야 한다는 것을 말이죠. 당신이 병에 대해 알게 되는 모든 것들을 하나님 및 그분의 목적과 관련지어 생각한다면 절대로 두려움과 의심에 사로잡히지 않을 거예요.

이 얼마나 탁월한 충고이며 강력한 진리인지! 나는 이 휠체어에서 고통에 압도당하는 느낌이 들 때마다 데이브의 이 특별한 통찰을 기억하고 싶고 기억해야 한다.

우리는 심한 고난을 당할 때 자신의 문제들에 대해 끊임없이 이야기하는 경향이 있다. 특히 우리의 건강과 관련된 문제들은 더욱 그렇다. 자신의 피부경화증에 대해, 회복이 안 되는 무릎 수술에 대해, 정말 힘든 재활 프로그램에 대해, 심지어 항암치료에 대해 자세히 설명할 것이다.

나는 데이브로부터 배워야 한다. "나의 상태"에 대해 한 문장을 말하거나 쓸 때마다 하나님의 은혜와 능력과 도우심과 격려와 축복에 대해 열 문장을 말해야 한다!

사실 이 세상에서 우리가 고난을 당한다는 것은 100퍼센트 확실한 일이다. 하지만 그와 동시에 예수 그리스도가 우리를 만나 주시고, 격려해 주시고, 위로해 주시고, 힘과 인내를 주시며, 심지어 우리의 삶 속에 기쁨을 회복시켜 주시는 것도 100퍼센트 확실한 일이다. 당신의 구세주는 틀림없이 모든 도전들 가운데서 당신과 함께해 주실 것이다.

성경은 하나님이 신실하신 분이며, 당신 안에 계신 하나님이 어떤 아픔이나 고통이나 불치병보다 더 크신 분이라는 걸 거듭 이야기하고 있다.

오늘날 당신이 자신의 건강 문제나 다른 문제들에 대해 이야기를 시작한다면, 반드시 우리를 지탱해 주고 구원해 주시는 놀라운 하나님의 은혜에 대해서도 이야기해야 한다는 것을 명심하라!

에바브로디도의 모범

얼마 전에 존 파이퍼(John Piper)의 글을 읽었는데, 마치 나를 위해 쓴 글 같았다.

파이퍼는 사도 바울이 빌립보서 2장에서 묘사한 상황을 묵상하고 있었다. 빌립보 교회는 감옥에 있는 바울에게 선물을 보내기 위해 에바브로디도를 사자로 보냈다. 그런데 이 구절에 의하면, 에바바로디도가 바울과 함께 있는 동안 병이 나서 거의 죽게 되었다.

그래서 바울이 빌립보 교인들에게 이렇게 말했다.

> 그러나 에바브로디도를 너희에게 보내는 것이 필요한 줄로 생각하노니 그는 나의 형제요 함께 수고하고 함께 군사 된 자요 너희 사자로 내가 쓸 것을 돕는 자라 그가 너희 무리를 간절히 사모하고 자기가 병든 것을 너희가 들은 줄을 알고 심히 근심한지라 그가 병들어 죽게 되었으나 하나님이 그를 긍휼히 여기셨고 그뿐 아니라 또 나를 긍휼히 여기사 내 근심 위에 근심을 면하게 하셨느니라 그러므로 내가 더욱 급히 그를 보낸 것은 너희로 그를 다시 보고 기뻐하게 하며 내 근심도 덜려 함이니라(25-28절).

거의 죽다가 살아난 에바드로디도는 "자기가 병든 것을 너희가 들은 줄을 알고 심히 근심했다"고 했다. 이에 파이퍼는 다음과 같이 말한다.

> 얼마나 놀라운 반응인가! 에바브로디도가 병든 것을 알고 빌립보인들이 근심한 것이 아니라, 자신이 병들었다는 소식을 빌립보인들이 들은 것 때문에 그가 근심했다고 말한다. 바로 그것이 (고난당할 때) 하나님이 창조하시고자 하는 마음이다. 곧 사람들을 깊이 사랑하고 배려하는 마음이다. 자기 자신에게 너무 빠져들어 그 고난을 헛되게 하지 말라.

틀림없이 에바브로디도는 다른 사람들이 자기 때문에 걱정하는 것을 원치 않을 만큼 사려 깊고 겸손한 사람이었다. 그는 동료 그리스도인들을 걱정시키고 싶지 않았다. 그들에겐 자신의 건강 문제가 아니라도 충분히 걱정거리가 많다는 것을 알고 있었기 때문이다. 아마도 에바브로디도는 거의 죽다 살아났지만, 친구들이 겪어 온 고난에 비하면 자신의 건강 문제는 사소한 것이라고 생각했을지도 모른다.

그가 고개를 저으며 사도에게 이렇게 말하는 모습이 그려진다. "오, 바울 선생님, 저는 이것을 원치 않습니다. 사람들한테 제가 좋아지고 있다고 말해 주세요. 제가 다 나을 거라고 말해 주세요. 지금 사람들이 저의 건강에 대해 걱정하게 해서는 안 됩니다!"

내가 말하고 싶은 것은 에바브로디도가 여기서 우리에게 매우 훌륭한 본을 보여 주고 있다는 것이다. 나도 나의 장애나 고통과의 싸움에 대해 쓰면서, 그것이 그리스도 안에서 다른 사람들에게 용기를 주고 그들이 나 때문에 걱정하거나 불안해하기를 원치 않는다. 분명히 말하지만, 이 세상에서 전쟁과 박해를 겪고 있는 다른 그리스도인들에 비하면 나의 사지마비는 그리 큰 문제가 아니기 때문이다.

어쩌면 여기서 내 입장을 조금 이해할 수 있을지도 모르겠지만, 때로는 나 자신에 대해 너무 많은 이야기를 할 때가 있다는 것을 나도 안다. 우리는 건강상의 문제가 있을 때, 새로운 고통이나 아픔이 찾아올 때, 또는 삶을 더욱 힘들게 하는 문제(내 경우에는 휠체어)가 있을 때 그것에 대해 이야기를 하게 된다.

자신에게서 시선을 옮기라

오늘 나와 함께 하나님께 간구하기 바란다. 우리 자신의 고통과 문제에서 관심을 돌려 진심으로 다른 사람들을 바라볼 수 있게 해 달라고 말이다. 내 친구 한나가 한 선택도 바로 그것이었다. 나는 그녀가 결코 그 선택을 후회하지 않을 것이라고 확신한다.

한나는 나와 통화하면서 세 가지 문제로 씨름하고 있다고 말했다. 그것은 내가 보기에 아하스 왕이 그날 아침 윗 못에서 고심하던 문제들과 비슷해 보였다.

첫째, 하나님의 선하심에 대해 커다란 의심이 생겼다.

둘째, 알 수 없는 미래에 대해 무기력한 생각이 들었다.

셋째, 자신의 문제에 대한 생각을 멈출 수가 없어서 낙심하고 있다. 마치 바퀴 자국이 깊이 팬 길을 돌고 또 돌며 아무 데도 가지 못하는 것 같았다.

한나는 그런 자신의 모습에 문제가 있다는 것을 알 만큼, 하나님 안에서 성숙한 사람이다. 하지만 그녀에게는 해결해야 할 또 하나의 문제가 있었다. 어렸을 때 받았던 끔찍한 성적 학대의 기억들이었다.

그녀는 나에게 이런 말을 했다. "조니, 진짜 장애가 있는 사람은 당신이 아니라 바로 나인 것 같아요." 나는 그녀의 말이 무슨 뜻인지 알았다. 마치 덫에 걸린 것 같은 느낌, 의심과 두려움, 항상 자기에 대한 생각만 하게 되는 것, 모두 이해할 수 있었다.

나는 오랫동안 아무 말도 하지 않고, 하나님이 그녀에게 할 말을 생각나게 해주시기를 기다렸다. 그때 갑자기 제니라는 어린 소녀가 떠올랐다.

제니의 엄마는 캘리포니아 주 샌 페르난도 밸리의 동쪽 끝에서 모텔을 전전하며 사는 매춘부다. 사회복지단체에서 다섯 살 된 제니를 데려오기 전까지 그 어린 소녀는 계속해서 학대를 당하고 있었다. 이제 제니는 내 친구 레베카에게 맡겨져 건강하게 자라고 있다. 레베카는 이미 제니의 언니뻘인 양녀를 키우고 있었다. 나는 한나에게 그 어린 두 소녀들을 위해 기도해 온 이야기를 해주었다. 그 어린 나이에 그 아이들의 인간성은 이미 처참하게 파괴되어 있었다.

한나는 이 모든 이야기를 경청했다. 마침내 내가 그녀에게 물었다. "한나, 제니를 위해서 기도해 줄래요? 이제 여섯 살이 된 제니를 위해서?"

수화기를 든 채 긴 침묵이 흘렀다. 드디어 한나가 입을 열었다. "당연히 그래야지요. 레베카 같은 양어머니를 갖지 못한 모든 제니들을 위해서요.”

우리는 예수님이 제자들에게 하신 말씀이 생각났다. “너희는 넉 달이 지나야 추수할 때가 이르겠다 하지 아니하느냐 그러나 나는 너희에게 이르노니 너희 눈을 들어 밭을 보라 희어져 추수하게 되었도다”(요 4:35).

“그러므로 추수하는 주인에게 청하여 추수할 일꾼들을 보내 주소서 하라”(마 9:38).

우리는 전화상으로, 해야 할 일은 참 많은데 레베카 같은 일꾼들은 매우 적다는 사실에 공감했다. 그러는 가운데 한나는 자신의 관점을 바꾸기 시작했다. 자신의 문제들에 압도되는 대신, 자신에게서 시선을 옮겨 들어 다른 사람의 필요를 보게 된 것이다.

그녀는 조용히 말했다. “조니, 나도 그런 일꾼이 되고 싶어요. 나보다 더 힘든 일을 겪은 어린 소녀들을 돕고 싶어요.”

우리의 대화는 밤늦도록 계속 되었고, 한나는 큰 변화를 겪었다. 그녀는 의심과 두려움과 자기중심적인 마음이 실제로 고린도전서 13장에 묘사된 믿음, 소망, 사랑의 정반대라는 사실을 알게 됐다. 그리고 자기중심적인 마음을 극복하는 방법이 끝없는 자기 성찰이 아니라 단지 사랑이라는 것을 배웠다. 그 사랑은 자기 밖으로 나가서 자기보다 더 어려운 곤경에 처한 사람들을 돕는 일에 초점을 두는 것이다.

소망을 붙잡으라

나에게는 소망이 절실히 필요하다. 나는 그 사실을 부끄러워하지 않는다. 나는 장애인이고, 모든 것이 쉽지 않은, 소망이 있어야 살아갈 수 있는 사람이다. 소망과 관련된 것이라면 뭐든지 좋다. 로마서 15장에 나오는 바울의 말을 현대적으로 바꾸어 쓰면 다음과 같다.

> 오! 소망의 하나님이 너희에게 기쁨과 평강이 충만하게 하사 너희
> 믿음 생활에 생명을 주시는 성령의 에너지가 가득하여 소망이 넘치
> 게 하시기를 원하노라!(롬 15:14)

가장 힘든 시기를 지날 때일수록 더욱 하나님을 의지하라. 그러면 하나님이 더 큰 소망을 주실 것이다. 그리고 그 증거로 우리 마음에는 기쁨과 평강이 넘쳐날 것이다. 자신이 처한 환경에서 평온을 누리며 기뻐할 수 있다면 그 마음 중심에 소망의 하나님이 계시는 것이다.

그것이 내가 계속해서 아트이젤에 파스텔 펜으로 그림을 그리고 있는 이유이기도 하다. 눈 덮인 숲 속에 교회가 있고 멀리 산들이 있는 이 그림은 시작한 지 1년도 더 지났는데 아직도 이젤에 놓여 있다. 그때는 빠른 시일 내에 완성할 수 있을 줄 알았는데 등의 통증 때문에 한동안 이젤을 떠나 있어야 했다. 나는 치아 사이에 연필을 물고 어색한 각도로 몸을 기울여 그림을 그린다. 물론 그러면 고통이 더 심해졌다. 그래도 종종 휠체어를 밀고 작업실로 들어가 아직도 이젤에 걸려 있는 미완성의 스케치를 바라보곤 한다.

나는 그 그림을 파일 안에 넣어두고 싶지 않다. 나에겐 희망이 있기 때문이다. 언젠가는, 어쩌면 몇 달 안에 예전처럼 다시 그림을 그릴 수 있게 될 것이라고 진심으로 믿는다. 나의 예술 활동은 하나의 사역이다. 비록 화려한 색채로 완성한 그림이 아니라 연필로 그린 밑그림에 불과하더라도… 그래도 괜찮다.

나는 소망의 하나님을 믿는다. 하나님께서 나에게 예술적 재능을 주셨고, 그것을 하나님의 영광을 위해, 그리스도 안에서 형제자매들을 격려하기 위해 사용하도록 하셨다고 믿는다.

언제가 될지는 모르지만 다시 그림을 그리게 될 것을 바란다. 그것은 막연한 바람이 아니라 소망이며 하나님의 깊은 우물에서 퍼 올린 것이다.

벽이 아닌 앞을 바라보라

우리는 젊은 왕의 이야기로 이 장을 시작했다. 그는 하나님의 선지자와 얼굴을 맞대고 있는데도 하나님의 평강과 소망의 말씀을 이해하지 못해서 두려움에 떨었다. 아하스 왕은 북쪽 지평선에서 눈을 떼지 못하는 듯했다. 곧 거기서 두 나라의 적군들이 몰려오리라는 것을 알았기 때문이다.

이럴 때는 카레이서인 내 친구 댄이 적합한 말을 해줄 수 있을 것 같다. "임금님, 벽을 쳐다보고 계시면 안 되잖아요. 열린 공간을 향해 가야지요!"

댄은 트랙을 돌면서 여러 차례 방향 전환을 한다. 나는 그의 스포츠에 대해, 또는 카레이서들이 목숨까지 걸고 스피드를 내는 그 열정에 대해 많이 안다고 할 수는 없다. 하지만 자동차와 경주에 대한 댄의 열정과 사랑은 분명히 알 수 있다.

얼마 전 댄에게 2001년 충돌사고로 사망한 데일 언하트 사건에 대해 물었다. 그렇게 오랜 시간이 지났는데도 그 소름끼치는 장면은 지금도 유튜브에 올라와 높은 조회 수를 기록하고 있다. 그 장면을 보면, 데일이 벽으로 돌진할 수밖에 없었다는 것을 분명히 알 수 있다. 차의 속도와 궤도 때문에 도저히 피할 수가 없었다. 나는 댄에게 경주 트랙에서 그런 일이 자주 일어나는지 물었다.

그러자 그가 말했다. "그럼요. 차가 회전을 하다가 부딪치게 되면 차 안에 있는 레이서들은 벽이 마치 자신들에게 다가오는 것처럼 느낌을 가집니다. 하지만 이때 그들이 하지 말아야 할 것이 한 가지 있어요. 바로 벽을 바라보는 것입니다! 자연적인 본능은 벽을 보는 것이지만, 그들은 오로지 트랙만 바라보고 달리도록 훈련을 받았습니다. 알다시피 그들이 벽을 바라보면 무서워서 꼼짝도 못할 겁니다. 몸이 바로 반응할 테니까 그럴 수밖에 없지요. 하지만 트랙을 바라보며 열린 공간을 향해 핸들을 돌리면, 모든 신경 말단이 그것에 집중하게 되지요."

우리의 인간 본성도 그렇다. 바로 눈앞에 닥친 시련만 쳐다보고 있으면 두려움에 사로잡혀 꼼짝을 못하게 된다. 우리는 스스로 이렇게 말한다. '이건 불가능해! 난 절대로 통과할 수 없을 거야. 절대로 빠져나갈 길을 찾지 못할 거야. 회복될 수 없을 거야. 이럴 바엔 충돌에 대비하는 편이 더 나을 거야. 세게, 아주 세게 부딪히게 될 테니

까. 아아아아….'

하지만 댄의 이야기를 듣고 나니, 중요한 것은 벽에서 눈을 떼고 미래와 앞으로 주어질 기회들에만 집중하는 (열린 공간으로 나아가는) 것임을 알게 되었다. 우리를 꼼짝 못하게 하고 무력하게 만드는 현재의 딜레마에 집중하지 말아야 한다.

사도 베드로는 주 예수님을 향해 물 위를 걸어갈 만큼 용감했다. 하지만 그 역시 주님에게서 초점을 돌려 벽을 바라보다가 물에 빠지고 말았다. 그의 자연적인 본능이 충돌에 대비한 것이다. 만일 이스라엘 백성들이 홍해를 건널 때 하나님이 그들을 위해 바다 한가운데로 만들어 주신 기적의 길을 바라보지 않고, 그 자리에 서서 양 옆에 있는 물 벽을 바라보고 있었다면 어떻게 되었을까?

> 자기중심적인 마음을 극복하는 방법은 끝없는 자기 성찰이 아니라 단지 사랑이다.

히브리서는 온전하게 하시는 이인 예수를 바라보라고 말한다(히 12:2). 그리고 골로새서 저자는 위의 것을 생각하라고 권면한다(3:2). 또한 누가복음에서 주님은 "일어서서 너희의 머리를 들어라 너희의 구원이 가까워지고 있기 때문이다"(21:28)고 말씀하신다.

그래야만 벽에 부딪히지 않을 테니 말이다!

찬양에 능력이 있다

휠체어를 밀고 사무실을 돌아다닐 때, 복도로 내려갈 때, 차를 타고 큰길로 나갈 때, 뒤뜰에서 어슬렁거릴 때, 또는 주방에 앉아 있을 때, 나는 노래를 즐겨 부른다. 아침에 잠에서 깼을 때, 즐겁게 하루의 일상을 보낼 때마다 내 마음은 노래하고 싶다.

C. S. 루이스의 책 「마법사의 조카(The Magician's Nephew)」에서는 거대한 사자 아슬란이 노래로 나니아 왕국을 창조하는 장면이 나와 있다.

우리는 예수님이 여리고에서 예루살렘으로 걸어가시면서 노래를 부르시는 모습을 쉽게 상상할 수 있다. 그 당시 유대인들은 회당에서나 거룩한 축일에 노래를 불렀다. 아마 예수님의 가족도 노래를 불렀을 것 같다. 틀림없이 우리 주님도 마음에 넘쳐흐르는 기쁨을 노래로 표현하셨을 것이다.

실제로 신약 성경에는 예수님이 노래를 부르셨다는 기록이 마태복음 26장 30절에 단 한 번 나온다. 이 노래의 배경은 햇빛 비치는 산비탈이나 제자들과 함께 배 안에 계실 때가 아니었다. 향기로운 열매가 주렁주렁 달린 포도원을 거니실 때도 아니었다.

그것은 예수님이 배신당하시던 날 밤 다락방에서였다. "이에 그들이 찬미하고 감람산으로 나아가니라"(마 26:30).

그것은 예수님이 십자가를 지시기 직전에 있었던 일이다. 큰 희생의 죽음이 있기 직전, 예수님은 제자들과 함께 찬양하셨다. 이것은 휠체어에서 생활하는 나에게 큰 교훈을 준다. 내 마음이 무거울 때, 절망스러울 때, 고통이 찾아올 때, 질병이나 고난에 직면할 때, 또는 마비된 몸으로 또 하루를 살려고 아등바등할 때 어떻게 노래하며 주님을 따를 수 있는지를 보여준다.

에베소서 5장 19-20절에는 나를 위한 '음악적인' 충고가 있다. "너희의 마음으로 주께 노래하며 찬송하며 범사에 우리 주 예수 그리스도의 이름으로 항상 아버지 하나님께 감사하며."

우리는 항상 모든 일에 하나님께 감사하며 찬송해야 한다! 앞에서는 모든 일들 '가운데' 감사하는 것을 말했지만, 이 구절에서는 항상 모든 일에 '대해' 감사하라고 하신다. 이 작은 단어가 끔찍하고 많은 고통과 고난을 포함할 수 있다. 하지만 아마도 그렇기 때문에 하나님이 우리에게 찬송하라고 하시는 것일지도 모른다.

사실 우리가 예수님을 따라 감람산에 올라가 겟세마네 동산으로 들어가고 또 갈보리로 걸어갈 때, 우리도 우리의 십자가를 지고 찬송을 불러야 한다. 오늘 아침 출근할 때처럼 나는 휠체어를 밀고 현관문을 지나면서 찬송을 부른다.

> 기쁜 날, 기쁜 날!
> 주 나의 죄 다 씻은 날
> 늘 깨어서 기도하고
> 늘 기쁘게 살아가리
> 기쁜 날, 기쁜 날!
> 주 나의 죄 다 씻은 날[1]

물론 우리의 자연적인 성향은 고통스러울 때 노래하지 않는다.

하지만 컴컴한 빌립보 감옥에서 쇠사슬에 매인 채 찬양했던 사도 바울을 생각해 보라.

그러므로 감정의 기복과 상관없이 오늘도 주님의 인도를 따르기 바란다. 매일매일 구주 그리스도의 마음이 당신 안에 살아 있기를 바라며, 주님을 따를 때마다 하나님이 당신 마음속에 찬송을 주시기 바란다.

찬송은 우리의 관점을 변화시킨다.

희망을 그리며
발과 발가락, 손과 손가락은 훌륭한 것이지만,
잠깐 동안 이 세상에서 살도록 도와주는
일시적인 부속물에 불과하다. 하지만 영혼은 영원하다.

저술한 40여 권의 책과 함께
분노, 우울증 그리고 자살 충동.
그러다 하나님의 말씀에 푹 잠기기 시작했다.
그때 이후 나의 인생은 충만해졌다.

Part 3

지금 여기서,
하나님의 희망을 노래하다

A p l a c e o f H e a l i n g

chapter 08

욕된 것으로 심어
영광스러운 것으로

그리스도께서 나를 영원한 집으로 부르실 때 나는 학교에서 뛰어나오는
남자아이처럼 기뻐하며 달려갈 것이다. _ 아도니람 저드슨

사지마비로 살아온 세월 동안, 나는 늘 망가진 내 몸을 하나님이 고쳐 주시기를 간절히 바라고 갈망하며 눈물로 기도해 왔다.

하지만 40년 넘게 휠체어에서 생활하면서 확실히 깨닫게 된 것이 있다. 하나님이 당신의 사랑과 주권 안에서, 또 원대하고 완벽하지만 종종 이해할 수 없는 계획 안에서, 부드럽지만 단호하게 "아니다, 애야. 지금은 아니다. 아직 아니야"라고 말씀하셨다는 것이다.

그 결과 하늘나라에서 이루어질 궁극적인 치유에 대한 생각들이 종종 나의 초점이 되었고, 나의 열정, 꿈, 묵상, 나의 노래가 되었다. 치유는 반드시 이루어질 것이며, 어중간하게가 아니라 완전히 이루어질 것이다. 육체적으로 온전한 모습을 회복하는 것은 나를 향한 하나님의 선한 계획과 목적의 지극히 작은 일부분에 불과하다.

이런 생각들은 내가 큰 시련에 직면했을 때 내 마음에 큰 평안을 가져다주었다.

1995년에 나는 천국에 관한 책을 썼다. 그 후로 우리의 미래와 영원한 집에 대한 묵상은 나의 사역과 저술, 상담, 강연의 주된 주제가 되었다.

하지만 2년 전 만성 통증이라는 불청객이 내 삶에 들어왔을 때 그것은 나를 괴롭히고 조롱하며 내게서 평안과 능력을 빼앗아 갔다. 이제껏 사지마비로 살아오는 동안 하나님이 능력을 주셔서 할 수 있었던 많은 일들, 곧 만족을 주고 열매를 맺게 했던 그 일들을 하지 못하게 된 것이다. 그림을 그리고 강연을 다니고 책을 쓰고 노래를 부르며 여행을 하고 라디오와 TV 방송에서 사역하는 것들이 훨씬 더 힘들어졌다. 뭔가가 달라지지 않는다면, 솔직히 얼마나 더 오래 그 일들을 계속할 수 있을지 모르겠다.

육체적 치유에 관한 오래된 질문들이 모두 다시 돌아왔다. 굉장히 긴급하고 절박하게 말이다. 그것을 어떻게 설명할 수 있을까? 그것은 마치 대학 교육 과정을 다 마쳤다고 생각했는데, 아직 모든 과정이 끝나지 않았고 가장 중요한 시험이 바로 앞에 닥쳤다는 것을 알게 된 졸업생의 기분같은 것이었다.

이런 식으로 표현해도 될지 모르겠지만, 나는 사지마비에 '익숙해졌다.' 하지만 끊임없이 몰아치는 고통에는 어떻게 '익숙해질' 수 있을지 모르겠다. 골치 아픈 상황, 힘든 일, 끝이 없는 것 같은 육체적 필요…. 사지마비 환자의 일상에 대처하는 법은 배웠지만, 쉬지 않고 몰려오는 고통에는 어떻게 대처해야 할지 모르겠다. 나에겐 구조가 필요하다. 구원이 필요하다. 이 고통으로부터의 치유가 필요하다. 하나님이 무언가를 해주셔야만 한다. 최대한 빨리. 예전에는 낮이나 밤이나 언제든지 하나님의 전화번호를 눌렀다면, 지금은 순간순간마다 단축번호로 하나님께 긴급 호출을 한다. 예전에는 매일매일 풍족한 은혜를 누리게 해 달라고 기도했다면, 지금은 살아남게 해 달라고 기도한다.

빨리빨리 시편

내 삶에 일어난 이런 원하지 않은 변화들로 인해 나는 소위 "빨리 빨리 시편"의 열렬한 팬이 되었다. 그것은 대부분 다윗의 시편들인데, 여기서 다윗은 하나님께 간청을 드릴 뿐만 아니라 "긴급 주문"을 덧붙인다. 말하자면 이런 것이다. "하나님, 제가 이것을 간청하고 있지만(하나님을 바라고 기다려야 한다는 걸 알지만) 정말로 하나님의 응답을 기다릴 여유가 없습니다. 정말로 빨리 오시지 않으면 응답해 주실 필요가 없습니다. 그 사이에 제가 죽어 버릴 테니까요!"

이토록 간절하고 긴박하게 도움을 구하는 시편 말씀을 들어 보자.

여호와여 멀리 하지 마옵소서
나의 힘이시여 속히 나를 도우소서(22:19)

내게 귀를 기울여
속히 건지시고(31:2)

속히 나를 도우소서
주 나의 구원이시여(38:22)

여호와여 은총을 베푸사 나를 구원하소서
여호와여 속히 나를 도우소서(40:13)

주의 얼굴을 주의 종에게서 숨기지 마소서

내가 환난중에 있사오니 속히 내게 응답하소서
내 영혼에게 가까이하사 구원하시며(69:17-18)

하나님이여 나를 건지소서
여호와여 속히 나를 도우소서(70:1)

나는 가난하고 궁핍하오니
하나님이여 속히 내게 임하소서
주는 나의 도움이시요 나를 건지시는 이시오니
여호와여 지체하지 마소서(70:5)

하나님이여 나를 멀리 하지 마소서
나의 하나님이여 속히 나를 도우소서(71:12)

주의 긍휼로 우리를 속히 영접하소서
우리가 매우 가련하게 되었나이다(79:8)

나의 괴로운 날에
주의 얼굴을 내게서 숨기지 마소서
주의 귀를 내게 기울이사
내가 부르짖는 날에 속히 내게 응답하소서(102:2)

여호와여 내가 주를 불렀사오니 속히 내게 오시옵소서

내가 주께 부르짖을 때에 내 음성에 귀를 기울이소서(141:1)

여호와여 속히 내게 응답하소서
내 영이 피곤하니이다(143:7)

다윗은 이렇게 말하고 있다. "주님, 좀 더 서둘러 주시겠어요? 물론 주님이 주신 은혜와 긍휼과 구원에 대해 감사드립니다. 하지만 조금 더 서둘러 주시면 안 될까요? 노새가 끄는 짐수레 대신 페덱스(FedEx, 국제 특송 서비스 업체)의 심야 배달 서비스로 응답을 주시면 안 될까요?"

나도 다윗처럼 그렇게 기도하고 싶다. 감사한 것은 우리가 깊은 곤경이나 심한 두려움에 빠져 있을 때 즉각적인 도움이 필요하고, 또 우리 영혼의 대동맥에 직접적으로 소망을 긴급 투입할 필요가 있다는 것을 성경이 인정하고 있다는 사실이다.

베드로가 물 위를 걷다가 갑자기 물에 빠지는 것을 느꼈을 때 내뱉은 말은 아마 성경에서 가장 짧은 기도일 것이다.

바람을 보고 무서워 빠져 가는지라 소리 질러 이르되 주여 나를 구원하소서 하니(마 14:30).

나도 베드로처럼 그렇게 기도하고, 나만의 빨리빨리 시편으로 기도했다. 치유를 구하는 나의 기도는 다시 절박한 수준으로 돌아왔다. 그 어느 때보다 볼티모어 병원에서 겁에 질려 떨던 십대의 내 모습이, 그때의 그 느낌이 더욱더 생각난다.

하지만 현재의 삶의 위기는 또 다른 결과를 가져왔다. 그것은 천국에서 나를 기다리고 있는 궁극적인 치유에 대한 내 마음의 열망을 세 배는 더 강하게 만들었다. 나에게 이것은 공상이나 즐거운 기분 전환이 아니다. 그것은 내 생명의 줄이며, 소망이며, 온전한 정신이다. 내가 지금 어디 있는지도 분별하기 힘들 때 내 마음이 갈 수 있는 곳이기도 하다.

죽음에 대한 동경처럼 들리는가? 전혀 그렇지 않다. 단지 내 아버지 집에서 누릴 평안, 쉼, 회복, 기쁨에 대한 갈망이 클 뿐이다. 나에겐 이미 내 이름이 쓰인 방이 있다. 이미 예약이 되어 있고 방값도 지불했으며 내가 오기만을 기다리고 있다. 예수님이 나에게 그렇게 말씀하셨다.

> 내 아버지 집에 거할 곳이 많도다 그렇지 않으면 너희에게 일렀으리라 내가 너희를 위하여 거처를 예비하러 가노니 가서 너희를 위하여 거처를 예비하면 내가 다시 와서 너희를 내게로 영접하여 나 있는 곳에 너희도 있게 하리라(요 14:2-3).

배낭여행을 즐기는 내 친구들은 나에게 도보 여행의 경험들을 자세히 들려주곤 한다. 그들의 이야기를 들으며 나는 55파운드의 짐을 등에 지고 가죽 끈이 어깨 근육을 압박하는 상태에서 길고 긴 지그재그 길을 걸어 높은 곳까지 올라가는 고단함과 거기서 느끼는 희열은 물론이고 다시 출발 지점으로, 차로, 집으로 돌아오는 뿌듯함을 상상할 수 있다. 햇볕이 쨍쨍 내리쬐고, 나무뿌리와 돌에 발부리가 걸려 넘어지고, 몸은 온통 먼지와 상처와 모기 물린 자국에, 어깨는 아프고, 다리는 무겁고, 등산화 속에서는 물집들이 아우성을 치고 있다.

그래도 그들은 하이킹 동료들과 좋은 대화를 나누고 있을 것이고 곳곳마다 보이는 산의 절경과 숲속 오솔길에서 마주치는 야생생물들, 파란 하늘에 떠 있는 뭉게구름, 고지의 풀밭 사이로 굽이치며 졸졸 흐르는 시냇물 등의 훌륭한 경치를 감상하며 걷고 있을지도 모른다. 이 모든 것들은 여행자의 눈을 즐겁게 해줄 뿐 아니라 위대한 창조주께 감사할 거리들을 넉넉히 제공해 준다.

> 모든 다이아몬드는 검은 탄소로 시작해서 결국 귀하고 멋진 보석이 된다. 검은 욕된 것으로 심어 영광스러운 것으로 되살아난다.

하지만 대부분은 편안하게 돌아갈 집이 있기에 여행이 더욱 즐거운 법이다. 그들은 얼른 어깨에서 가방을 내려놓고 연기 나는 발에서 등산화를 벗고 뜨거운 햇볕에서 벗어나 차가운 물을 오랫동안 들이키며, 뜨거운 물에 몸을 푹 담그고, 사랑하는 사람들에게 여행 이야기를 들려주고 싶은 마음이 간절할 것이다.

그것이 히브리서가 말하는 성도들의 열망이다.

> 이 사람들은 다 믿음을 따라 죽었으며 약속을 받지 못하였으되 그것들을 멀리서 보고 환영하며 또 땅에서는 외국인과 나그네임을 증

언하였으니 그들이 이같이 말하는 것은 자기들이 본향 찾는 자임을
나타냄이라 그들이 나온바 본향을 생각하였더라면 돌아갈 기회가
있었으려니와 그들이 이제는 더 나은 본향을 사모하니 곧 하늘에 있
는 것이라 이러므로 하나님이 그들의 하나님이라 일컬음 받으심을
부끄러워하지 아니하시고 그들을 위하여 한 성을 예비하셨느니라
(히 11:13-16).

이 선한 사람들은 긴 여행에 지쳐 녹초가 되었는데 저 멀리 지평
선 위에 번쩍번쩍 빛나는 성을 보았고, 그곳이 본향임을 알았다. 그
곳은 그들이 진정으로 갈망하는 유일한 본향이었다. 그들은 아직 한
번도 보지 못했지만 참된 본향인 그곳에 대한 향수와 열망으로 가득
했다.

오래 오래 행복하게

누구나 부모님께 물려받은 특별한 책들이 있을 것이다. 나에게도
아직까지 생각나는 책이 있는데 여동생 방 선반 위에 있던 커다랗고
빨간 동화책이었다. 그 책은 결말이 아름답고, 각 이야기마다 자세
한 삽화들이 그려져 있었다.

지금도 나는 하멜른의 피리 부는 사람의 생김새를 정확히 묘사할
수 있다. 그의 우스꽝스러운 모자와 뾰족한 구두까지 말이다. 뒤틀
린 참나무들을 보아도 그 커다랗고 빨간 동화책 속에 나오는 채색
판화들이 생각난다.

이 얼마나 오래된 기억인지! 나는 눈을 감고, 아버지가 저녁에 우리들을 편안하게 쉬게 해주려고 2층으로 올라오는 소리를 들을 수 있다. 아버지는 그 책을 펴서 캐시와 나에게 읽어 주셨다. 헨젤과 그레텔, 골디락스와 곰 세 마리, 빨간 모자, 아기 돼지 삼형제…. 그 이야기들은 고전적인 선과 악의 이야기이며, 제일 좋은 부분은 항상 이야기 끝부분에 나왔다.

우리 아버지는 마음이 푸근해지는 그 마지막 부분을 읽을 땐 약간 천천히 읽으셨다. "그들은 그 후로 오래오래 행복하게 살았습니다." 그러니까 헨젤과 그레텔은 살았고 늙은 마녀는 죽었으며, 빨간 모자는 살아남고 심술궂은 늑대는 멀리 쫓겨났다는 뜻이다. 돼지 삼형제는 풀밭을 마음껏 돌아다닐 수 있게 되었고 늙은 늑대는 다시 볼 수 없게 되었다. 그 뒤로 죽 행복하게 산다는 것은 정말 멋진 일이다.

아무리 어린 아이라도, 또 하나님과 천국에 대해 어떻게 믿고 있든 간에, 모든 아이들은 "그 후로 죽 행복하게"라는 말이 무슨 뜻인지 본능적으로 안다. 굳이 그것에 대해 가르칠 필요가 없다. 아이들은 이 세상에 늑대와 마녀, 커다랗고 못된 곰들이 가득하다는 것을 알고 있다. 모든 것이 올바르지 않으며 이 세상에 뭔가 문제가 있다는 것, 그리고 우리 모두가 그 후로 죽 행복하게 살게 될 때를 간절히 열망하고 있다는 것을 알고 있다. 마침내 왕자가 와서 우리에게 입맞춤을 해주면 우리는 이 이상한 꿈에서 깨어나 영원히 참된 행복과 기쁨을 누리게 될 것이다.

다소 성경적으로 들리지 않은가?

전도서에는 하나님이 인간에게 영원을 사모하는 마음을 주셨다고 말한다. 뭐라고 딱 꼬집어 말할 수는 없지만, 확실히 그런 마음이 있다. 이 영원한 것에 대한 간절한 열망, 모든 것이 다 잘되기를 바라는 마음, 그 후로 죽 행복하게 살고 싶은 소망이 있다.

그렇기 때문에 예수 그리스도에 대한 믿음이 그토록 만족감과 충족감을 주는 것이다. 오직 그분 안에서 모든 소망이 성취되며 평화와 행복에 대한 열망이 충족될 것이기 때문이다. 그때에 모든 악한 것들이 패하며, 모든 잘못이 바로잡아지고 평화의 왕께서 우리의 왕이 되실 것이다. 해피엔딩이 우리를 기다리고 있다. 계단을 올라오는 주님의 발소리가 들리는 것 같다.

갈등

영원한 나라 천국을 생각하면 내 마음속에 갈등이 생긴다. 우리는 이 부서진 세상에 잠시 살고 있지만, 실은 다른 곳의 시민권을 가지고 있는 자들이다. 그뿐 아니라 골로새서 3장 1절 말씀대로, 우리의 참된 본질은 실제로 이미 그리스도와 함께 천국에 앉아 있다.

당연히 나는 망설여진다.

내가 주님과 함께 있고 싶은 마음엔 재고의 여지가 없다. 주께서 슬픔과 고난이 오지 못하게 문을 닫아 주시면 좋겠다. 더 이상 죽음도, 고통도, 슬픔도, 휠체어도, 부목도, 소변백도 없었으면 좋겠다. 나는 성경을 읽을 때 위에 있는 하늘의 영광을 생각하라고 권면하는 구절들을 많이 본다. 그리스도의 재림과 천국을 갈망하는 것이 얼마나 좋은지 말하는 구절들이다.

하지만 그 다음으로 많이 보는 말씀은 이 땅에서 소매를 걷어붙이고 열심히 일하라는 말씀들이다. 손에 쟁기를 잡아라, 밤이 오고 있으니 일해라, 네가 가진 재능들을 사용해라…. 실제로 사도 바울은 천국에 가기를 깊이 열망했지만, 두 번 생각한 다음 이렇게 말한다. "내가 육신으로 있는 것이 더 유익하리라." 계속해서 그는 "두렵고 떨림으로 너희 구원을 이루라, 씨를 뿌려라, 빛을 비추어라, 사람 낚는 어부가 되어라, 복음을 전파해라, 세상 끝까지 가라, 열심히 일하고 복음을 전해라"고 말한다.

사실 성경은 두 가지 메시지를 동시에 전하고 있다. 내가 갈등을 느끼는 것도 그 때문이다. 사도 바울처럼 나도 예수님과 같이 있게 될 날을 깊이 사모하고 갈망한다. 하지만 또 한편으로는, 내 친구들과 친척들, 이웃들에게 그리스도를 전해야 한다. 손에 쟁기를 잡고 열심히 일하며 씨를 뿌리고 빛을 발해야 한다!

오늘 아침 친구와 함께 이것에 대한 이야기를 나누었다. 우리는 매일매일 하나님의 포도원에서 묵묵히(때로는 아주 고되게) 일하며 올바르게 하나님의 땅을 개간하는 것에 대해 이야기했다. 나는 때때로 이 땅에서 해야 할 일이 많기 때문에 천국을 너무 깊이, 또는 너무 많이 갈망하면 안 될 것 같아서 좀 갈등할 때가 있다고 말했다.

그녀가 뭐라고 대답했을까?

그녀는 요한계시록 22장 20절을 인용했다. "(그럴지라도) 주 예수여 오시옵소서."

내가 약간 묘한 표정으로 쳐다보니 그 친구가 이렇게 말했다. "그래서 내가 '그럴지라도(even so)'라고 말하는 거야."

갑자기 마음속에 불빛이 켜지는 것 같았다. 그랬다. 비록 이 땅에서 해야 할 일과 싸워야 할 싸움이 많지만, 그럴지라도 우리는 온 마음으로 갈망하며 "주 예수여 오시옵소서"라고 말해야 하는 것이다.

천국에 대해 네 가지 간단한 묵상을 해보기 바란다. 우리가 배낭을 짊어지고 천국을 향해 가고 있다고 가정하고 그 여정 가운데 오늘이든 내일이든 다음 주든, 혹은 20년 후든 천국에 다다라서 어깨에서 배낭을 내려놓고 주님의 품에 안기고 싶은 마음으로 다음의 것들을 묵상해 보라.

묵상 1 : 너무 쉽게 만족하지 않는가?

이 세상의 좋은 것들은 장차 하나님 나라의 것들을 아주 희미하게 보여 주는 것에 불과하다. 문제는 우리가 현재의 삶에 매여서, 이 세상의 좋은 것들에 지나치게 만족해 버린다는 것이다. 우리는 종종 장차 올 더 좋은 것들을 망각하고 만다.

C. S. 루이스는 복음서에 나오는 상급에 대한 약속들을 잘 생각해 보면 다음과 같은 사실을 알게 된다고 했다.

우리 주님은 우리의 열망이 너무 강한 것이 아니라 오히려 너무 약하다고 생각하시는 것 같다. 우리는 무한한 기쁨이 주어지는데도 빈둥거리기만 하는 냉담한 피조물들이다. 마치 해변에서 휴가를 보내는 것이 어떤 것인지 상상할 수 없기 때문에 빈민굴에서 진흙파이나 계속 만들고 싶어 하는 무지한 어린아이와 같다. 우리는 너무 쉽게 만족한다.

그의 말처럼 우리는 너무 쉽게 만족한다. 나 자신의 경험만 돌아봐도 정말 그렇다.

어린 시절을 메릴랜드 볼티모어에서 보낸 나는 산에 간다는 생각을 하면 가슴이 떨렸다. 어렸을 때 하루는 엄마와 아빠가 로키산맥으로 여행을 갈 거라고 말해 주었다. '산'이라고? 내 귀에는 그 단어밖에 안 들렸다. 암벽 등반은 생각만 해도 흥분되었다. 나는 항상 높은 산꼭대기에서 보는 놀라운 광경에 대해서 얘기로만 들어왔다. 그래서 극단적인 상상력까지 동원하여, 차를 타고 하늘까지 닿는 절벽으로 죽 올라가는 느낌이 어떨지 마음속에 그려 보기도 했다.

여행을 시작한 지 이틀 만에 애팔래치아 산맥에 도착했다. 우리는 여러 곳에 멈춰서 경치를 감상했고, 나는 산비탈을 오를 기회만 있어도 매우 흥분했다. 모든 것이 매우 크고 확 트여 보였다. 그보다 더 아름다운 곳은 상상할 수가 없었다.

결론부터 말하자면, 나는 계속 가고 싶지가 않았다. 굳이 더 가야 할 필요가 있을까? 그냥 그 자리에 머물고 싶었다. 너무 쉽게 만족했던 것이다.

여행을 계속하면서, 우리는 애팔래치아 산맥에서 내려가 중서부의 대평원에 이르렀다. 나는 부모님이 길을 잘못 찾아온 것이 틀림없다고 생각했다. 그래서 속으로는 이렇게 말하고 있었다. '다시 애팔래치아 산맥으로 가자고요! 누가 로키 산맥에 가고 싶댔어요?' 오랜 시간 동안 눈에 보이는 것은 팬케이크처럼 평평한 땅뿐이었다.

그러다가 갑자기 내 눈 앞에 우뚝 솟아 있는 그 장엄한 로키산맥을 보았을 때의 감격은 지금까지도 기억날 만큼 생생하다. 그것은 상상조차 해본 적 없는 모습이었다. 그 순간 애팔래치아 산맥에 대한 것은 모두 잊었다.

이처럼 우리들은 현실이라는, 만지고 느끼고 볼 수 있는 것들에 푹 빠져 너무 쉽게 만족하는 경향이 있다. 이제는 진흙파이나 만드는 일은 그만두어야 한다. 해변에서 휴가를 보낼 수 있는 기회가 우리에게 주어졌기 때문이다. 우리가 꿈꿨던 것보다 훨씬 더 높고 장엄한 산으로 떠나 보자. 이 세상에 있는 좋은 것들은 앞으로 있을 훨씬 더 좋은 것들의 그림자에 불과하다.

묵상 2 : 최고로 좋은 것이 무엇일까?

천국에 대해 한 번도 들어본 적이 없는 사람에게 어떻게 천국을 설명해야 할까? 때로 나는 천국의 모습을 묘사하고 싶을 때, 특히 하나님을 믿지 않는 이들에게 설명해 주려고 할 때 이사야 선지자의 말을 인용한다.

> 만군의 여호와께서 이 산에서 만민을 위하여 기름진 것과 오래 저장하였던 포도주로 연회를 베푸시리니 곧 골수가 가득한 기름진 것과 오래 저장하였던 맑은 포도주로 하실 것이며(사 25:6).

비 그리스도인들에게 이 성경 구절을 읽어 주면 그들은 나를 쳐다보며 "하, 정말?"이라고 말한다. 평생 그런 말은 들어 본 적이 없기 때문이다. 그들이 생각하는 천국은 유령 같은 신자들이 하프를 타는 천사들에게 둘러싸여 구름 위에 앉아 있는 모습이다. 천국이 이렇게

까지 현실적이라고는 생각해 본 적이 없는 것이다.

이사야가 말하려고 하는 요점은 천국이 매우 실제적이라는 것이다. 우리가 이 땅에서 보고, 만지고, 맛볼 수 있는 것보다 훨씬 더 실제적이다. 그냥 고기가 아니라 가장 좋은 고기다. 그냥 포도주가 아니라 가장 맑은 포도주다.

모든 것이 이 땅에서 경험한 것보다 훨씬 더 좋을 것이다. 나는 불신자들에게 이렇게 말한다. "이 세상에서 누릴 수 있는 가장 아름답고 즐거운 일들은 그보다 훨씬 더 좋고 영광스러운 일들의 암시, 전조에 불과합니다. 세상에서 누리는 기쁨은 천국에서 누릴 실제 기쁨의 그림자일 뿐이니까요."

> 천국에서 가장 좋은 것은 더 이상 죄와 이기심에 짓눌리지 않는 순결한 마음을 갖는 것이다.

그러고 나서 이렇게 말한다. "저는 주님의 혼인잔치 만찬석에 앉아 마르틴 루터, 다윗 왕과 건배를 하며, 다니엘 선지자와 포옹을 할 것입니다. 또 나를 향해 걸어오시는 우리 아버지와 어머니를 만날 것입니다. 우리는 웃음을 터뜨렸다가 흐르는 눈물을 닦고 다시 웃으며 말할 것입니다. '우리도 왔고 저들도 왔고 너도 왔구나!' 그리고 예수 그리스도께서 우리의 눈을 열어 주셔서, 그분의 마음속에 있는 거대한 사랑의 샘을 보게 해주실 것입니다. 그것은 이 세상에서 경험한 것들보다 훨씬 더 큽니다. …마침내 우리가 웃음과 울음을 그칠 때 계시록에 나오는 말씀처럼 예수님이 정말로 우리 모두의 눈물을 다 닦아 주실 것입니다."

그 다음엔 이 불신자들에게 이렇게 말할 것이다. "천국에 갈 준비를 하고 있습니까? 당신을 만드신 분을 만날 준비가 되어 있습니까? 그곳은 거룩한 사람들을 위한 거룩한 처소입니다. 어떻게 준비할 수 있는지 제가 설명해 드릴까요?"

하늘나라가 다가오고 있다. 그것은 현실이다. 그리고 나는 진심으로 당신이, 나의 모든 친구들이 그곳에 가기를 원한다.

묵상 3 : 욕된 것으로 심고 영광스러운 것으로 부활한다

우리 집안에서 대대로 전해 내려오는 특별한 반지가 하나 있다. 백금으로 세팅한 아름답고 고풍스러운 다이아 반지인데 내가 가지고 있다가 몇 년 전 조카딸 제이미 케이에게 미리 물려주었다.

그것은 정말 아름다운 1캐럿 다이아몬드 반지다. 하지만 보석 안을 자세히 들여다보면, 깊숙한 곳에 작은 점 같은 검댕이 있다. 아주 작은 그 흠을 통해 나는 그 다이아몬드가 어디서 왔는지를 생각해 보게 되었다.

물론 다이아몬드는 세상에서 자연적으로 형성되는 가장 단단한 물질로 내구성이 강하고 아름다운 것으로 유명하다. 그 이름은 아다마스(adamas)라는 단어에서 나온 것인데, 그리스어로 "정복할 수 없는"이라는 뜻이다.

지구 맨틀 깊은 곳에서 놀라운 압력과 상상이 안 되는 온도에 의해 형성된 다이아몬드는 탄소로 구성되어 있다. 일단 다이아몬드를 캐내면 모양, 질, 색깔에 따라 수천 가지 범주로 분류한다. 세상에 똑같은 다이아몬드는 하나도 없다.

하지만 모든 다이아몬드는 검은 탄소로 시작해서 결국 귀하고 멋진 보석이 된다. 우리도 검은 석탄과 비슷한 욕된 것으로 심어 영광스러운 것, 매우 귀한 보석으로 되살아나는 것이다. 그 예화는 언제나 고린도전서 15장 42−44절 말씀을 생각나게 한다.

> 죽은 자의 부활도 그와 같으니 썩을 것으로 심고 썩지 아니할 것으로 다시 살아나며 욕된 것으로 심고 영광스러운 것으로 다시 살아나며 약한 것으로 심고 강한 것으로 다시 살아나며 육의 몸으로 심고 신령한 몸으로 다시 살아나나니 육의 몸이 있은즉 또 영의 몸도 있느니라.

그 작은 검댕을 통해 나는 큰 교훈을 얻게 되었다. 그것은 천국에서 우리의 영광스러운 몸이 세상에서의 몸과 놀라울 정도로 다르면서 또 비슷한 것임을 보여 준다는 것이다. 그곳은 말할 수 없을 만큼 영광스러운 곳이며, 우리의 모습도 지금과는 다른 훨씬 더 멋지고 영광스러운 모습일 것이다. 다이아몬드가 본래 탄소의 모습과 달리 훨씬 더 아름다운 것처럼 말이다.

나는 이 휠체어에 앉아서 그 사실을 묵상하길 좋아한다. 오래 전, 내가 두 발로 설 수 있었을 때도 내 몸은 그리 멋지지 않았다. 하지만 지금은 훨씬 더 나빠졌다. 위축된 근육, 기형인 손과 손가락, 고통과 함께 퇴화하는 뼈들만 봐도 그렇다.

나 같은 사람은 여느 사람들처럼 움직일 수만 있어도 정말 황홀해질 것이다. 달리고 걷고 내 손으로 물건을 잡을 수만 있어도 이미 천국에 와 있는 기분일 것이다. 하지만 고린도전서 15장에 나오는 놀라운 진리는, 천국에서 내가 단지 세상 사람들처럼 움직이는 육신을 다시 갖게 되는 것이 아니라는 것이다. 그것은 새 하늘과 새 땅에서 나에게 완벽하게 어울리는 영광스러운 몸일 것이다.

다이아몬드가 근본적으로 탄소와 같은 것이라는 사실이 매우 흥미롭다. 유일한 차이점은 시간과 압력이 완전히 새로운 물질을 만들어냈다는 데 있다. 마찬가지로 천국에서의 우리의 모습도 지금보다 새로워지고 개선된 모습일 것이다. 시간과 압력은 우리를 귀하고 완전한 모습으로 바꾸어 밤하늘의 별처럼 빛나게 해줄 것이다.

묵상 4 : 궁극적인 성취

40년 넘게 휠체어에 앉아 있으면서, 내 발로 설 수 있었을 때의 느낌을 기억으로만 겨우 간직하고 있다. 손가락이 차가운 피아노 건반에 닿을 때의 느낌, 만조 때 큰 파도 위로 다이빙하는 느낌, 오렌지 껍질을 까는 느낌, 사랑하는 사람의 손을 꼭 잡는 느낌까지.

이런 기억들이 나의 모든 신경과 조직에 흘러넘쳐 나의 상상력에 불을 붙인다. 내가 이 땅에서 잃어버린 것은, 그것이 뭔가를 붙잡거나 느낄 수 있는 능력이든 아니면 뛰거나 걸을 수 있는 능력이든, 천국에서 모두 되찾게 될 것이다. 단지 '되찾는' 것만이 아니라 훨씬 더 많은 것들을 누리게 될 것이다.

우리 구주 예수님과의 관계 역시 훨씬 더 좋아지고 풍성해질 것이다. 이 땅에 있는 모든 좋은 것들의 그림자가 천국에서 온전해질 것이기 때문이다. 나는 오렌지 껍질을 까거나 꽃을 만지거나 풀밭을 뛰어다니는 것보다 훨씬 더 많은 일을 하게 될 것이다. 물론 그것들은 소중하고 좋은 기억들이다. 하지만 아직 성취되지 않은 더 멋진 일들의 암시이며 약속에 불과하다.

그리고 지금도 주님을 사랑하지만 천국에서는 주님이 나를 사랑하시는 것처럼 순수하고 온전하게 주님을 사랑할 것이다. 그것이 얼마나 아름다울지 상상할 수도 없지만, 성경은 나에게 천국에서 나의 모습이 하나님이 의도하신 영광스러운 조니로 변할 것이라고 약속하고 있다.

천국에서 가장 좋은 것은 뛰거나 걷는 것, 만지거나 붙잡는 것이 아닐 것이다. 천국에서 가장 좋은 것은 더 이상 죄와 이기심에 짓눌리지 않는 순결한 마음을 갖는 것이다. 영광스러운 몸도 보고 싶지만 그보다 더 좋은 것은 순결하고 영광스러운 마음이다!

천국을 기대하다

요전날 밤에 천국에 대한 꿈을 꾸었다.

꿈속에서 나는 휠체어가 아닌 내 발로 서 있었다. 그런 꿈을 자주 꾸진 않지만, 한 번씩 꾸게 되면 굉장히 기쁘다. 실은 요한계시록을 읽는 중이었는데, 그날 읽은 말씀이 마침 하나님이 우리의 눈물을 닦아 주시는 부분이었다.

어쨌든 꿈 속에서 나는 오래된 피아노 앞에 앉아 있었다. 부모님 집 거실에 있던 작은 그랜드피아노였다. 사고가 나기 전에 나는 그 오래된 피아노로 10년 동안 피아노를 배웠다. 피아노 배우는 것을 지겨워하는 아이들과 달리 난 피아노를 정말 좋아했다.

꿈속에서는 피아노 의자에 앉아 있는 내 모습은 안 보이고 오로지 손만 보였다. 내가 제일 좋아하는 슈만의 "로망스"를 연주하고 있었다. 슈만이 피아노곡으로 작곡한 가장 사랑스러운 작품이다. 그 곡을 연주한 지 정말 오래되었는데 내 손은 모든 건반과 화음과 흐름과 순서를 다 기억하고 있었다. 비록 꿈속이긴 했지만 얼마나 기뻤는지 말로 다 표현할 수 없을 정도다.

천국은 놀라운 곳이다. 천국의 광경, 소리, 사람들, 우리가 하게 될 일들, 탐험할 장소들, 우리가 사귈 친구들, 우리가 다스릴 왕국, 우리가 배우게 될 재미있는 일들, 우리 하나님과 함께하는 기쁨, 우리 구주 예수님께 드릴 행복한 찬양, 천군 천사들.

어떤 사람이 나에게 임종을 맞이한 한 남자에 대해 이야기해 준 적이 있다. 목사가 그 사람 옆에 앉아서 두 손을 꼭 잡고 함께 있어 주었다. 죽어 가던 사람은 잠깐 잠이 들었다가 눈을 뜨더니 이렇게 말했다. "목사님이세요?"

"네, 접니다." 목사가 대답했다. "계속 당신 곁에 있었어요."

그러자 그 남자가 신음하며 말했다. "아, 정말 실망했어요! 예수님을 만날 줄 알았는데, 목사님이시네요!"

하지만 그 사람은 잠시 후 세상을 떠났다. 그리고 그 다음 번 눈을 떴을 땐 분명 실망하지 않았을 것이다. 절대로 실망하지 않았을 것이다!

어린 친구를 격려하며
성경은 언제나 우리에게 다른 사람들의 필요를
생각하라고 강권한다. 내가 가진 것이 얼마든,
내가 얼마나 힘든 일을 겪고 있든 상관없이 말이다.

chapter 09

고난을 통해 맺어진 열매들

눈물을 흘리며 씨를 뿌리는 자는 기쁨으로 거두리로다
울며 씨를 뿌리러 나가는 자는 반드시 기쁨으로
그 곡식 단을 가지고 돌아오리로다(시 126:5-6).

이 책을 시작할 때 내 인생의 이 특별한 시기를 사실상 끊이지 않는 고통과의 전면전이라고 묘사했다.

나는 오랜 세월 동안 다양한 전선에서 다양한 싸움을 해 왔다. 하지만 하나님의 지혜와 탁월한 타이밍으로, 거의 예순이 되어 가는 지금 그 싸움은 더욱 격렬해지고 있다.

어쩌면 당신도 나와 비슷한 상황에 처해 있을 것이다. 그것은 당신의 결혼생활을 위한 싸움일 수도 있고, 취업이나 재정적인 문제, 장기간에 걸친 자녀 양육권 다툼, 또는 아이 입양에 관한 기관와의 팔씨름일 수도 있다. 어쩌면 자녀에게 장애가 있어서 하루하루 힘겨운 싸움을 하고 있을지도 모른다. 아니면 나처럼 에너지를 빼앗고 마음을 혼란스럽게 하는 고통과의 끊임없는 싸움에 뛰어들어야 했는지도 모른다.

싸움을 원하는 사람은 아무도 없다. 누구나 거기에서 벗어나고 싶어 한다. 하지만 그리스도 안에서는 고난도 헛되지 않다. 우리에게 좌절과 슬픔, 근심, 눈물을 가져다주는 그 싸움들은 사랑과 지혜로 다스리시는 하나님의 손 안에 든 도구로서 우리의 삶에 천 배 이상의 유익을 되돌려 줄 것이다.

사도 바울은 이렇게 말했다. "생각하건대 현재의 고난은 장차 우리에게 나타날 영광과 비교할 수 없도다"(롬 8:18). 히브리서 저자는 우리가 현재의 고난을 사랑의 징계로 받아들이고 견디면 "그로 말미암아 연단 받은 자들은 의와 평강의 열매를 맺을"(히 12:11) 것이라고 말한다.

나의 경우에는 받은 고통도 컸지만 얻은 열매도 그만큼 컸다. 내가 개인적인 고통을 통해 얻은 부인할 수 없는 유익은 다른 무엇보다도 세상 곳곳에서 어둠의 왕국과 빛의 왕국이 끊임없이 싸우고 있다는 생생한 깨달음이었다.

때때로 우리가 편안하고 안락한 시기를 보내거나 따뜻한 가족과 친구들과 활동들과 풍요로움에 둘러싸여 있을 때는 모든 삶 속에서 가장 기본적인 현실을 망각할 수 있다. 우리가 많은 고난을 겪고 있는 거대한 몸의 한 지체라는 사실이다.

어떤 사람들은 여러 행사들과 약속들을 잊지 않으려고 각종 기기들을 이용한다. 휴대폰이나 아이폰, PDA 같은 것들을 이용해 알람을 설정하는 것이다. 육체적인 고통도 그런 기능을 할 수 있다.

그것은 우리 주님께 속한 많은 사람들이 지금도 고통과 싸우고 있다는 것을 상기시키려고 무자비하게 찌르는 날카로운 침과 같다. 지금 나는 몇 년 동안 지구 곳곳에 있는 사람들과 사역들을 위해 기도할 수밖에 없는 상황에 처했다. 내 상태가 이렇다 보니, 매일 밤 침대에 누워서 잠들기 전까지 많은 시간이 남는다. 그렇게 많은 밤에, 나는 몇 시간 동안 전 세계 네트워크에 접속하며 시간을 보낸다. 그리고 내가 아는 여러 나라의 신자들을 위해 기도하기 시작한다. 극심한 가난, 고통, 압제, 또는 궁핍에 처한 사람들, 또는 이 소중한 영혼들과 함께 일하는 데 평생을 헌신해 온 사람들을 위해서 말이다.

CNN 방송을 보면 자연과 인간이 만들어 낸 온갖 아픔과 재난과 비극들을 견뎌 내고 있는 사람들의 슬픈 이야기들을 보고 듣게 된다. 하지만 TV를 끄고 하나님의 보좌 앞에서 전 세계에 다이아몬드 가루처럼 흩어져 있는 성도들을 위해 기도하기 시작할 때 당신은 참으로 그 이야기 속에 들어가게 된다! 또한 하나님이 은혜와 용기와 인내와 소망과 때로는 기적적인 치유를 베풀어 주실 때 그 슬픈 이야기들이 변화되는 것을 지켜볼 수 있다.

나의 중보기도 대상자들 중에는 한 주씩 돌아가면서 가끔씩 기도하는 사람들도 있지만, 나와 고통을 함께 나누는 친구들을 위해서는 매일 기도한다.

아프리카 : 고통을 나누는 친구

> 은혜로운 곳은 길르앗 맘 상처 고치네
> 은혜로운 곳은 길르앗 맘 상처 고치네
> 때때로 낙심하며 큰 실망하여도
> 주님은 성령으로 늘 용기 주시네

때로 낙심되거나 두려움과 의심이 생길 때 나는 이 성가를 부른다.

나의 장애가 더 심해지는 것은 아닐까 하며 걱정과 불안에 휩싸일 때도 이 찬양을 부른다. 이런 노래들은 나에게 힘이 된다. 성경 말씀처럼 하나님이 나에게 "밤에 노래를" 주신 것이 너무나 기쁘다.

그리고 하나님은 내가 휠체어 때문에 우울해지기 시작할 때 또 다른 것을 통해 나에게 용기를 주셨다. 그것은 내가 일하는 책상 옆에 걸려 있는 사진이다. 나는 사진 속에 있는 사람의 이름도 모르고, 그가 어디 사는지도 확실히 모른다. 하지만 그는 나를 감동시킨다.

'세계를 위한 바퀴'(Wheels for the World) 팀원들이 이 남자를 만났을 때, 그는 자신의 작은 집 밖에 누워 있었다. 우리가 아프리카에서 휠체어를 나누어 주고 있을 때였다. 그의 집은 지붕도 없이 콘크리트 블록과 바나나 잎으로 만든 작은 공간이었다. 그는 담벼락에 등을 기대고 절반은 쓰레기통에 기대어 누워 있었다. 그나마 그가 편안함을 느낄 수 있는 유일한 자세인 듯했다.

그가 끊임없이 극심한 고통에 시달리고 있다는 것은 마을 사람들 모두가 알고 있었다. 그는 그리스도인이며, 그가 다니는 교회에서 부분적으로나마 약간의 필요들을 공급 받고 있었다. 개중에는 고통을 진정시킬 목적으로 그에게 알코올을 갖다 주는 이들도 있다. 그는 날마다 거기 누워 있다. 그것이 그가 할 수 있는 유일한 일이기 때문이다.

바퀴 팀에 속한 내 친구가 그 사람에게 사진을 찍어도 되겠냐고 묻자 그는 "잠깐만요"라고 하더니 축 늘어진 셔츠를 어깨 위로 천천히 잡아 올려 "이제 됐어요"라고 말했다. 깊은 고통 속에 있는 이 사람도 여전히 인간의 존엄성을 느끼고 있었던 것이다. 그는 우리가 공급하는 휠체어를 원하지 않았다. 그것이 있어 봐야 무슨 소용이 있겠는가? 너무 아파서 휠체어를 사용할 시도조차 할 수 없었을 것이다. 그는 그저 자기를 위해 기도해 주기를 원했다.

그래서 나는 기도한다. 매일매일.

로마서 12장 4절은 그리스도의 몸의 각 지체가 서로 연결되어 있다고 말한다. 그것은 내가 고통중에 있는 그 사람과 긴밀하게 연결되어 있다고 말해 주는 의미심장한 말씀이다. 그는 나에게 속하였고 나는 그에게 속하였다. 따라서 내가 고통중에 승리하는 것은 어떻게든 그 사람에게 도움이 될 것이다. 그것이 내가 그 사람의 사진을 책상 위에 걸어두고 있는 이유이기도 하다. 그의 싸움은 곧 나의 싸움이며, 나의 싸움은 또한 그의 싸움이다.

이따금씩 내 사무실에 들어온 사람들이 이 사진 속의 흑인에 대해 묻는다. 물론 나는 그의 이름을 말해 줄 수 없다. 이 세상에 있는 동안은 그 이름을 알 수 없을지도 모른다. 하지만 나는 그의 이야기를 들려줄 수 있다. 그리고 조금이라도 낙심될 때는 그 사진을 올려다보며 그가 그리스도의 몸이고 나도 그리스도의 몸이라는 것을 다시 한 번 상기한다.

이 짧은 장을 통해, 당신이 힘든 시간을 보내며 경제적인 궁핍함에 시달리거나 극심한 고통을 느낄 때 당신의 가족도 똑같이 그것을 견디며 하나님이 필요를 채워 주시기를 구하고 있다는 사실을 깨닫기 바란다. 베드로의 말을 기억하는가?

너희는 믿음을 굳건하게 하여 그를 대적하라 이는 세상에 있는 너희 형제들도 동일한 고난을 당하는 줄을 앎이라(벧전 5:9).

앞으로 아주 먼 곳에 있는 당신의 특별한 가족들을 만나게 될 것이다. 그리고 분명한 한 가지는 만일 나의 장애와 휠체어가 아니었다면, 결코 이 성도들을 만나지 못했을 것이고 그들을 도울 기회도 없었을 것이다.

쿠바에서 : 47년 후의 치유

쿠바에 사는 47세 헤수스(Jesus)는 몸이 마비되었을 뿐만 아니라 뇌도 약간 손상된 장애인이다. 10월 22일 우리가 휠체어를 나눠 주고 있을 때 그의 아버지가 아들을 데려왔다. 마침 그날은 헤수스의 생일이었다. 새 휠체어와 성경책은 온 가족이 언제나 기억할 두 개의 생일 선물이 되었다. 헤수스를 휠체어에 앉히는 동안, 그의 아버지는 우리에게 아들이 태어나던 날의 일을 이야기해 주었다.

때는 1962년, 역사책 속의 그날은 쿠바 미사일 위기를 대중이 처음 알게 된 날이기도 하다. 바로 그날 온 나라에 적색경보가 울리고, 케네디 대통령이 TV에 나와 성명을 발표하고, 곳곳에 있는 미국인들은 쿠바에서 시작된 전면적인 소련의 핵 공격에 대해 마음의 준비를 하고 있었다. 나중에 소련의 아나톨리 그리브코프(Anatoly Gribkov) 장군은 당시를 회상하며 이렇게 말했다. "우리는 핵 재앙의 위기에 직면했다. …우리는 날짜나 시간이 아니라 초를 재고 있었다."

1962년 10월 22일은 미국인들은 물론이고 쿠바 사람들도 공포와 겁에 질린 날이었다. 그들은 미국 군대가 폭탄을 투하할 것이라는 얘기를 들었고 카스트로 정부는 경계경보를 발령했다. 병원을 비롯한 많은 건물들에서 사람들이 미친 듯이 빠져나갔다. 바로 그 불행한 순간에 아바나에서 헤수스가 태어나고 있었다. 모든 간호사들이 병원을 떠났지만 분만을 앞둔 산모는 그곳을 떠날 수가 없었다. 그녀는 아무도 도와주는 이 없이 혼자 아기를 낳아야만 했다. 그러는 과정에서 갓 태어난 아기는 바닥에 떨어져 머리를 부딪쳤고, 아기는 영구적인 뇌 손상을 입게 되었다. 그때 이후로 헤수스의 어머니와 아버지가 미국을 얼마나 원망하며 살아왔을지 상상이 갈 것이다.

그런데 47년 후, 우리 15명의 미국인들이 헤수스와 그의 부모들에게 새 휠체어와 예수 그리스도의 복음을 선물했다. 그 복음은 이 작은 가족에게 치유와 도움과 희망을 주었다. 헤수스는 몹시 기뻐했고 그의 아버지는 눈물을 흘리며 우리에게 말했다. "이제 휠체어에 아들을 태우고 밖으로 산책을 나갈 수 있게 됐어요."

수십 년 전 핵 재앙을 피한 이 가족은 이제 영적인 암흑에서도 구조된 것이다. 시편 기자는 "하나님이여 내게 은혜를 베푸소서 …내 영혼이 주께로 피하되 주의 날개 그늘 아래에서 이 재앙들이 지나기까지 피하리이다"(57:1)라고 말한다.

내가 다이빙 사고를 당하고, 사지마비가 되고, 치유에 대한 나의 요청이 거듭 거절되고, 마침내 우리가 '조니의 친구들'과 '세계를 위한 바퀴' 사역을 시작하지 않았더라면 결코 일어나지 않았을 일이다.

고난과 역경이 있었기에, 그토록 많은 슬픔과 아픔을 겪어 온 쿠바 가족을 위해 의와 평안과 영생의 열매를 거두게 된 것이다.

자신에게 익숙한 안전지대를 떠나 가끔은 위험하기까지 한 지역에 들어가서 영적으로 어두운 사람들을 돕는다는 것은 위험하게 보일 수 있다. 그리고 그런 사역에 동참하지 않는다면 피할 수 있는 위험들이기도 하다. 하지만 다른 어디에서도 발견할 수 없는 아주 특별한 선물들 또한 놓치게 될 것이다.

카메룬에서 : 조이셀린의 노래

물리치료사로 일하고 있는 친구 하나는 최근에 돈으로도 살 수 없는 가장 귀한 선물을 받았다. 그것은 결코 평범한 선물이 아니었다.

내 친구는 아프리카 서쪽 해안에 위치한 매우 가난한 나라 카메룬에 도착했다. 우리 팀과 함께 장애아들에게 새 휠체어를 선물하는 사역이었다.

휠체어를 나눠 주기로 한 곳까지 가는 길은 꽤 험난했다. 지프를 타고 포장이 안 된 가파른 길을 달리는데 장장 6시간이나 걸렸다. 게다가 트럭에 수백 개의 휠체어까지 싣고 가야 했으니 더 많은 시간이 소용되었다. 몇 시간 후, 칠흑같이 어두운 밤에 모든 장애인들이 모여 있는 작은 센터에 도착했다.

그들은 멀리 떨어진 마을에서 오느라고 몇 시간씩이나 걸어서 온 사람들이었다. 그야말로 진흙 바닥에 몸을 질질 끌고 오거나, 친척들이 데려온 사람들이었다. 밤늦은 시간이었지만 그 작은 센터에는 얇은 담요를 덮고 바닥에 앉아 있는 장애인들로 꽉 차 있었다.

우리 물리치료사들이 도착하자 그들은 기뻐서 어쩔 줄을 몰랐다.

장애를 가진 아이들과 어른들, 또 그 가족들이 주차장으로 쏟아져 나오는 동안, 우리 팀은 지프와 트럭의 불빛을 그대로 켜 두었다. 그들은 환영의 노래로 우리 팀을 맞아 주었다. 너무나 흥분된 마음에 그들의 노래는 한 시간 넘게 계속되었다!

다음날 아침 우리 팀은 휠체어를 각 장애인들의 몸에 맞게 손보기 시작했다. 거기에 조이셀린이라는 여자아이가 있었는데, 뇌수종 때문에 머리가 비대해져 있었다. 그 아이는 걷지 못하는데다가 말라리아까지 걸려 힘든 시간을 보내고 있었다. 그래도 수줍은 미소를 지으며 바닥에 말없이 앉아서, 커다란 눈으로 하나라도 놓칠 새라 그 모든 일들을 지켜보고 있었다. 조이셀린은 한마디 불평이나 짜증도 내지 않고 조용히 자기 차례를 기다렸다. 마침내 몇 시간이 지나 조이셀린의 차례가 되었다.

그의 싸움은 곧 나의 싸움이며, 나의 싸움은 또한 그의 싸움이다.

물리치료사아인 내 친구가 조이셀린의 치수를 재기 시작하려는데, 그 아이가 (거의 속삭이는 목소리로) 노래를 부르기 시작했다. 작은 손을 내 친구의 어깨 위에 얹고 자기만의 찬송가를 지어 부른 것이다.

> 예수님은 우리 친구들을 사랑하시며, 우리를 많이 보살펴 주시는 분이세요.
> 예수님은 우리를 돕는 당신을, 우리에게 사랑을 나눠주는 당신을 사랑하세요.

예수님은 우리가 참 많이 사랑하는 분이죠. 우린 그분의 사랑 안에서 행복해요.

또한 당신을 사랑한다고 말하고 싶어요.

조이셀린은 작은 손을 물리치료사의 어깨 위에 얹은 채 계속해서 하나님을 향한 찬양을 불렀다. 그날 카메룬의 작은 마을 산비탈에는 기쁨과 감사가 가득 퍼졌고, 우리 바퀴 팀원들은 이 세상에서 가장 가난한 자들이 종종 믿음에서 가장 부유한 자들이라는 것을 알게 되었다. 뿐만 아니라 내 친구는 최고의 선물을 받았다. 바로 살아계신 하나님의 사랑스러운 딸이 보여 준 감사였다.

물론 우리는 조이셀린에게 휠체어를 선물로 주었지만 우리가 받은 것은 그보다 훨씬 더 값진 것이었다. 실로 그것은 돈으로 살 수 없는 것이니, 바로 가난한 자 중에 가장 가난한 자의 헤아릴 수 없는 감사의 마음이었다.

나는 지금도 가끔씩 조이셀린의 사진을 들여다본다. 그 밝은 미소와 빛나는 눈빛을 보고 있노라면 고난에서 흘러나오는 예수님의 기쁨을 볼 수 있다.

우간다에서 : 나사로야 나오라!

사역 마지막 날 우리는 니야루샨지라는 작은 마을에서 진흙과 막대기로 지은 집에 모인 사람들에게 휠체어와 성경책을 나누어 주었다.

딤비르웨 부인이 휠체어를 받으려고 남편 세뮤를 데려왔다. 그는 몇 년 전 나무에서 떨어져 오른쪽 다리와 골반 뼈가 부러졌고 뇌에 심각한 손상을 입었다. 그는 고개를 푹 숙여 턱을 가슴에 댄 채 아무 말 없이 바닥에 앉아 있었다. 마치 주변에 아무도 없는 것처럼 잔뜩 움츠린 채 앉아 있었다.

아무도 세뮤에게 말을 걸지 않았다. 심지어 그의 아내조차도 그랬다. 사실은 아무도 그와 얘기를 나눠 본 적이 없었다. 하지만 그들이 휠체어를 기다리고 있는 동안, 우리 팀원인 다나 크록스톤이 딤비르웨 부인에게 뇌 손상을 입은 사람과 대화를 계속 나누는 것이 얼마나 중요한지 설명하기 시작했다.

다나는 세뮤의 머리를 들어 올리더니 몇 가지 임무를 수행하게 했다. 다나의 손을 꽉 쥐어 보거나 잡아당기는 것 같은 간단한 일들이었다. 다나는 계속해서 세뮤에게 말을 걸고 이야기를 이어갔다. 그가 다른 사람들과 똑같이 대등한 형제이며, 하나님이 그를 사랑하셨고 예수님이 그를 위해 죽으셨다고, 또 하나님은 이 상처를 보고 화를 내시지 않으며 세뮤를 매우 귀히 여기신다고 말해 주었다.

그 광경을 보고 있던 사람들은 어쩌면 다나가 제 정신이 아니라고 생각했을 것이다. 왜냐하면 그가 아무런 반응을 보이지 않았기 때문이다.

그런데 그때 갑자기 세뮤의 얼굴에 활기가 돌기 시작했다. 정말 순식간에 얼굴 표정이 달라지더니 미소를 짓고 소리 내어 웃기까지 했다. 마침내 다나가 휠체어 조립을 시작하려는데, 세뮤가 위로 손을 뻗어 다나를 끌어당겨 안았다. 아주 꼭 끌어안았다. 그러고는 다나의 귀에 대고 완벽한 영어로 말했다. "당신은 내 형제고 친구예요. 하나님이 날 사랑하십니다."

이 광경을 지켜보던 모든 사람들은 깜짝 놀라 어안이 벙벙해졌다. 가장 많이 놀란 것은 세뮤의 아내였다. 조금 전까지만 해도 잔뜩 웅크린 채 말 없이 앉아 있던 남편이 반응하고 대답까지 했으니 말이다. 그가 지금껏 그렇게 지내온 것은 그 누구도 그 사람의 껍데기 안에 "누군가"가 있다고 믿지 않았기 때문일 것이다.

요한복음 11장에는 예수님과 나사로의 이야기가 나온다. 예수님이 죽은 사람을 부르시며 "나사로야 나오너라!"고 했을 때는 정말 소름이 끼치고 가슴이 두근거리는 순간이었을 것이다.

그날 우간다 니야루샨지 작은 마을에는 심한 장애로 극심한 고통을 안고 살아가던 세뮤라는 한 남자가 어쩌면 산 무덤에서 걸어 나왔다. 몇 세기 전 나사로처럼 육체적인 죽음에서 나온 것은 아닐지라도, 하나님의 아들에 의해 한 남자가 영적인 죽음에서 나와 생명을 얻게 된 것은 확실하다.

그 기적은 우리 팀원이 그에게 따뜻한 말을 건네며 "나오라!"고 말했기 때문에 일어난 일이었다. 다나는 그 육신의 껍데기 안에 참으로 누군가가 있다는 것, 예수님이 매우 사랑하시는 사람이 있다는 것을 잘 알았기에, 그를 존중해 주며 정중하게 다가갔던 것이다.

페루에서 : 빨강색 작은 휠체어

자녀를 먼저 떠나보내는 것은 부모에게 매우 힘든 일이다. 어쨌든 그런 일은 일어나지 않는 것이 좋다. 자녀가 부모를 묻어야지, 부모가 자녀를 묻는 일은 없어야 한다.

킴과 제이의 8살 난 딸 린디가 뇌성마비를 앓다가 1998년에 심한 발작을 한 후 예수님 곁으로 떠났을 때 그들의 심정이 그랬다.

그들에게 남은 것은 린디의 작은 휠체어뿐이었다. 그것은 안전벨트가 있고 어깨와 발 쪽에 고리가 있어서, 스쿨버스를 타고 알래스카의 질퍽하고 구덩이가 많은 길을 달릴 때도 딸아이를 잘 보호해 줄 수 있는 휠체어였다.

딸이 떠나고 난 뒤에 제이와 킴에게 남겨진 것이 또 하나 있었다. 그것 그 작은 휠체어를 다른 장애아에게 줌으로써 어린 린디를 명예롭게 해주고 싶은 깊은 소망이었다.

그래서 결국 제이와 킴은 린디가 떠난 지 몇 년 후 우리 팀과 함께 페루에 가게 되었다. 비행기를 타고 남아메리카로 가는 동안 그들은 자주 함께 기도했고, 누가 린디의 빨강색 작은 휠체어를 받게 될지 궁금해 했다.

그와 동시에 휠체어에 대해 궁금해 하는 또 다른 어머니와 아버지가 있었다. 글래디스와 루벤 수아레즈는 리마에서 동쪽으로 80마일 떨어진 시에라 산맥의 피추스라는 작은 마을에 살고 있었다. 그들에겐 여섯 명의 자녀들이 있었는데 그중 열한 살짜리 크리스티안이 뇌성마비로 걷지도 기지도 못해서 그의 부모는 어딜 갈 때마다 그를 안고 가야만 했다. 휠체어가 없어서 학교에 갈 수도 없었다. 글래디스와 루벤은 이를 위해서 계속 기도해 왔지만 불가능한 일처럼 보였다. 그들에겐 어린이 사이즈의 휠체어가 필요했다. 양 옆에 지지대가 있고 어깨와 발에 고리가 있는 휠체어, 크리스티안이 마을의 질퍽하고 구덩이 많은 길에서도 안전하게 사용할 수 있는 그런 휠체어가 필요했다.

우리 팀이 휠체어를 나눠주기 위해 리마 중심가에 도착한 날, 글래디스와 루벤이 어린 크리스티안을 무릎에 앉히고 무려 4시간 동안 버스를 타고 온 것은 놀라운 일이 아니었다. 그들은 부푼 기대를 안고 왔다. 멀리 알래스카에서 온 제이와 킴처럼. 그때는 몇 시간만 있으면 그들의 소망이 이루어질 것이라는 사실을 전혀 몰랐다. 어깨와 발에 고리가 달린 빨강색 작은 휠체어가 드디어 주인을 찾게 되었다. 웃음과 노래 속에서 그 가족들은 서로 만나 불꽃이 튀었고, 언어의 장벽을 뛰어넘어 웃음과 눈물로 뒤범벅이 되었다.

주 예수님이 팔로 어린 린디를 감싸 안으신 채 그 광경을 보고 계신 모습을 상상해 본다.

그리스도 안에서 우리가 한 지체라는 것과 하나님이 우리의 고통을 헛되게 하지 않으신다고 말한 것을 기억하는가?

하나님은 그 기쁘신 뜻대로, 거의 지구 반대편에 있는 두 가족이 주의 이름으로 서로 만나게 하셨다. 그들이 나누는 표면적인 언어와 문화 같은 것은 그들의 삶을 결합시키는 영원한 띠에 비하면 아무것도 아니었다. 그 띠는 바로 가족의 사랑, 예수님의 사랑, 고난 속에서의 인내, 그리고 그들이 서로의 고통을 함께 겪고 서로의 기쁨을 함께 나눌 수 있게 해주는 한 몸의 멤버십이다.

페루에서 : 어머니의 기도

페루의 아레키파에서 휠체어 나눔을 마치기 하루 전날, 대부분의 휠체어가 다 전해졌고 남아 있는 것은 사실상 너무 넓어서 쓸모가 없는 소아용 휠체어 하나밖에 없었다. 어느 장애 아동에게도 맞지 않았기 때문에 팀원들은 그것을 한쪽으로 제쳐 두었다.

바로 그때 한 여자가 장애가 있는 어린 딸, 클라우디아를 담요로 싸서 등에 업은 채 산에서 내려왔다. 매우 길고 힘든 여정이었기에, 그녀의 얼굴에는 너무 늦은 것은 아닐까 염려하는 표정이 역력했다. 실제로 그녀는 너무 늦었다. 더 이상 소아용 휠체어가 남아 있지 않았기 때문이다.

하지만 클라우디아의 어머니는 큰 기대를 품고 너무나 먼 길을 왔기 때문에 쉽게 빈손으로 돌아설 수가 없었다. 대신 그녀는 오후 내내 나눔 센터 밖에 앉아 기도를 했다. 어린 클라우디아를 무릎에 앉히고 자기 스스로 마련할 수 없는 것을 하나님이 주시기를 바라며 앉아 있었다. 그녀의 모습을 보고 있자니 우리의 마음도 안타까웠다.

그날 밤 우리 팀원 중 하나인 새뮤얼도 그녀의 어려운 처지를 놓고 기도했다. 잠시 후 호텔 침대에 누워 잠을 잘 수가 없었던 그의 마음에 다음과 같은 생각이 들었다. "이렇게 조금 자르고… 저렇게 가로대를 조정하고… 오른쪽으로 비틀어 돌리고 다시 왼쪽으로 돌리면… 그러면 되겠네. 클라우디아에게 맞게 휠체어를 고칠 수 있을 것 같아."

다음날 아침 새뮤얼은 곧장 아무 쓸모없게 보였던 소아용 휠체어를 가지고 작업에 들어갔다. 마침 그가 휠체어를 고치자마자, 곧 이어 단호한 표정의 페루 여자가 어린 딸을 데리고 다시 센터로 돌아왔다.

그녀는 기도했다. 새뮤얼도 기도했다. 그랬더니 하나님이 기적적으로 응답해 주셨다.

인도에서 : 터널 밖으로!

한 집안의 가장인 마헤슈는 고등 교육을 받은, 완벽한 영국식 억양을 구사하는 사람이었다. 하지만 어느 날 밤 자기 집 발코니 가장자리에서 떨어져 양쪽 다리가 심하게 부러졌다. 다리에 깁스를 했지만 제대로 치료되지 않았고 결국 하반신이 마비되었다. 그의 장애는 집안의 치욕거리였다. 그래서 가족들은 그를 길거리에 내다 버렸다.

우리는 마헤슈의 이야기를 들으며 큰 충격을 받았다. 그것이 정말일까, 정말 그의 가족들이 그를 그렇게 대했을까? 하지만 마헤슈는 단지 어깨를 으쓱하며, 이것이 인도의 전통이라고 말했다. 어쨌든 그는 모든 존엄성을 상실했다는 것을 우리에게 알려 주었다. 우리가 처음 그를 만났을 때 그는 두 개의 큰 길을 잇는 터널 안에서 생활하고 있었다. 지저분한 넝마와 다 해어진 수건으로 만든 더러운 이불이 그의 침대였다. 벌써 몇 년 동안 그곳에서 살고 있다고 했다.

감사하게도 우리 팀원들이 그 도시를 돌아다니다가 그를 발견했다. 우리는 겉보기에 거지처럼 보이는 그가 유식하게 말을 너무 잘해서 깜짝 놀랐다. 그의 편에서는 이 외국인들이 가던 길을 멈추고 자기 같은 버림받은 사람에게 말을 거는 것이 놀라웠을 것이다.

우리는 그에게 그리스도의 복음을 전했고, 다음날 휠체어를 가지고 다시 터널을 찾아갔다. 터널 속에서 우리는 그에게 맞는 휠체어를 만들어 주려고 열심히 애쓰고 있었다. 우리 팀원들은 그를 건강관리상담소에 데려가 장애인 사역을 하는 인도 사역자와 연결시켜 주었다.

마헤슈는 지금 온전한 사회인으로 돌아갔다. 그렇게 된 것은 상담소와 몇몇 지역 교회들의 봉사 덕분이기도 하지만, 무엇보다도 예수 그리스도 덕분이었다. 정말 그랬다. 마헤슈는 그리스도인이 되었고, 그것이 그의 삶에 모든 변화를 가져왔다. 어느 화려한 성당보다 그 지저분한 터널 안에서 하나님의 치유하시는 사랑이 더욱 실제적으로 나타났다. 당신이 차마 만질 수 없었던 것을 예수님의 이름으로 만질 때 바로 그런 일이 일어나는 것이다.

카메룬에서 : 참 양식을 구한 아미두와 아디자이

아미두는 한 번의 발작으로 몸이 마비되어서 그 상태로 몇 년을 지내 온 이슬람교도다. 우리 팀이 그를 만났을 때 그는 정말 절실하게 도움이 필요한 상황이었다.

우리가 이 나이 많은 신사에게 새 휠체어를 맞춰 주고 나서 복음 팔찌의 형형색색 구슬들을 이용해 구원의 메시지를 설명하자 그는 매우 주의 깊게 들었다. 검정 구슬은 그의 죄를 나타내고, 빨간 구슬은 그리스도의 보혈을, 흰 구슬은 용서를, 녹색 구슬은 성장을 나타낸다고 말해 주었다.

녹색 구슬을 설명할 때 아미두가 갑자기 이렇게 말했다. "저의 성장을 위한 양식은 어디 있습니까? 다른 사람들이 받고 있는 양식을 저도 먹고 싶어요."

우리는 아미두가 육신의 양식을 말하는 것이 아니라 성경책을 말하는 것임을 알았다. 그날 아침에 다른 사람들이 성경책을 받는 것을 보았기 때문이다. 그래서 우리는 바로 아미두와 그의 아내 아디자이에게 프랑스어 성경책을 주었다. 그들은 너무나도 기뻐했다. 아디자이는 예수님의 이름은 들어 봤지만 자세한 것은 몰랐다고 했다. 그녀는 예수님이 아직도 살아 계신다는 말을 듣고 깜짝 놀랐다!

이슬람교도였던 이 부부가 그날 나눔 센터를 떠날 때 보여 주었던 기쁨은 뭐라고 설명하기가 힘들 정도였다. 새 성경책 표지를 가볍게 톡톡 치면서 아미두가 말했다. "틀림없이 우리는 이 양식을 먹을 거예요. 우리가 예전에 알지 못했던 하나님을 말이죠."

태국에서 : 왼손용 휠체어

지난해 태국에 갔을 때의 일이다. 방콕에서 우리가 가져온 휠체어들을 내려놓고 있는데, 그 가운데 왼팔만 있는 사람을 위해 설계된 휠체어가 눈에 띄었다.

보통 휠체어는 한쪽 바퀴만 돌려도 앞으로 굴러가지만 이 특수 휠체어는 긴 지렛대 장치가 있어서, 왼팔로 그것을 상하로 움직여야 앞으로 나가게 되어 있었다. 우리 팀원들은 그 휠체어를 보는 순간 머리를 긁적였다. 어떻게 그것이 다른 휠체어들 사이에 끼어 있는지 알다가도 모를 일이었다. 정말 특별한 경우였다. 우리가 가지고 있는 태국인 명단에는 오른팔을 못 쓰는 하반신마비 환자가 없었다.

한 주 동안 바쁘게 사역하고 나서 막 나눔 센터 문을 닫으려고 하는데, 거리에서 한 남자가 들어왔다. 그의 이름은 프랜시스였고, 좀 전에 우리가 도시에 있다는 이야기를 들었다고 했다. 그는 기어서 버스를 타고 그 먼 데서 우리를 찾으러 왔다. 그는 발을 질질 끌면서 거의 기다시피 하여 나눔 센터로 들어왔는데 한쪽 팔만 사용하고 있었다.

왼쪽 팔이었다.

놀랍게도 프랜시스는 오직 왼팔의 힘으로 그 무거운 몸을 지탱할 수 있었다. 우리는 그가 몇 년 전 직장에서 사고를 당한 뒤 적절한 치료를 받지 못했다는 것을 알게 되었다. 하지만 그날 우리는 그에게 좋은 의료 서비스를 제공해 주었을 뿐만 아니라 그에게 딱 맞는 휠체어까지 줄 수 있었다. 그것은 왼손으로 조종할 수 있는 매우 특수한 휠체어였다.

정말 완벽하게 프랜시스를 위한 휠체어였다.

누가 알았을까? 하나님이 아셨다.

서아프리카에서 : 75세 맬의 열정

75세인 맬은 미네소타 출신의 정비사로, 우리 팀에서 가장 연장자였다. 우리 바퀴 팀과 함께 서아프리카로 가기 불과 1년 전, 맬은 혼수상태에 빠져 거의 죽을 뻔했다. 하지만 의사들의 약물 치료로 간신히 목숨을 구했다. 그래도 병원에서 나올 땐 무릎 아래 양 다리를 절단한 상태였다.

보통 사람들 같으면 그런 상황이 되면 모든 것을 잃었다고 생각하여 좌절할 것이다. 하지만 맬은 살아난 것에 감사했고, 다리가 있든 없든 간에 하나님께서 사역의 문을 열어 주시면 무조건 가겠다고 약속했다.

6개월 후 서아프리카에서 휠체어와 성경책을 나눠주는 우리 팀의 사역에 동참할 기회가 열리자, 그는 의족을 착용한 채 휠체어 정비사로 일하겠다고 서명했다. 맬은 드라이버와 쇠톱만을 가지고 놀라울 정도로 훌륭하게 일을 해냈다. 그의 일은 모든 휠체어를 수리하고 각 장애인의 필요에 맞게 고쳐 주는 것이었다.

하지만 하나님께서 맬이 그 여행에 함께 가기 원하셨던 실제 이유는 따로 있었다.

아프리카 사람들, 특히 노인들은 이 연로한 남자가 강철 의족을 착용한 채 자신 있게 걸어 다니며 다른 사람들을 돕는 모습을 보고 충격을 받았다. 주권자 하나님에 대한 맬의 믿음은 휠체어를 받으러 온 많은 가족들에게 강력한 증거가 되었다. 그는 요한복음 9장 3절 말씀에 대한 살아 있는 시청각 자료였다. "그에게서 하나님이 하시는 일을 나타내고자 하심이라."

휠체어를 나누어 주는 그 기간에, 노인들을 비롯한 많은 아프리카 사람들이 그리스도께 나아왔다. 그들은 꿈꾸었던 휠체어를 받는 동시에 예수 그리스도의 복음을 기꺼이 받아들였다. 하지만 무엇보다도 그들의 마음을 움직인 것은, 다리도 없이 지구 반 바퀴를 돌아 궁핍한 사람들을 도우러 온 75세 노인이었다.

이집트에서 : 야세르의 새 친구들

내 친구 레베카 아탈라는 카이로 외곽의 쓰레기 처리장에서 살고 있는 장애아들을 위해 캠프를 운영하고 있다. 사람들은 그것을 쓰레기 마을 캠프라고 불렀다. 그리고 때로는 많은 어른들도 그녀의 캠프에 찾아왔다.

야세르가 그중 한 사람이었다.

그는 30세의 이집트 남자인데 몇 년 전에 다리를 절단했다. 그는 비록 전 세계의 많은 장애인들이 꿈만 꾸는 휠체어를 가지고 있었지만 상실로 인한 우울증과 힘겹게 싸우고 있는 중이었다. 레베카는 그의 상태가 걱정되어 일주일 넘게 캠프에 머물게 해주었다.

> 우리 팀원들은 이 세상에서 가장 가난한 자들이 종종 믿음에서 가장 부유한 자들이라는 것을 알게 되었다.

그녀는 온화하면서도 끈질기게 야세르에게 다시 일을 시작하도록 도전했다. 처음에는 자기가 뭘 할 수 있을지 확신이 없었지만, 나중에는 거대한 쓰레기더미에서 음료수 캔들을 골라 깡통 재활용 사업을 할 수 있을 것 같다고 말했다. 음료수캔 뚜껑은 알루미늄으로 만들어져 있어서 나머지 캔의 5배만큼의 가치가 있다. 하지만 쓰레기더미를 뒤져서 먹고 사는 사람들은 대개 캔 뚜껑을 잘라내는 데 필요한 특수 가위를 구할 수가 없다. 그래서 할 수 없이 캔 전체를 내 주어야 했고, 그만큼 소득도 적었다. 이 쓰레기더미 옆에 사는 많은 아이들은 가족을 도와 재활용품을 수집하여 생계를 유지해 갔다.

하지만 두 다리를 절단한 야세르가 어떻게 캔 줍는 아이들과 경쟁 상대가 되겠는가? 어떻게 휠체어를 타고 그 거대한 쓰레기 더미를 헤집고 다닐 수 있겠는가? 생각만 해도 풀이 죽었다. 그래서 야세르는 모험을 시작하기도 전에 이미 패배를 선언할 참이었다. 바로 그때 레베카가 제안을 했다. 자기가 캔을 수집해 줄 테니 캔에서 뚜껑을 잘라 내는 작업을 해 보라는 것이었다. 야세르는 매우 기쁘게 그 제안을 수락했다. 이것은 그의 튼튼하고 재주 많은 손으로 충분히 할 수 있는 일이었다.

머지않아 레베카와 야세르 간의 작은 합의 소식이 온 캠프에 퍼졌다. 그 캠프에 있던 십대 청각장애인들은 오후 산책을 하면서 야세르가 소규모의 재활용 사업을 시작하려 한다는 얘기를 수화로 나누었다.

그렇게 이야기를 나누며 걷고 있는데, 진흙 길을 따라 여기저기 흩어져 있는 음료수 캔들이 눈에 들어오기 시작했다. 그것을 보니 한 가지 아이디어가 떠올랐다. 그들은 비닐봉투를 가지고 와서 길가에 버려져 있는 캔들을 수집하기 시작했다. 그래서 커다란 봉투 세 개를 꽉 채워서 야세르에게 가져다 주었다!

레베카는 너무 감격한 나머지 눈물을 흘리며 나에게 말했다. "조니, 이 아이들은 삶에 아픔이 참 많은 친구들이에요. 거절도 많이 당했고요. 그런데 고난을 겪고 있는 그들이 하나님께 감동을 받아 야세르의 어려움을 함께 나눈 거예요. 그것도 아주 실제적인 방법으로 말이죠!"

그들은 서로의 짐을 지라는 갈라디아서의 아름다운 말씀을 실제 삶에서 훌륭하게 보여 주었다.

우리에겐 저마다의 아픔과 고통이 있다. 자신만이 느끼는 슬픔과 절망도 있다. 나에겐 사지마비와 만성 통증의 문제가 있고, 당신은 또 당신 나름의 어려움과 문제들이 있을 것이다. 하지만 성경 말씀은 언제나 우리에게 다른 사람들의 필요를 생각하라고 강권한다. 당신이 가진 것이 얼마든, 또는 당신이 얼마나 힘든 일을 겪고 있든 상관없이 말이다.

야세르는 비록 다리는 없지만 이제 막 소망을 붙잡았다.

chapter 10

휠체어를 주서서 감사합니다

여호와여 주는 나의 하나님이시라
내가 주를 높이고 주의 이름을 찬송하오리니
주는 기사를 옛적에 정하신 뜻대로
성실함과 진실함으로 행하셨음이라(사 25:1).

그녀의 이름은 샨탐마다.

최근 우리 바퀴 팀이 인도에 갔을 때 유난히 눈이 반짝거리는 18세의 이 아이를 만났는데 샨탐마는 옹골에 사는 힌두교 집안 출신이었다.

도시 빈민가의 가난과 절망 속에서 태어난 사람은 누구를 막론하고 삶이 편안하지 않다. 하지만 샨탐마는 그중에서도 더욱 절망적인 상황 가운데 살고 있었다. 장애를 안고 태어난 그녀는 두 다리를 질질 끌며 코딱지만 한 집의 마룻바닥을 돌아다니면서 시간을 보냈다. 현관문 밖으로 나가는 일은 거의 없었다.

하지만 그리스도의 복음의 메시지가 30만 인구의 이 해안도시에 상륙했다. 우리가 샨탐마를 만나기 4년 전, 작은 교회에서 나온 한 목사가 샨탐마의 가족과 처음 만나게 되었다. 샨탐마의 상태를 알게 된 그 목사는 자신의 작은 사무실로 돌아가 빈약한 서재에서 오래되고 낡은「조니」책을 꺼내어 그녀에게 선물로 갖다 주었다.

비록 힌두교도였지만 그녀는 그 책을 처음부터 끝까지 빠짐없이 읽었다. 그리고는 책 속의 '조니'처럼 예수 그리스도를 믿기로 결심했다. 실제로 그녀는 그 책을 여덟 번이나 읽었고, 어떻게 사람이 예수님을 통해 구원을 얻을 수 있는지 거듭 되새겼다. 마침내 그녀는 힌두교를 버리고 그리스도인이 되기로 큰 결단을 내렸다. 그것은 틀림없이 그녀의 가족과 공동체 안에 엄청난 영향을 미칠 중대한 결정이었다.

그 즈음 우리 팀이 휠체어와 성경을 가지고 옹골에 가게 되었다. 평생 다리를 질질 끌면서 여기저기 기어 다니던 샨탐마는 자신만의 휠체어가 생긴다는 사실에 놀라움과 감격을 감추지 못했다. 하지만 휠체어는 그녀에게 단순한 선물 이상의 기쁨을 주었다. 휠체어를 나누어 주는 이들은 다름 아닌 예수님을 믿는 사람들이었다!

샨탐마는 자신이 믿게 된 바로 그 하나님이 특별한 자비를 베푸셔서 자신에게 꼭 맞는 휠체어를 주셨다는 사실에 너무나 흥분되고 감사했다. 게다가 그 휠체어들이 어디서 온 것인지 알고는 다시 한 번 놀랐다. 이 휠체어들이 바로 "아주 먼 곳에 있는 그녀의 조니"가 보낸 것들이라는 사실을 알고 그녀는 울음을 터뜨렸다.

그날 이후로 샨탐마는 새로운 차원의 기쁨과 확신을 경험했으며, 더욱 담대해져서 여전히 힌두교 신앙을 갖고 있는 친구들과 이웃들에게 그리스도에 대한 자신의 믿음을 나누고 있다. 그녀는 우리 팀원 중 한 사람에게 이렇게 말했다. "이 휠체어를 타고 하나님이 인도하시는 곳이면 어디든지 갈 각오가 되어 있어요. 조니처럼요."

이것이 하나님이 나의 사지마비를 치료해 주시지 않은 것에 내가 감사하는 수많은 이유들 중 하나이다. 만일 내가 1970년대 초반에 캐서린 쿨만의 치유 집회에서 치유를 받았다면 어떻게 됐을까? 17

세 때 하나님이 내 기도를 들어 주셔서 사지마비에서 벗어나 정상적인 한 여자의 삶으로 돌아갔다면 어떻게 되었을까?

나에게는 좋은 일이었을지도 모르지만, 샨탐마는 어떻게 됐을까? 그 목사가 작은 소망과 기대를 가지고 그녀에게 건네 준「조니」책도 없었을 것이고, '조니와 친구들'도, 인도 옹골의 가난한 사람들에게 휠체어를 나눠 주는 '세계를 위한 바퀴'도 없었을 것이다.

샨탐마가 어떻게든 예수님께 나아왔을까? 그녀의 밝고 즐거운 간증을 통해 그 빈민가에서 하나님이 영광을 받으시고 예수님의 이름이 높이 들렸을까? 그것은 하나님의 신비로운 섭리이며, 어떤 사람이 말했듯이 "내가 대답할 문제가 아니다."

C. S. 루이스의「캐스피언 왕자(*Prince Caspian*)」에서 루시는 커다란 사자 아슬란에게 묻는다. 만일 그녀가 나니아 왕국을 여행하다 만난 중요한 갈림길에서 다른 선택을 했다면 무슨 일이 일어났겠냐고 말이다. 그러자 아슬란은 이렇게 대답했다. "무슨 일이 일어났겠냐고? 그건 아무도 모르는 일이야."

샨탐마를 감동시켜 참된 하나님에 대한 믿음으로 인도한 미국의 조니라는 사지마비 여자가 없었다면 샨탐마에게 무슨 일이 일어났을지 나는 모른다. 아마도 모르드개가 에스더에게 말했듯이 이 여자는 "다른 데로 말미암아 놓임과 구원을" 얻었을 것이다.

오직 내가 아는 것은 내가 치유되지 않았기 때문에, 내가 상상했던 것보다 더 크고 높고 깊고 더욱 심오한 하나님의 계획이 내 인생에 있었기 때문에, 인도에 있는 도시 빈민가 출신의 샨탐마라는 십대 소녀가 천국에서 나와 함께 있게 될 것이라는 사실이다. 우리는 결코 피곤하거나 쇠퇴하지 않을 영광스러운 새 몸을 입고서 그곳의 높은 산들과 넓고 푸른 풀밭을 탐험하며, 하늘에 계신 우리 아버지의 선하심과 은혜에 감사하며 큰소리로 웃을 것이다.

그때 장애를 가지고 살아온 몇 십 년의 세월이 나에게 어떤 의미가 있을까? 거기에 만성 통증과 눈물과 좌절까지 더해진 몇 년간의 세월은 또 어떨까?

그곳에 가면 "하나님, 이 휠체어를 주셔서 감사합니다"라고 말하게 될 것이다.

한 가지 이야기가 더 있다. 우리는 여행을 떠날 때마다 하나님께 당신의 은총을 보여 주시고 가는 곳마다 그분 자신을 우리에게 계시해 달라고 기도한다.

얼마 전 장애인들을 위한 학교에서 강연을 한 후, 친구들과 함께 우리가 묵는 호텔로 돌아왔다. 객실 청소부가 아직 내 방을 청소하는 중이어서, 바로 옆방인 베브와 프랜시의 방으로 들어갔다. 거기서 기다리는 동안 우연히 손으로 쓴 작은 메모가 베브의 사이드테이블에 붙어 있는 것을 보게 되었다. 청소부가 막 방을 청소하고 나서 호텔 메모지에 써 놓은 것이었다.

친애하는 조니, 1980년에 처음 그리스도인이 되었을 때 당신의 책을 읽었습니다. 하나님은 당신을 사용하여 그 힘든 시간들을 통해 나 자신을 볼 수 있게 해주셨습니다.

그 청소부가 지금 내 방을 청소하고 있는 그 사람일까? 나는 그것이 알고 싶었다. 그래서 휠체어를 밀고 옆방으로 들어가 시트 모서리를 정돈하고 있는 젊은 여자에게 물었다. "실례지만, 혹시 그쪽이 옆방에 메모를 남겨 두셨나요?"

그 어린 청소부는 놀라움에 눈이 휘둥그레졌다. 그리고는 곧바로 베개를 부여잡고 그 속에 얼굴을 파묻은 채 울기 시작했다. 흐느끼는 사이사이에, 그녀의 이름이 레이첼이며 내 책을 읽고 기독교 TV에서 〈조니〉 영화를 보았다는 것을 알게 되었다. 그녀는 그것은 자신에게 놀라운 축복이었다고 말했다.

나는 이렇게 대답했다. "아니에요, 레이첼. 오늘은 당신이 우리의 축복이에요. 당신이 기도의 응답이니까요. 우리는 몇 분 전에 그 학교를 떠나면서 주 예수님께 기도했어요. 우리를 격려해 주시고, 하나님의 은총을 느낄 수 있게 도와 달라고 말이에요. 그리고 여기 이 호텔로 돌아왔는데, 하나님이 우리를 위해 바로 당신을 예비해 두신 거예요. 우리에게 축복을 전하려고 말이죠!"

물론 그것은 그렇게 극적인 사건도 아니고, 내 인생에서 일어난 작은 사건에 불과하다. 하지만 바로 이런 이야기들이 내 인생을 좌우하고 있다. 「조니」라는 책 때문에, 또 거기서 나온 〈조니〉라는 영화 때문에, 레이첼이라는 젊은 여자는 1980년에 자기 인생의 전환점을 맞이했고 그리스도 안에서 계속 나아갈 용기를 얻었다. 그녀가 그 어두운 시기에 직면했던 "힘든 일들"은 무엇이었을까? 나는 모른다. 아마 절대로 모를 것이다.

하지만 하나님께서 나를 치료해 주지 않기로 하셨을 때 마음의 눈으로 어린 레이첼을 보고 계셨을 것이며, 그녀를 사랑하고, 필요한 것들을 공급해 주고 그녀의 마음을 위로해 주기 원하셨다는 것은 알고 있다. 또한 하나님은 샨탐마를 보고 계셨다. 옹골의 작은 집안에서 발을 질질 끌며 기어 다니는, 이 세상에 누가 자기를 도와줄 수 있고 보살펴 줄 수 있을까 고민하던 그녀를 말이다. 그리고 내가 이 세상에서는 결코 만나지 못할 수천, 수백만 명의 사람들을 하나님은 보고 계셨다. 휠체어에서 생활하는 사지마비 여자의 글을 읽고 감동받고 삶이 변화된 수많은 사람들을 말이다.

그런 생각을 하면 다시 한 번 주님께 대한 경외심이 느껴진다. "하나님, 이 휠체어를 주셔서 감사합니다."

오래 전 계획된 놀라운 일들

얼마 전에 이사야서에서 이런 놀라운 말씀을 발견했다.

> 여호와여 주는 나의 하나님이시라
> 내가 주를 높이고 주의 이름을 찬송하오리니
> 주는 기사를 옛적에 정하신 뜻대로
> 성실함과 진실함으로 행하셨음이라(사 25:1).

영적 혼동, 국가적 쇠퇴, 세계적인 혼란의 시기에, 지평선에 폭풍이 밀려오고 멀리서 전쟁의 소리들이 들려올 때, 이사야 선지자는 하나님의 성실함과 진실함을, 놀라운 행위들을, 헤아릴 수 없는 계획들을 깊이 생각하는 시간을 가졌다.

그는 이렇게 말했다. '여호와여, 주는 나의 유일한 하나님이십니다. 주변의 다른 사람들이 무슨 말을 하든, 어떤 행동을 하든 상관없이 나는 살아 있는 동안 최선을 다해 주의 이름을 높일 것이며, 주님의 계획들을 온전히 신뢰할 것입니다. 여호와여, 주는 신실하신 하나님이십니다. 오래 전에 이 날을 미리 내다보시고 그 모든 놀라운 일들을 계획하셨습니다! 하나님, 저에게 이 사역을 주셔서 감사합니다.'

힘든 사역인가? 때로는 가슴이 터질 듯이 아픈 일인가? 물론이다.

하나님은 이스라엘 백성들이 이사야의 말을 들어도 깨닫지 못할 것이며 보아도 알지 못할 것이라고 하셨다. 그리고 백성들의 마음을 둔하게 하며 그들의 귀가 막히고 그들의 눈이 감기게 하라고 하셨다(사 6:9-10). 게다가 점잖은 신사이자 하나님의 선지자인 그에게 벗은 몸과 벗은 발로 다니라고 하셨다(사 20:1-4).

> 만족은 하나님께서 이미 현재의 행복을 위해 필요한 것들을 모두 주셨다는 것을 깨닫는 데서 오는 것이다.

하지만 이사야는 진심으로 감사했다. 그는 하나님께 "제가 여기 있습니다. 저를 보내소서!"라고 말했고 뒤돌아보지 않았다. 하나님의 계획은 모든 가능한 계획들 가운데 최선이었다. 따라서 그에게 주어진 삶은 아무리 힘들어도 그가 구할 수 있는 최선의 삶이었다.

또한 그는 앞으로 있을 일을 알고 있었다! 구약의 성도들은 지금 우리처럼 천국에 관한 계시를 모두 가지고 있지 않았지만, 이사야는 마음의 눈을 통해 활활 타오르는 분명한 비전을 보고 있었다.

> 만군의 여호와께서 이 산에서 만민을 위하여 기름진 것과 오래 저장하였던 포도주로 연회를 베푸시리니… 또 이 산에서 모든 민족의 얼굴을 가린 가리개와 열방 위에 덮인 덮개를 제하시며 사망을 영원히 멸하실 것이라 주 여호와께서 모든 얼굴에서 눈물을 씻기시며 자기 백성의 수치를 온 천하에서 제하시리라 여호와께서 이같이 말씀하셨느니라(25:6-8).

나는 여기에 나의 찬양을 더하려 한다.

"감사합니다, 하나님. 주께서 저에게 주신 이 삶을 감사합니다. 고통 속에서도 하나님을 섬길 수 있는 많은 기회들을 주셔서 감사합니다. 이 휠체어를 주셔서 감사합니다. 이것이 내게 주어진 것은 하나님의 아들을 믿을 뿐만 아니라 또한 그를 위해 고난을 받으라는 뜻인 줄 압니다."

> 주는 기사를 옛적에 정하신 뜻대로
> 성실함과 진실함으로 행하셨음이라(사 25:1).

이 책에서 말했듯이, 많은 사람들이 나의 43년 전의 사고가 결코 하나님의 계획이 아니었다고 말하며 나를 설득하려 했다. 나의 마비는 결코 하나님의 뜻이 아니었고 만성 통증도 꼭 있어야 할 필요가 없었으며 많은 눈물과 고뇌와 싸움과 잠 못 드는 밤들은 불필요한 것들이며 나의 에너지와 삶을 낭비할 뿐이라고 말이다.

하지만 내가 아는 것은 다르다. 그것은 모두 오래 전에 계획된 것들이며, 하나님이 성실함과 진실함으로 그 일을 행하셨다. 또한 하나님이 그 일을 허락하셨고 매순간 나와 함께하셨기 때문에, 조니 에릭슨 타다를 향한 하나님의 계획은 매우 놀라운 것이었다.

그 어느 때보다 진심으로 말한다. 나는 만족한다.

가진 것에 감사할 때 만족이 있다

"나는 하나님 안에서 기쁩니다. 여러분이 짐작하는 것보다 훨씬 더 행복합니다."

바울은 집과 멀리 떨어진 외로운 감옥에서 이 편지를 썼다. 그곳엔 친구도, 가족도, 맑은 공기도, 햇빛도 없었다. 그는 단지 예수 그리스도를 믿는다는 이유로, 또 그것을 담대하게 말하고 다른 사람들에게 가르친다는 이유로 투옥되었다. 만약 그의 대적들이 그를 지하 감옥에 가두어서 기를 꺾을 수 있을 거라고 생각했다면 완전히 잘못 생각한 것이다.

그는 계속 말했다. "사실 나는 개인적으로 무언가를 바라는 마음이 없습니다. …이제 나는 나의 형편이 어떠하든지 간에, 정말로 만족하는 법을 배웠습니다. 나는 적은 것을 가지고도 많은 것을 가진 것처럼 행복하고, 많은 것을 가지고도 적은 것을 가진 것처럼 행복합니다. 나는 배부르거나 굶주리거나, 많이 가졌거나 빈손이거나 행복하게 살 수 있는 비결을 찾았습니다. 내가 가진 것이 무엇이든지, 내가 어디에 있든지, 나를 지금의 나로 만들어 주시는 분 안에서 나는 모든 것을 해낼 수 있습니다"(빌 4:10–13, MSG).

하나님 안에서 기쁘다고? 여러분이 짐작하는 것보다 훨씬 더 행복하다고? 행복하게 살 수 있는 비결을 찾았다고? 그의 고백이 논리적으로 말이 안 된다고 생각하는 사람도 있을 것이다. 어떻게 그는 그렇게 적은 것에 만족하고 심지어 기뻐할 수 있었을까?

그러고 보니 작년에 섬머(Summer)를 만났던 일이 생각난다. 그녀는 아름답고 젊고 건강한 소녀로서, 인명 구조원 훈련을 받고 있었다. 그런데 목뼈가 부러지는 바람에 휠체어 신세를 지게 되었다. 우리가 서로 만난 날, 섬머는 아주 흥미진진한 이야기들을 내게 들려주었다. 그녀는 손목과 손가락 한두 개를 아주 조금 움직일 수 있다는 것을 나에게 보여 주고 싶어 했다.

"와! 대단한데! 정말 멋져! 분명히 더 회복될 것이라는 희망을 가져도 되겠어. 척수를 다친 사람들은 처음 1년 동안 많이 회복될 수 있대"라고 내가 말했다.

우리 주변에 서 있던 사람들은 호기심 가득한 얼굴로 우릴 쳐다보며 미소 짓고 있었다. 분명히 우리가 좀 이상해 보였을 것이다. 다리나 발도 쓸 수 없고, 팔의 움직임도 제한되어 있고, 손도 사용하지 못할 만큼 몸이 심하게 마비된 두 사람이 휠체어에 앉아서 그런 대화를 나누고 있었으니 말이다. 게다가 우리 모두 마비된 부분들은 대부분 영구적으로 쓸 수 없다는 것도 잘 알고 있었다.

그런데도 우리는 젊은 섬머가 손목을 아주 조금, 거의 4분의 1인치만큼 움직일 수 있다는 사실에 흥분하고 있었다. 사실은 거의 알아차릴 수 없을 정도였지만, 자세히 보면 관절이 아주 조금 움직이는 것을 볼 수 있었다. 신비스럽고 알 수 없는 경로로, 섬머의 뇌에서 나온 명령이 거대한 신경의 장애물을 어떻게든 빠져나가서 그녀의 사지 중 하나를 움직인 것이다. 그것은 축복된 움직임이었다. 그녀와 나는 완전 황홀경에 빠져 있었다. 마치 그녀가 첫 마라톤을 완주했거나 대학을 졸업했거나 약혼 발표를 한 것 마냥 잔뜩 들떠서 웃으며 이야기를 나누었다.

남들이 보기에는 대단한 일이 아니지만 몸이 마비된 사람들은 4분의 1인치의 발전에도 행복해진다. 감사하는 마음으로 받은 4분의 1인치의 좋은 소식은, 무심하거나 냉소적인 마음으로 받은 반 마일의 좋은 소식만큼이나 큰 기쁨을 가져다 줄 수 있다.

우리가 함께 축하하며 기뻐하니, 그녀의 몸이 90퍼센트 이상 마비되었다는 끔찍한 현실이 그 순간에는 정말 대수롭지 않게 느껴졌다. 그것은 방정식으로 풀 수도 없는 것이었다. 그녀에게는 그녀 나름의 만족의 방정식이 있었고, 그 계산에 전신 마비는 포함되지 않았다.

때로는 물 컵에 물이 몇 방울밖에 남아 있지 않을 때도 그래야 한다. "아직도 뭐가 남아 있다. 정말 놀랍지 않은가? 완전히 비어 있을 수도 있는데, 그렇지 않고 아직도 기뻐할 것이 남아 있다니!"

하나님이 능력 주시는 만큼 만족하며 기뻐하라. 섬머는 손을 조금 더 움직일 수 있을 거라는 희망을 갖는 것이 당연하다. 어쩌면 2분의 1인치, 또는 1인치만큼 움직일 수 있을지도 모른다. 그렇게 된다면 우리는 엄청 흥분할 것이다. 파티 분위기가 계속될 것이다. 하지만 그렇지 않더라도, 이 젊은 여자는 여전히 만족할 것이라고 믿는다.

이처럼 만족은 하나님께서 이미 현재의 행복을 위해 필요한 것들을 모두 주셨다는 것을 깨닫는 데서 오는 것이다. 자기가 갖지 못한 것들 때문에 슬퍼하지 않고 가진 것들로 인해 기뻐하는 사람이 정말로 지혜로운 사람이다.

당신이 치유를 위해 기도해 왔는데 하나님이 "기다려라" 또는 "안 된다"라고 말씀하신 적이 있는가? 가장 간절한 기도들이 응답되지 않고 있더라도, 당신은 오직 하나님만으로 만족하겠는가?

섬머는 시각장애인 작사가 피니 크로스비(Fanny Crosby)가 말한 교훈을 배웠다(그리고 지금도 배우고 있다). 피니는 이렇게 말했다. "오, 나는 얼마나 행복한 영혼인가! 비록 앞을 볼 수는 없지만 나는 만족한다. 다른 사람들이 못 누리는 축복들을 누리고 있기 때문이다. 내 눈이 보이지 않는다고 해서 슬퍼하고 탄식하며 살 수는 없다. 절대 그러지 않을 것이다."

상황을 긍정적으로 바라보는 낙관론은 인생을 가장 행복하게 살 수 있는 방법 가운데 하나다. 하지만 예수 그리스도를 믿는 우리에겐 단순한 낙관주의나 긍정적 사고, 또는 장밋빛 렌즈보다 더 중요한 것이 있다. 곧 우리에게 있는 소망이다. "소망의 하나님이 모든 기쁨과 평강을 믿음 안에서 너희에게 충만하게 하사 성령의 능력으로 소망이 넘치게 하시기를 원하노라"(롬 15:13).

우리에게 하나님이 있다면 무엇이 더 필요하겠는가?

내 친구 섬머는 손목이 조금 움직인 것만으로도 기쁨이 가득했다. 이상하게도 우리는 가진 것이 거의 없을 때, 가장 기본적인 것만 남을 때 그런 경험을 하게 된다.

다른 친구 하나는 살아오면서 가장 행복했던 여름이 바로 성경 대학을 갓 졸업하고 최소 임금을 받으며 서점에서 일할 때였다고 말한다(지금은 사치품들을 살 만큼 여유가 있다). 그때 그는 미혼이었고 낡은 대학 기숙사에서 생활하고 있었다. 그 시절엔 가진 것을 모두 합해도 (자전거만 빼고) 작은 차 안에 다 실을 수 있을 정도였다고 한다. 그는 앞날을 알 수 없었고 받은 돈으로 겨우 방세나 내고 먹고 살 정도였다. 일주일에 두 번은 몇몇 친구들을 만나 성경 공부를 했는데, 그가 경험한 중에서 가장 흥미진진한 성경 공부였다. 그리고 시간이 남으면 자전거를 타고 가까운 시골 지역을 답사하고 다녔다.

분명 그 시기는 그에게 인생의 과도기였고, 그 상태에 영원히 머무는 것은 원치 않았을 것이다. 하지만 지금 되돌아보면 그 시기가 왜 필요했는지 알 수 있다. 인생에서 가끔씩 그렇게 평화롭고 즐거운 시간들이 있다. 책임이 별로 없고, 가진 것은 더 없고, 하나님과 더 친밀한 관계를 갖기 위해 노력할 시간은 많은 그런 시기 말이다.

또 다른 젊은 친구가 있는데, 그 친구의 삶은 섬머보다 더 제한되어 있다. 사고 당시 캐시는 겨우 13살밖에 안 된 아름답고 건강한 소녀로 노래를 아주 잘했었다. 그러던 어느 날 지각하지 않으려고 서둘러 학교에 가다가 빠른 속도로 달려오는 자동차에 부딪혔다. 그녀 역시 그 사고로 몸이 완전히 마비되었다. 섬머나 나보다 더 심했다.

섬머는 손가락 몇 개를 움직일 수 있고 손목을 구부릴 수 있다. 그리고 나는 어깨 근육을 이용해 팔을 흔들 수 있다. 하지만 캐시는 완전히 뻣뻣하게 앉아서 인공호흡기를 통해서만 숨을 쉴 수 있다. 그녀는 입 속에 있는 특별한 장치를 혀로 밀어서 휠체어를 작동한다.

내가 마지막으로 그녀를 본 것은 사고가 난 지 10년이 지난 뒤였다. 그녀는 23세의 젊은 아가씨가 되어 있었다. 내가 그녀를 만났을 때 그녀는 차분하고 품위가 있었다. 또한 정상적으로 말할 수는 없지만, 그리스도께서 그녀의 삶의 모든 필요를 채워 주셨다고 간증하고 있다. 그녀가 얼마 전에 쓴 긴 시의 몇 구절을 들어 보라.

지금 사람들은
휠체어에 갇혀 있는 내 모습만 보며
내가 발견한 기쁨은
아무도 모른다.

내 팔들은 다시 움직이지 못할 것이고
내 다리들은 걷지 못하며
특수 밸브가 없이는
말도 할 수가 없다.

당신 눈에 보이는 이런 것들,
이 단순한 사실들은 아무런 의미가 없다.
내 안에 사시는 하나님이
나의 내면에 보이지 않는 변화를 일으켜 주셨다.

하나님이 내게 주신 만족은
아무도 모를 것이다.
그들이 하나님께 마음을 드리고

하나님이 나에게 하신 것처럼
그들을 다듬어 가시도록
인내하며 기다리기 전까지는.

필요한 모든 것은 이미 가지고 있다

캐시가 쓴 이 선언문 아래 서명할 수 있는가? 나는 이것이 정말 내 마음의 고백일 수 있는지 수없이 질문해야 했다. 통증 때문에 나의 자유와 능력이 더 가혹하게 제한된 후로는 더욱 그랬다.

내가 가진 것은 무엇인가?

젊은 캐시와 달리, 나에겐 아직 목소리가 있다. 난 말할 수 있고 찬송을 부를 수도 있다. 라디오를 통해 전국의 청중들에게 이야기할 수도 있다. 내가 전 세계를 돌아다니며 만난 많은 장애인들과 달리 나는 휠체어를 가지고 있다. 또 나를 사랑해 주는 남편과 나를 보살펴 주는 친구들, 내 옆에서 같은 목적을 가지고 열심히 수고하고 있는 동역자들이 있다.

그리고 하나님의 말씀에 의하면, 그것이 나에게 필요한 전부다. 만약에 나에게 필요한 것이 더 있었다면 분명히 더 주셨을 테니까 말이다.

내가 가진 것을 사용하고 있는가?

물론 최근 들어서는 그것이 더욱 힘들어졌다는 것을 인정한다. 여행을 하고, 글을 쓰고, 그림을 그리고, 라디오 프로그램들을 녹화하는 것이 더 힘들어졌다. 나는 여러 활동들에서 더 많은 제한을 받고 있다. 하지만 여전히 일을 하고 있고, 내가 가진 것을 하나님께 드리려고 애쓰고 있으며, 하나님의 도움을 구하고 있다. 하나님은 어떤 임무를 주실 때 반드시 필요한 것들을 채워 주시는 분이시다. 때문에 내가 그 도움을 받게 될 것이라는 걸 알고 있다. 하나님이 명령하실 땐 반드시 능력도 함께 주신다.

내가 가진 것을 잃어버릴 각오가 되어 있는가?

이것은 만족에 대한 리트머스 시험이다. 나는 이것이 좀 두렵다. 욥은 고통중에도 이렇게 소리쳤다. "비록 하나님이 나를 죽이실지라도 나는 그를 신뢰할 것이다"(욥 13:15, 현대인의성경) 그는 죽을 때까지 믿음을 지킬 각오가 되어 있었다. 솔직히 나는 때때로 미래를 생각하면 무서운 생각이 든다. 내 고통이 떠나지 않으면, 또는 더 악화되면 어쩌지? 마비가 더 심해지면, 그래서 지금 내가 가진 얼마 안 되는 능력을 잃게 되면 어쩌지? 내 마음속 깊은 곳에서는 그 답을 알고 있다. 나의 소명은 단지 미래의 욕망을 포기하는 것이 아니라, 하나님을 신뢰하고 내가 이미 가진 것을 내어 드리는 것이다.

나에게 없는 것을 받을 준비가 되어 있는가?

그것이 무엇인지, 어떻게 생겼는지 나는 모른다. 더 많은 책임? 더 많은 열린 문? 주의 이름을 위한 더 많은 고난? 확실한 것은 그것이 야베스처럼 "내 지경을 넓히기를" 또 나의 영적인 영역이 확장되는 것은 아니다. 그저 하나님이 내 마음을 더 넓혀 주셔서 하나님의 평안과 기쁨을 더 많이 받아들일 수 있기를 바랄 뿐이다.

당신이 가진 것들이 무엇인지 신중하게 조사해 본 지가 얼마나 되었는가? 만족의 비결은 하나님이 이미 당신에게 주신 것들에 대해 감사하는 마음에 있다.

가끔 하루가 또는 밤이 길게 느껴지고 휠체어 생활이 너무 힘들게 느껴질 때면 우리 주 예수님도 장애가 있었다는 것을 생각한다.

예수님도 약자가 되셨다

예수님의 생애를 연구할 때 잠깐 멈추고 생각해 보아야 할 것이 있다. 비록 우리 주님께서 본질적으로 육체적인 장애를 가지고 있진 않았지만, 이 땅에 오실 때 스스로 약자가 되셨다는 것이다.

나의 소명은 미래의 욕망을 포기하는 것이 아니라, 하나님을 신뢰하고 내가 이미 가진 것을 내어 드리는 것이다.

예수님은 늘 그러셨다.

어떻게 그렇게 확신 있게 말할 수 있을까? 사전에서는 핸디캡을 "경기 따위에서 우열을 고르게 하고자 우세한 사람에게 지우는 부담"이라고 정의한다. 물론 그 정의를 사용한다면, 예수님은 핸디캡이 있으셨다.

생각해 보라! 주님 안에는 하나님의 충만함이 거했지만, 다른 한편으로 그분은 자신을 낮추셨다. 자기를 비워 종의 형체를 가지셨다.

핸디캡에 대해서 생각할 때 그보다 더 큰 핸디캡을 상상할 수 있겠는가? 주님은 하나님이셨지만 자신을 하찮은 존재로 여기셨다!

온 우주를 지으신 예수님이, 해와 달과 은하수와 행성들을 설계하신 그분이 자신을 낮추어, 이 땅에서 목수가 되어 평범한 나무의자나 테이블, 소의 멍에 같은 것들을 만드는 일을 하셨다. 그리고 시간과 공간을 지으신 분이 창녀들과 문둥병자들과 죄인들의 친구가 되셨다.

사탄의 타락 이후 고통과 고난을 죄의 끔찍한 결과로 여겨 경멸하셨던 예수님이 이 땅에서 자신을 낮추시어, 육신의 고통과 근육의 경련을 참으시며 진짜 땀을 흘리시고 진짜 눈물을 흘리시며 진짜 피를 흘리셨다.

다시 말해 그리스도가 유한한 인간이 되기로 "선택하셨다"는 것이다. 실제로 불구가 되기로 선택할 사람이 얼마나 될까? 당연히 나도 선택하지 않을 것이다! 장애를 다루는 일은 쉽지도 않고 재미있지도 않다.

하지만 예수님은 스스로 약자가 되기로 선택하셨다. 그래서 우리가 구부러지거나 절뚝거리거나 비틀거리거나 약해지지 않을 육신을 입고 예수님과 함께 영원히 살게 된 것이다. 언젠가 우리가 아무 고통 없이 온전하고 행복한 모습으로 천국 길을 거닐게 하기 위해, 예수님이 상상을 초월한 고통과 고난을 경험하기로 하셨다. 그리고 죽음을 택하셨다. C. S. 루이스가 말했듯이, 예수님은 "생명이 충만한 분이셨기 때문에 죽기를 원하셨을 때 '다른 사람들에게 죽음을 빌려야만' 했다."

하지만 주님은 그렇게 죽음을 빌려 자신이 짊어지시고 생명을 내어 주셨다. 그래서 우리가 사망의 그늘을 지나 영원히 살게 된 것이다.

그렇다. 나는 이 세상에 살아 있는 동안 장애를 안고 살아가도록 부름 받았다. 하지만 어찌 감사하고 만족하지 않을 수 있겠는가? 가장 좋은 친구가 계시는데.

무릎을 꿇고 싶다

가끔씩 나는 어릴 때 다니던 개혁성공회 교회에서 받은 기도서를 편다. 이 글을 쓸 때도 이번 주말이 주현절이라는 것을 상기하며 그날에 읽는 시편 말씀을 묵상한다.

> 그들이 해가 있을 동안에도 주를 두려워하며 달이 있을 동안에도 대대로 그리하리로다
> 그는 벤 풀 위에 내리는 비 같이, 땅을 적시는 소낙비 같이 내리리니
> 그의 날에 의인이 흥왕하여 평강의 풍성함이 달이 다할 때까지 이르리로다
> 그가 바다에서부터 바다까지와 강에서부터 땅 끝까지 다스리리니.

그 말씀을 읽으면 나는… 무릎이 꿇고 싶어진다.

우리 메릴랜드의 작은 교회에서는 사람들이 복음을 전하고, 기도문을 읽고, 마음에서 우러나는 찬송가를 부르고, 하나님 앞에 무릎

을 꿇고 기도했다. 예배는 아주 엄숙했다. 나는 어렸을 때 하나님 앞에 무릎 꿇는 것이 어떤 의미인지를 배웠다.

기도할 때 무릎 꿇는 것 자체에 대단한 의미를 부여하려는 것은 아니다. 다만 내가 그렇게 하고 싶을 뿐이다. 몸이 마비되어 휠체어에 의지하고 있는 나로서는 말 그대로 무릎을 꿇고 엎드려 기도하는 것이 불가능하다.

얼마 전에 참석한 큰 콘퍼런스에서 있었던 연회가 생각난다. 나는 커다란 무도회장에 다른 사람들과 함께 앉아 있었다. 메시지가 끝나자 사회자가 모두에게 특별한 제안을 했다. 테이블에서 의자를 밀어내고, 마음이 불편하지 않다면 의자에서 내려와 카펫 바닥에 무릎을 꿇고 함께 기도하자는 것이었다.

물론 나는 휠체어에 앉아서, 그 방에 있는 모든 사람들, 아마 5-6백여 명쯤 되는 사람들이 짧은 시간 동안 의자에서 내려와 무릎 꿇는 모습을 지켜보고 있었다. 그 넓은 연회장에서 모두들 무릎을 꿇고 있는데, 유독 나 혼자만 그대로 앉아 있는 것이 두려웠다.

그 방을 죽 둘러보는데 눈물을 멈출 수가 없었다. 그것은 자기 연민 때문에, 또는 나 혼자만 앉아 있는 것이 이방인처럼 느껴져서 나오는 눈물이 아니었다. 모두가 무릎 꿇고 기도하는 모습을 보고 있으니 너무 아름다워서 흘린 눈물이었다(어쩌면 내가 무릎 꿇는 것에 대단한 의미를 부여하고 있는지도 모르겠다!). 그것은 나도 부활한 새 다리로 이 휠체어에서 내려올 수 있는 그날을 생각하게 했다.

나는 그날이 너무나도 기다려진다. 내가 영광스러운 육신을 갖게 될 때 제일 먼저 하고 싶은 일은 감사하는 마음으로 그분의 영광 앞에 무릎을 꿇고 엎드리는 것이다. 시편 95편 6절 말씀을 선포하며 말이다. "오라 우리가 굽혀 경배하며 우리를 지으신 여호와 앞에 무릎을 꿇자."

나의 예전 책들을 읽어 본 적이 있다면, 내가 얼마나 걷고 달리고 뛰며 춤출 수 있는 그날을 꿈꿔 왔는지 알 것이다. 그것은 나의 특권일 것이다. 움직일 수 있는 새 몸을 갖는 것은 이 땅에서 잘한 일에 대한 축복일 것이다. 하지만 무릎 꿇고 가만히 있는 것은 나의 찬양의 제사가 될 것이다. 드디어 움직일 수 있게 되었을 때 움직이지 않는 것은 내가 얼마나 진심으로 감사드리는지 보여 드릴 마지막 기회가 될 것이다.

그래서 나는 무릎을 꿇을 것이다.

천국 풀밭의 초록빛 잔디 위에….

유리처럼 매끄럽고, 샘물처럼 맑고, 4월의 산들바람처럼 시원하고, 번쩍번쩍 빛나는 황금길 위에….

모든 시대의 성도들과 예전의 왕과 왕비들, 사도들과 순교자들, 농부의 아내들과 군인들, 예수님을 목숨보다 더 사랑했던 훌륭한 사람들과 함께….

걷는 법이나 나는 법을 알기 전에 무릎 꿇는 법을 알았던 위대한 천사들과 함께….

실제로 무릎을 꿇고 기도해 본 지 오랜 시간이 지났다. 작은 개혁 성공회 교회에서 지냈던 그 오래 전의 시간들이 너무나 까마득하고,

추억의 금빛 아지랑이 속에서 더 부드럽고 아름답게 보인다.

하지만 그날이 점점 다가오고 있다. 그렇지 않은가? 나와 또 걷지 못하는 많은 사람들이 무릎을 꿇을 수 있게 될 그 시간이 정말 가까워지고 있다. 나는 그것을 알 수 있고 느낄 수 있다. 천국이 가까이 왔다.

당신과 나를 만드신 주 하나님 앞에 무릎을 꿇어라. 그리고 무릎 꿇고 있는 동안 마음에 감동이 오면, 조니라는 사지마비 여자에게 너무나 많은 은혜를 주시는 하나님께 감사를 드리기 바란다.

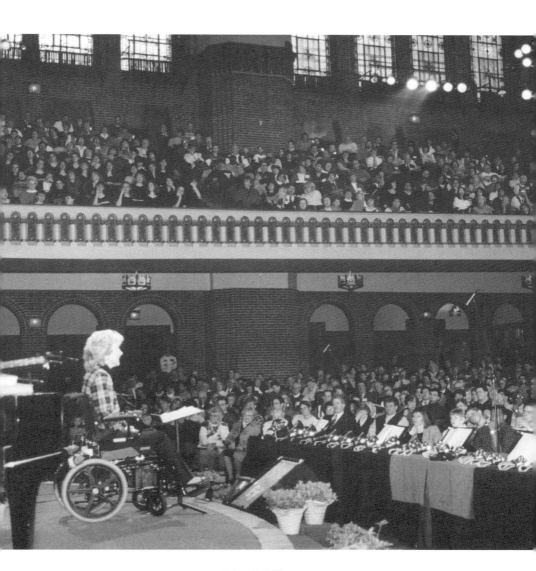

지금 나의 소원
나와 같은 자들을 돌아보며 하늘의 희망을 나누는 삶.
하나님이 기뻐하시는 일을 하는 것이 내 인생의 목표이다.

이 유방암을 '헛되이' 보내지 않을 것이다!

2010년 6월 24일. 본문의 마지막 페이지를 쓴 지 여러 달이 지났다. 그러니 최근의 소식을 전하지 않고는 이 책을 끝마칠 수가 없을 것 같다. 경솔하게 말하지 않으려고 애써 참고 있는데, 나는 지금 나쁜 날들보다 좋은 날들이 더 많다.

휠체어에 다른 자세로 앉아 있기 때문일 수도 있고… 허리 보조기를 더 높이 또는 더 느슨하게 착용하고 있기 때문일 수도 있다. 아니면 식생활이 달라져서, 혹은 물을 더 많이 마시기 때문일 수도 있겠다. 나는 좀 더 깊이 숨을 쉬며 확실히 좀 더 자주 스트레칭을 한다. 그리고 요즘은 강도 높은 통증 치료를 더 이상 받지 않고 있다. 당신도 알다시피 그런 치료는 부작용이 심하다. 이유야 어쨌든 간에, 매일 아침 눈을 뜰 때 고통이 훨씬 줄었고 또 하루를 살게 해주신 하나님께 마음 깊이 감사드릴 수 있게 되었다. 하루 종일 앉아 있을 만큼 힘도 생겼다.

지금 나에겐 분명히 힘이 필요하다. 고통과의 싸움은 진정되었을

지 모르나, 새롭고 더 불길한 전선이 나타났기 때문이다.

지난주에 나는 유방암 진단을 받았다.

유방 엑스선 촬영과 조직 검사를 했다. 검사 결과가 나왔고 돌아오는 월요일에 수술을 하기로 했다. 지금 켄과 나는 암이 어느 정도 진행되었는지 모른다. 유방 외에 다른 곳까지 퍼졌는지 사지마비의 몸으로 또 한 번의 공격을 견딜 수 있을지도 모른다. 궁금한 것이 너무나 많지만 지금 확실히 아는 것은 이것뿐이다. "무릇 나의 소망이 그로부터 나오는도다 오직 그만이 나의 반석이시요 나의 구원이시요 나의 요새이시니 내가 흔들리지 아니하리로다"(시 62:5-6).

나는 이 새로운 도전 앞에서 정말로 평안하다. 40년 동안 사지마비와 싸워 왔고 수년 동안 통증과 싸워 왔는데 이제 와서 항복할 순 없다! 나는 아주 강력한 교훈들을 배웠고, 그중 많은 것들을 이 책에서 이야기했다. 그리고 이 유방암을 "헛되이" 보내지 않을 것이다. 하나님이 내 영혼의 유익을 위해, 하나님 나라의 진전을 위해, 아버지의 영광을 위해 그것을 사용하시리라 믿는다. 시편 말씀처럼 나는 흔들리지 않을 것이다.

그것은 기도 덕분일 것이다. 매일 사람들의 기도의 영향으로 내 영혼이 진동하는 듯하다. 하나님께서 내가 이 휠체어를 밀고 계속 앞으로 나아갈 수 있게 해주실 것이라고 믿는다. 새롭게 등장한 "사망의 음침한 골짜기"를 나와 함께 가기 원한다면, JoniandFriends.org

에서 조니의 코너를 방문하기 바란다. 거기서 우리의 크고 두려우신 하나님에 대한 많은 찬양의 고백들뿐 아니라 최근 근황들을 볼 수 있을 것이다. 앞으로 남은 여정을 위해 나는 힘을 주고 용기를 주는 사도행전 말씀을 꼭 붙잡고 있다. 당신도 그렇게 해주기 바란다.

내가 달려갈 길과 주 예수께 받은 사명 곧 하나님의 은혜의 복음을 증언하는 일을 마치려 함에는 나의 생명조차 조금도 귀한 것으로 여기지 아니하노라(행 20:24).

사망의 골짜기에서 만난 희망

개인적으로 조니 에릭슨 타다를 직접 만나본 적은 없다. 하지만 늘 그녀를 깊이 존경해 왔다. 그녀에 대한 이야기를 들었고, 라디오에서 그녀의 목소리가 나오면 귀를 기울였고, 그녀의 책들도 읽어 보았다. 그녀는 40년 넘게 장애를 안고 살아오면서 믿음과 소망으로 그 일을 해왔다. 그녀는 정말 대단한 사람이다!

10년 전 나는 그녀를 존경하던 사람에서 한걸음 더 나아가 그녀와 같은 순례자가 되었다. 루게릭 병이라는 진단을 받게 된 것이다. 그것은 치료가 불가능한 치명적인 병이다. 의사들은 나에게 2년 내지 5년 정도밖에 살 수 없을 것이라고 했고, 그것도 대부분은 불구 상태로 지내게 될 것이라고 했다. 그것은 운동 신경 세포가 죽어서 근육이 마비되는 병이다. 나의 미래는 휠체어, 영양을 공급하는 관, 호흡 보조 장치 같은 것밖에 남지 않았다. 하지만 조니처럼 나는 의사가 예언한 것보다 오래 살았다.

나는 매우 들뜬 마음으로 이 책을 읽었다. 조니가 던지는 질문들이

285

마치 내 마음을 읽고 있는 것 같았기 때문이다. 나도 똑같은 질문들과 싸움을 하고 있다. 책을 읽으면서 나는 큰소리로 울었고, 때로는 큰소리로 웃었다. 마치 그녀가 나를 위해 글을 쓰고 있는 것 같았다.

나는 조니가 극심한 고통 가운데서 글을 쓰고 있다는 사실이 정말 맘에 와닿는다. "사망의 깊은 골짜기"를 지나 보지 않은 사람들과 함께 있으면 나는 별로 행복하지 않다. 나는 그 골짜기를 지나고 있는 사람들의 이야기를 듣고 싶다. 그들이 내게 더 큰 용기와 희망을 주기 때문이다. 이 책은 용기와 희망으로 가득하다.

조니는 자신의 고통에 대해 솔직하다. 이 글을 읽으면서 그녀가 나에게 마음에서 마음으로, 영혼에서 영혼으로 말하고 있는 것처럼 느껴졌다. 그녀는 치유라는 주제에 대해 솔직하다. 나는 여태 루게릭병이 나았다는 사람을 한 명도 보지 못했다. 하나님이 조니를 치료하실 수 있는 것처럼, 내 병도 치료해 주실 수 있다는 것을 알고 있다.

무엇보다도 그녀는 고통과 싸움과 고난을 다루는 법에 대해 솔직하게 말하고 있다. 그녀는 자신의 삶과 다른 사람들의 삶에서 나온 이야기들을 들려주며, 성경 말씀들로 책을 가득 채우고 있다. 나처럼 매일 힘든 싸움을 하고 있거나 그런 사람들을 도와주고 보살피는 사람들이 반드시 읽어야 할 책이다. 이 책을 한마디로 요약한다면, '훌륭하다', '힘이 된다', '성경적이다' 또는 '솔직하다'라고 말할 수 있겠지만, 사실 한마디로 요약한다는 것은 불가능한 일이다. 이 책은 고통을 이겨내며 힘든 싸움을 해나가는 사람의 이야기이며, 힘겨운 삶을 살아가는 모든 사람들에게 희망을 줄 것이다.

_ 에드 돕슨 *The Year of Living Like Jesus*와 *Prayers and Promises When Facing a Life-Threatening Illness*의 저자

주

chapter 1

1. "He Who Began a Good Work in You," performed by Steve Green, *Find Us Faithful*, 1988.

chapter 2

1. Dora Greenwell, "I Am Not Skilled to Understand," *Songs of Salvation*, 1873.
2. Henry Frost, *Miraculous Healing : Why does God heal some and not others?* (Grand Rapids, MI : Revell, 1939; Hagerstown, MD : Christian Heritage, 2000), 36.
3. Frost, 37.
4. Ibid., 37-39.

chapter 3

1. *Miraculous Healing : Why does God heal some and not others?* (Fearn, Ross-shine, Scotland : Christian Focus Publications, 2000)에 쓴 나의 서문에서 발췌.
2. Frost, 11.
3. Ibid., 12.
4. Ibid., 108.
5. Joni Eareckson Tada, *Pearls of Great Price* (Grand Rapids, MI : Zondervan, 1006), August 28 reading.
6. Richard Mayhue, *Divine Healing Today* (Chicago : Moody Press, 1983), 52-53.
7. Andrew Wommack, "God Wants You Well," http://www.awmi.net/extra/article/wants_well(accessed February 24, 2010).
8. Frost, 109-110.
9. Ibid., 70.
10. Frost, 108-109.
11. Ibid., 116.
12. Ibid., 69.
13. Ibid., 13.
14. Joni Eareckson Tada and Steve Estes, *A Step Further* (Grand Rapids : Zondervan, 1978), 16.
15. Frost, 106-107.

chapter 4

1. Edythe Draper, *Draper's Book of Quotations for the Christian World* (Weahton, IL : Tyndale House, 1992), 198.
2. John Bunyan, *The Acceptable Sacrifice : The Excellency of a Broken Heart in The Works of John Bunyan*, Volumn 1 (Shippensburg, PA : Destiny Image Publishers, 2001), 720.

chapter 7

1. "Oh Happy Day That Fixed My Choice," Philip Doddridge, 1755.